JULIUS EVOLA

LA TRADICIÓN HERMÉTICA

En sus símbolos, en su doctrina
y en su Arte Regia

ÓMNIA VERITAS®

Julius Evola
(1898-1974)

LA TRADICIÓN HERMÉTICA
En sus símbolos, en su doctrina
y en su Arte Regia

(1931) *La tradizione ermetica,* Bari, Laterza

© Omnia Veritas Ltd - 2021

Publicado por
Omnia Veritas Ltd

ⒶMNIA VERITAS®

www.omnia-veritas.com

La opinión vulgar según la cual la alquimia no sería más que una química en estado precientífico puede ser válida como máximo para los aspectos de ella que pueden considerarse secundarios. La alquimia está estrechamente vinculada con el hermetismo, y la tradición hermético-alquímica, cuya vigencia abarca desde el período alejandrino hasta el umbral de los tiempos modernos, constituye esencialmente una enseñanza iniciática expuesta usando el simbolismo de los metales y sus transmutaciones.

El presente volumen expone de modo sistemático, con constantes y numerosas referencias a las fuentes, la tradición hermético-alquímica según este aspecto esencial. Esto lo distingue de otras tentativas de interpretación como son la de Jung y la de Silberer. No se trata, como en estos casos, de una interpretación psicológica o psicoanalítica sino que considera realidades mucho más profundas para cuya comprensión es necesario referirse de modo especial a las enseñanzas tradicionales y a la concepción general del mundo y del ser humano que constituyen la base de las doctrinas esotéricas.

El libro comprende dos partes: la primera aborda la doctrina y el simbolismo hermético- alquímico; la segunda expone los procesos operativos que persiguen el fin esencial de la transmutación y la integración del ser humano. Uno de los objetivos de este libro es poner de manifiesto en este quehacer una formulación especial de la vía iniciática, caracterizada más por su orientación activa que por sus aspectos contemplativos, intelectuales o sapienciales.

PREFACIO

En esta obra utilizamos la expresión "tradición hermética" en el sentido concreto que recibió durante la Edad Media y el Renacimiento. No se trata del antiguo culto egipcio y helénico de Hermes, ni tampoco *sólo* de las doctrinas incluidas en los textos alejandrinos del llamado *Corpus Hermeticum*. En este sentido, el hermetismo está íntimamente relacionado con la tradición alquímica. La tradición hermético-alquímica es precisamente el objeto de nuestro estudio. En él tratamos de precisar el sentido real y el espíritu de una enseñanza secreta, de naturaleza sapiencial pero al mismo tiempo práctica y operativa, que se ha transmitido con grandes caracteres de uniformidad desde los griegos y, a través de los árabes, hasta textos y autores que llegan a los mismos umbrales de los tiempos modernos.

Por lo que se refiere a la alquimia, ya en la introducción se pone de manifiesto el error de los historiadores de la ciencia, algunos de los cuales quisieran reducirla a una mera química en estado infantil y mitológico. Contra esta idea se levantan todas las exhortaciones explícitas de los autores herméticos más renombrados a que no nos engañemos al tomar sus palabras al pie de la letra, porque todas ellas estén pronunciadas en un lenguaje cifrado y expresadas mediante símbolos y alegorías[1].

---

[1] *Cf.*, para todas ellas, las drásticas expresiones utilizadas por ARTEFIO (*Libro de Artefio*, en la *Bibl. der Philos. Chimiques*, París, 1741, t. II, p. 144): "¿No es de sobras conocido que nuestro Arte es un arte cabalístico, es decir, que sólo hay que revelarlo oralmente, y que rebosa misterios?

¡Pobre idiota! ¿Cómo puedes ser tan ingenuo que creas que te enseñaríamos abierta y claramente el mayor y más importante de los secretos? Yo te aseguro

Estos mismos autores han insistido hasta la saciedad en que "el objeto de nuestro precioso arte es desconocido"; en que las operaciones a que aluden no se realizan con las manos; en que sus "elementos" son invisibles y no aquellos que todo el mundo conoce. Por otra parte, ellos mismos han llamado despectivamente "sopladores" y "quemadores de carbón" que han "arruinado a la ciencia" y de cuyas manipulaciones no debe esperarse "más que humo", a todos los ingenuos alquimistas que, en su incomprensión, se entregaron a experimentos del mismo género que imaginan ahora los modernos como propios de la ciencia hermética. Siempre han enunciado, con respecto a la Obra, condiciones éticas y espirituales, y al referirse al sentido vivo de la naturaleza su mundo ideal se presenta inseparable de aquel otro -que podremos llamar como queramos, pero no químico-, del gnosticismo, del neoplatonismo, de la cábala y de la teúrgia. Asimismo, a través de medias palabras, han dado a entender "a quien pueda entender", que el azufre alquímico representa la voluntad (Basilio Valentino y Pernety); que el humo es "el alma separada del cuerpo" (Geber); que la "virilidad" es el misterio del "arsénico" (Zósimo); y así podríamos citar infinidad de textos y autores. De esta forma, a través de una variedad desconcertante de símbolos, los "Hijos de Hermes" consiguen decir todos lo mismo y repetir el *quod ubique, quod ab omnibus et quod semper*.[2]

---

que quien trate de explicar lo que los Filósofos (herméticos) han escrito mediante el sentido ordinario y literal de las palabras se encontrará encerrado en los meandros de un laberinto del que nunca podrá salir, puesto que no existe un hilo de Ariadna que le sirva de guía".

[2] *Cf.*, por ejemplo, GEBER, *Libro del Mercurio Oriental* (citado en Berthelot, *cf.* más adelante, p. 248): "En realidad, hay acuerdo entre los autores, aunque a los no iniciados les parezca ver divergencias". J. PERNETY, *Fables Egyptiennes et Grecques dévoilées*, París, 1786, t. I, p. II: Los filósofos herméticos están todos de acuerdo; ninguno contradice los principios de los demás. Y el que ha escrito hace treinta años, habla igual que quien escribió dos mil años antes... Y no cesan de repetir el axioma de la Iglesia: *"Quod ubique, quod ab omnibus et quod semper"*. Y aun más claramente la *Turba Philosophorum*, que es uno de los textos hermético-alquímicos occidentales más antiguos y más divulgados (texto citado

El objeto real sobre el que gravita este conocimiento único, esta tradición que reivindica para sí caracteres de universalidad y de primordialidad, nos lo revela Jacob Böhme: "No hay diferencia alguna entre el nacimiento eterno, la reintegración y el descubrimiento de la piedra Filosofal".[3]

¿Estaremos acaso ante una corriente mística? Si es así, ¿por qué el disfraz y la ocultación hermética? Ateniéndonos al sentido predominante del término "misticismo" (sentido que ha adquirido en Occidente a partir del período de los Misterios clásicos, y fundamentalmente con el cristianismo), advertiremos que no se trata de un verdadero misticismo. Más bien se trataría de una ciencia real, en la cual la reintegración no tiene un significado moral, sino concreto y ontológico, hasta el punto de conferir eventualmente determinados poderes supranormales, una de cuyas aplicaciones contingentes puede ser la trasmutación referida incluso a sustancias metálicas.

Este carácter de la realización hermética constituye el primer motivo de su ocultación; ocultación no por razones extrínsecas y monopolísticas, sino por razones internas y técnicas. Cualquier ciencia de este tipo se ha protegido siempre y en todas partes bajo el secreto iniciático y tras una exposición efectuada a través de símbolos. Pero hay aún una segunda razón para cuya comprensión hay que referirse a los datos fundamentales de una metafísica general de la historia. El conocimiento hermético-

---

en *Introducción a la Magia*, Edizioni Mediterranee, Roma, 1971, vol. II, p. 245): "Notad que, cualquiera que sea la manera en que (los filósofos herméticos) han hablado, la naturaleza es una, y ellos se hallan de acuerdo y hablan de lo mismo. Pero los ignorantes toman las palabras tal y como las decimos, sin comprender el qué ni el porqué: deberían considerar si nuestras palabras son o no razonables y naturales, y entenderlas en consecuencia; *pero si no fueran razonables, deberían tratar de elevarse a nuestra intención en lugar de atenerse a la letra*. En cualquier caso habéis de saber que nosotros estamos todos de acuerdo, digamos lo que digamos. Así pues, comparad unos con otros y estudiadnos; porque en uno está claro lo que en otro permanece oculto, y quien verdaderamente busque, encontrará"

[3] J. BÖHME, *De Signatura Rerum*, VII, § 78.

alquímico ha sido siempre considerado como una ciencia "sagrada", pero la designación que mejor la caracteriza y la que ha prevalecido, es la de *Ars Regia* o Arte Real. Todos aquellos que hoy estudian las variedades de las formas de espiritualidad que se han ido desarrollando en los tiempos llamados históricos, han podido comprobar una oposición fundamental que puede trasponerse analógicamente a los conceptos de "realeza" y de "sacerdotalidad".

Existe una tradición iniciática "real" que, en sus formas puras puede considerarse como la filiación más directa y legítima de la Tradición única primordial.[4] En tiempos más recientes, ésta se nos revela en sus variantes heroicas, es decir, como una realización y una reconquista condicionada por cualidades viriles análogas en el plano del espíritu, a las propias del guerrero. Pero, por otro lado, existe una tradición sacerdotal en sentido restringido, con caracteres diferentes de la primera, y a veces opuestos a ella, sobre todo cuando, profanada en formas teistas-devocionales, se encontró frente a las que hemos llamado variantes "heroicas" de la tradición regia. Respecto al punto originario, al cual podríamos atribuir el símbolo de la "realeza divina", esta segunda tradición representa ya algo deshojado y roto, sobre cuyos restos precisamente ganarían terreno sin cesar -especialmente en Occidente- los elementos sentimentales, emocionales, teológicos y místicos, hasta el oscurecimiento casi total de sus primitivos elementos esotéricos.

Es significativo el hecho de que la tradición herméticoalquímica se haya denominado *Arte Regia*, y que como símbolo central haya elegido el regio y solar del *Oro*, que a su vez nos remite a la tradición primordial. Semejante tradición se nos presenta esencialmente como celadora de una luz y de una

---

[4] Para la cabal comprensión de las nociones de tradición y estado primordial, de héroe, etc., es casi indispensable la referencia a nuestra obra *Revuelta contra el Mundo Moderno* (Omnia Veritas Limited, www.omnia-veritas.com), así como a los libros y ensayos de R. GUÉNON. *Cf.* también nuestro *Rostro y Mascara del Espiritualismo Contemporaneo* (Omnia Veritas Ltd).

dignidad irreductibles a la visión religioso-sacerdotal del mundo. Y si bien en ella no se habla (como en un ciclo de otros mitos) de *descubrir* el oro, sino de *fabricarlo*, ello no es más que una muestra de la importancia que tuvo precisamente el momento heroico, en el sentido ya indicado de reconquista y de reconstrucción. Pero al propio tiempo advertimos, por la misma razón y tanto mas fácilmente, el motivo ulterior del ocultamiento de la doctrina. A partir del momento del derrumbamiento del Imperio romano, Occidente, en sus corrientes principales, pasó a estar de hecho bajo el signo de otra tradición, que además se había desembarazado casi por completo de todo su alcance esotérico, para convertirse en una doctrina de la "salvación" en el nombre de un "Redentor". Así las cosas, los hermetistas, a diferencia de otras organizaciones iniciáticas, tributarias de la misma vena secreta regia, en lugar de salir a la luz y presentar batalla, prefirieron ocultarse. Y el Arte Regio fue presentado como el arte alquímico de la trasmutación de los metales viles en oro y plata. Como tal tampoco cayó bajo la sospecha de herejía, e incluso pasó como una de tantas formas de "filosofía natural" que no interfería con la fe; más aún, entre las propias filas de los católicos, desde Ramón Llull y Alberto Magno hasta el abate Pernety, encontramos figuras enigmáticas de Maestros herméticos.

En un ámbito más reducido, y dejando aparte el hecho de que los diversos autores alquímicos de Occidente declaran haber empleado un lenguaje cifrado diferente para referirse a las mismas cosas y a las mismas operaciones, es indudable que la alquimia no es un fenómeno simplemente occidental. Existe, por ejemplo, una alquimia hindú y una alquimia china. Y quien se halle al tanto del tema, verá que los símbolos, las "materias" y las operaciones principales se corresponden; pero sobre todo se corresponde la estructura de una ciencia física y al propio tiempo metafísica, a la vez interior y exterior. Tales correspondencias se explican por el hecho de que, una vez presentes, las mismas concepciones respecto a la visión general y "tradicional" del mundo, de la vida y del hombre, conducen con la mayor naturalidad a las mismas consecuencias, incluso en la consideración de problemas técnicos especiales, como el de la trasmutación. Así, mientras esta concepción "tradicional" permanece, aunque sea en residuos y en trasposiciones lógicas y filosóficas carentes ya de fuerza, mientras sigue en pie esta "tradición" respecto a la cual las diferencias entre Oriente y Occidente fueron mínimas en comparación con las que existirían luego entre ella y la mentalidad moderna, mientras siguió viva, encontramos la alquimia admitida y cultivada por espíritus ilustres, pensadores, teólogos, "filósofos de la naturaleza", reyes, emperadores e incluso por papas: la dedicación a una disciplina de este género no se consideró incompatible con el mas alto grado espiritual o intelectual.

La tradición alquímica se ha extendido enigmáticamente no sólo a través de por lo menos quince siglos de la historia de Occidente, sino incluso a través de los continentes, tanto en Oriente como en Occidente.

Nuestro trabajo no va dirigido a convencer a quien no quiere ser convencido. Pero proporcionará puntos de apoyo firmes a todo aquel que lo lea sin prejuicios. Por otra parte, quien esté de acuerdo aunque sólo sea con una sola de nuestras conclusiones, no podré por menos de reconocer toda su importancia: es como el descubrimiento de una nueva tierra cuya existencia se desconocía: una tierra extraña, alarmante, sembrada de espíritus, metales y dioses, cuya laberíntica fantasmagoría se concentra poco a poco en un único punto luminoso: el "mito" de una raza de "sin rey", de criaturas "libres", "señores de la Serpiente y de la Madre", para emplear las orgullosas expresiones de los mismos textos herméticos.

Al margen de la introducción, dirigida a poner de manifiesto lo que nosotros hemos llamado la formulación "heroica" de la tradición regia, la presente obra consta de dos partes: la primera dedicada a los símbolos y a la doctrina, y la segunda a la práctica.

Los límites de la presente edición nos han impuesto la renuncia a una serie de citas, y textos griegos, árabes y latinos, de modo que no hemos conservado más que lo esencial. Hemos procurado igualmente ser claros en lo posible. Pero el lector no debería hacerse falsas ilusiones: más que una simple lectura, se trata de un *estudio* por eso, después de que haya adquirido una visión de conjunto, debería volver sobre enseñanzas concretas y símbolos particulares, que nunca podrán entenderse aislados de los demás, para agotar así, poco a poco, todos sus posibles y diferentes significados. Por nuestra parte, creemos poder asegurar al lector que en el presente libro encontrará una sólida base para afrontar el estudio de cualquier texto alquímico-hermético por oscuro y sibilino que sea. Por lo demás, sólo insistiremos en que en la parte práctica hay mucho más de lo que parece a primera vista, en el caso de que el lector quisiera conocer *por experiencia* la realidad y las posibilidades de que hablan los "Hijos de Hermes". En cualquier caso, en otro lugar[5] ya hemos ofrecido todo lo necesario para integrar todo aquello que puede aprenderse en este libro, con vistas a evocaciones y contactos efectivos del espíritu con el elemento metafísico, suprahistórico, de dicha tradición.

---

[5] *Cf.* los tres volúmenes de la obra colectiva *Introducción a la Magia*, 3ª ed., Edizioni Mediterranee, Roma, 1971.

PRIMERA PARTE
Los símbolos y la doctrina

Introducción:
El Árbol, la Serpiente y los Titanes

Uno de los símbolos que encontramos en las tradiciones más diversas y más alejadas en el tiempo y en el espacio es el del *Árbol*. Metafísicamente, el árbol expresa la fuerza universal que se despliega en la manifestación del mismo modo que la energía de la planta se despliega desde las raíces invisibles al tronco, a las ramas, a las hojas y al fruto.

Se asocian, además, al árbol, con un alto grado de uniformidad, ideas de inmortalidad y de conocimiento sobrenatural por una parte, y, por otra, figuraciones de fuerzas mortales y destructivas, naturalezas temibles, como dragones, serpientes o demonios. Existe también todo un ciclo de mitos referidos a acontecimientos dramáticos que tienen como centro al árbol, y tras cuya alegoría ocultan significados profundos. Es popularmente conocido, entre otros, el mito bíblico que relata la caída de Adán. Destacaremos el conjunto más amplio al cual pertenece este mito y determinaremos sus variantes, no sin antes hacer referencia a la *universalidad* de los elementos simbólicos que lo componen.

Ya en el Veda y en los Upanishad hallamos el "árbol del mundo", a veces invertido, para significar que en "lo alto", en los "cielos", reside el origen de su fuerza.[6] Ya en él encontramos la convergencia de varios de los elementos a que antes nos hemos referido, puesto que él segrega la bebida de la inmortalidad (soma o amrta); quien se acerca a él recibe la inspiración, y una visión que, superando el tiempo, es como un recuerdo de

---

[6] *Cf. Katha-Upanishad*, VI, 1; *Bhagavad-gîtâ*, XV, 1-3; X, 26.

infinitas formas de existencia, y puesto que en el interior de su follaje se oculta Yama, el dios de ultratumba, concebido también, no obstante, como un rey primordial.[7]

En el Irán encontramos también la tradición de un doble árbol, uno de los cuales comprende, según el *Bundahesh*, todas las semillas, mientras que el otro es capaz de proporcionar la bebida, de la inmortalidad (haoma) y la ciencia espiritual;[8] lo que nos lleva a pensar inmediatamente en los dos árboles bíblicos del Paraíso, uno el de la Vida y el otro, precisamente, el de la Ciencia. El primero se convierte luego en Mateo (XIII, 31-32) en la figura del reino de los cielos que surge de la semilla arrojada por el hombre en su simbólico "campo"; lo encontramos más tarde en el *Apocalipsis* de Juan (XXII, 2) y sobre todo en la cábala, como "el grande y potente Árbol de la Vida", del que "nos llega la Vida desde lo alto" y con el cual se relaciona una "rociada" en virtud de la cual se produce la resurrección de los "muertos": equivalencia patente con la fuerza de inmortalidad del amrta védico y del haoma iranio.[9]

La mitología asirobabilónica conoce también un "Árbol cósmico" radicado en Eridu, la "Casa de la Profundidad", llamada también "Casa de la *Sabiduría*". Pero, por encima de todo, lo que nos importa subrayar en estas tradiciones -porque nos valdremos de este elemento inmediatamente- es otra asociación de símbolos: el Árbol se nos presenta también como la personificación de una Mujer divina, del tipo general de las grandes diosas asiáticas de la Naturaleza, como Ishtar, Anat, Tammuz, Cibeles, etc. Encontramos, pues, la idea de la naturaleza *femenina* de la fuerza universal representada en el Árbol. Esta idea no sólo se confirma en la diosa a la que se hallaba consagrada la encina de Donona, que, por lo demás, al ser un

---

[7] GOBLET D'ALVIELLA, *La Migration des Symboles*, París, 1891, pp. 151-206.

[8] *Jaçna*, IX y X.

[9] *Zohar*, I, 226 *b*, I, 256 *a*, III, 61 *a*, III, 128 *b*, II, 61 *b*, I, 225 *b*, I, 131 a.

lugar de oráculos, es también una fuente de ciencia espiritual, sino que incluso eran las Hespérides las encargadas de custodiar el árbol. Cuyo fruto tiene el mismo valor simbólico que el Vellocino de Oro, y la misma fuerza inmortalizante que aquel otro árbol que en la saga irlandesa de Mag Mell está custodiado también por una entidad femenina; en el Edda es la diosa Idhunn la encargada de guardar las manzanas de la inmortalidad, mientras que en el árbol cósmico Yggdrassill volvemos a encontrarnos con el símbolo central, ya que se levanta ante la fuente de Mimir (guardándola, lo que confirma y reintroduce el símbolo del *dragón* en las raíces del Árbol), la cual, por lo demás, contiene el principio de toda *sabiduría*.[10] Finalmente, según una saga eslava, en la isla de Bujan hay una encina guardada por un dragón (que hay que asociar con la serpiente bíblica, con los monstruos de la aventura de Jasón, y con el jardín de las Hespérides), que al propio tiempo es el lugar de residencia de un principio femenino, llamado "la Virgen del Alba".

Es también muy interesante la variante según la cual el Árbol se nos presenta como el árbol del *poder* y del *Imperio universal*, tal como lo encontramos en sagas como las de Ogiero y del Preste Juan, de quien ya hemos hablado en otro lugar.[11] En estas sagas el Árbol se desdobla a veces en un Árbol del Sol y en un Árbol de la Luna.

El hermetismo recupera íntegramente la tradición simbólica primordial y presenta la misma asociación de ideas. El símbolo del árbol en los textos alquímicos es muy frecuente: el árbol cobija la "fuente" de Bernardo Tresano, en cuyo centro se halla el símbolo del dragón Uroboros, que representa el "Todo";[12]

---

[10] *Cf.* D'ALVIELLA, *loc. cit.*

[11] EVOLA, *Il mistero de Graal e la tradizione ghibelina dall'Impero*, Milán, 1964. Disponible en castellano *El misterio del Grial*, Omnia Veritas Ltd.

[12] *Cf.* el ex-libris hermético reproducido por L. CHARBONNEAU-LASSAY, en *Regnabit*, n.° 3-4 de 1925. En el espacio central del árbol se halla el Fénix, símbolo de la inmortalidad, que trae el *amrta* y el *haoma*.

personifica el "mercurio", principio primero de la Obra hermética, pero representa al Agua divina o "de la Vida" que da la *resurrección* a los muertos e ilumina a los hijos de Hermes, o bien a la "*señora* de los Filósofos"; pero además también representa al *dragón*, o sea a una fuerza disolvente, a un poder que *mata*. También el Árbol del Sol y el Árbol de la Luna son símbolos herméticos que producen a veces, en lugar de frutos, *coronas*.

Este rápido recorrido a través de un material simbólico que podríamos multiplicar indefinidamente basta para comprobar la permanencia y universalidad de una tradición de un simbolismo vegetal, que expresa la fuerza universal, preferentemente concebida bajo la forma femenina; con la que se relaciona el depósito de una ciencia sobrenatural, de una fuerza capaz de dar la inmortalidad y de una capacidad de dominio, pero al mismo tiempo la idea de un *peligro*, cuya naturaleza es diversa y que complica el mito en orden a diversas voluntades, a varias verdades y a diferentes visiones.

Por lo general, el peligro es el mismo que corre quien se lanza a la conquista de la inmortalidad o de la Sabiduría mediante un contacto con la fuerza universal, y cuyo empuje arrollador debe soportar. Pero además conocemos formas del mito en las que son héroes quienes se enfrentan con el árbol, y naturalezas divinas (en la Biblia el propio Dios hipostatizado) las que lo defienden e impiden el acceso. Y el resultado, entonces, es una lucha diversamente interpretada, según las tradiciones.

La posibilidad es doble: por un lado el Árbol se concibe como una *tentación*, que lleva a la ruina y a la maldición a quien sucumbe a ella; por otro lado, se concibe como el objeto de una conquista posible que, tras vencer a los dragones o a los seres divinos que lo defienden, transforma al audaz en un dios, y a veces, transfiere el atributo de la divinidad y de la inmortalidad de una estirpe a otra estirpe.

Así, la ciencia por la cual se deja tentar Adán,[13] para "hacerse igual a Dios", y que sólo conquista para ser inmediatamente abatido y privado del propio Árbol de la Vida, precisamente por aquel a quien había querido igualarse. Esa misma ciencia, sobrenatural, sin embargo, la consigue Buda bajo el Árbol, a pesar de los esfuerzos de Mara, quien, según otra tradición, consiguió robar el fuego al dios Indra.[14]

El propio Indra, a su vez, había robado el *amrta* a un linaje de seres anteriores, con caracteres a veces divinos, a veces titánicos, los Asuras, quienes con el *amrta* detentaban el privilegio de la inmortalidad.

El mismo resultado victorioso alcanzan Odín (mediante un autosacrificio junto al árbol), Hércules y Mitra, quien, tras fabricarse un manto simbólico con las hojas del Árbol y comer sus frutos, domina al Sol.[15]

Y en el viejo mito itálico del Rey de los *Bosques*, Nemi, esposo de una *Diosa* (árbol = mujer), debía mantenerse siempre en guardia porque su poder y su dignidad pasarían a quien lo sorprendiera y matara.[16] La realización espiritual de la tradición hindú va asociada con el hecho de cortar y abatir el árbol de Brahmán con la poderosa arma de la sabiduría.[17]

Pero Agni, que en forma de *gavilán* había arrancado una rama del Árbol, es también alcanzada: sus plumas, sembradas en la *tierra*, producen una planta cuyo jugo es el "soma terrestre":

---

[13] Aunque volveremos sobre el tema, dejamos por el momento que el lector intuya el significado profundo del símbolo, según el cual la "tentación" se presenta a través de la "mujer" -Eva la "Viviente"-, la cual en el origen formaba parte de Adán.

[14] *Cf.* WEBER, *Indische Studien*, t. III, p. 466.

[15] *Cf.* F. CUMONT, *Les Mystères de Mithra*, Bruselas, 1913, p. 133.

[16] Este mito es el centro alrededor del cual gira el exhaustivo material de la conocida obra de G. FRAZER, *The Golden Bough*.

[17] Bhagavad-Gîtâ, XV, 3.

oscura alusión, quizás, al paso de la herencia de la empresa a otra raza (esta vez terrestre): la misma en cuyo favor realizó Prometeo la misma hazaña, y por la cual cayó y, encadenado, sufrió el tormento del *gavilán* o del *águila* que le comía las entrañas. Y si Hércules cuyo prototipo de héroe "olímpico" libera a Prometeo y a Teseo, nueva personificación del tipo heroico, Jasón, por el contrario, de estirpe urania, quien había salido en busca del Vellocino de Oro colgado del árbol, muere al final bajo las ruinas de la nave de Argo, la cual, al estar hecha de la Encina de la Dodona, expresa el mismo poder que había sufrido el robo. La historia se repite para el édico Loki que robó las manzanas de la inmortalidad junto a la diosa Idhunn que las guardaba; y el caldeo Gilgamesh, después de coger el "gran fruto cristalino" en una selva con árboles semejantes a los de los dioses", encuentra la entrada impedida por las guardianas.[18] El dios asirio Zu, que aspirando a la dignidad suprema se apoderó de las "tablas del destino" y con ellas del poder del conocimiento profético, es alcanzado por Baal, quien, convertido en pájaro de presa, lo recluye en la cima de una montaña.

El mito nos habla, pues, de un acontecimiento que entraña un riesgo y una incertidumbre fundamentales. En las teomaquias esiodeas, y peculiarmente en la leyenda del Rey de los Bosques, los dioses o los hombres se muestran como propietarios de un poder que puede transmitirse junto al atributo de la divinidad a quien sea capaz de alcanzarlo. En tal caso la fuerza primordial tiene naturaleza *femenina* (árbol = mujer divina): y puede sufrir la *violencia* que, según los propios Evangelios, hay que hacer al "Reino de los Cielos". Pero entre quienes lo intentan hay quien fuerza el paso y triunfa, y quien cae y lamenta su propia audacia

---

[18] Es evidente su correspondencia con las Hespérides. Este texto, incompleto, no excluye una frase ulterior de la aventura (*cf.* D'ALVIELLA, p. 190). El texto más conocido de la *Epopeya de Gilgamesh* ofrece un desenlace negativo de la aventura; Gilgamesh pierde, durante el *sueño*, la hierba de la inmortalidad que había conquistado tras llegar, a través de las "aguas de la muerte", a la tierra del rey del "estado primordial".

padeciendo los efectos del aspecto letal del mismo poder que trataba de conquistar.

Ahora bien, la interpretación de tal acontecimiento pone de manifiesto la posibilidad de dos concepciones opuestas: la *heroico-mágica* y la *religiosa*. Según la primera, quien sucumbe en el mito es únicamente un ser cuya fortuna y cuya fuerza no han sido iguales a su audacia. Pero según la otra concepción, la religiosa, el sentido es muy distinto: en este *caso la mala fortuna se convierte en culpa, la empresa heroica en un sacrilegio y maldita, no por no haber acabado victoriosamente, sino en sí misma.* Adán no es un ser que ha sucumbido en un intento en el que otros triunfaron, sino que es un *pecador*, y lo que le ha ocurrido es lo único que podía sucederle. No tiene mas remedio que reparar su pecado expiando, y sobre todo renegando del impulso que lo embarcó en aquella empresa: la idea de que el vencido puede pensar en la revancha, o trate de "mantenella y no emendalla" reivindicando la dignidad que su acto le ha reportado, aparece, desde el punto de vista "religioso", como el "luciferismo" más reprobable.

Pero el punto de vista religioso no es el único. Como ya hemos apuntado mas arriba, este punto de vista se asocia a una variante de la tradición "sacerdotal" (como opuesta a la *regia*) y con igual derecho a la existencia que el otro -*el heroico*-, que se impone en la otra antigüedad de Oriente y de Occidente, y cuyo espíritu está reflejado en gran medida en el hermetismo: Una exégesis nos da, de hecho, la "verga de *Hermes*"[19] como símbolo de la unión de un hijo (Zeus) con la madre (Rea, símbolo de la fuerza universal), a la que ha conquistado tras *matar* al padre y apoderarse de su reino: es el símbolo del "incesto filosofal", que encontraremos en toda la literatura hermética. Hermes es, desde luego, el mensajero de los dioses, pero también aquel que

---

[19] En ATENÁGORAS, XX, 292: encontramos también una interferencia con el ciclo heroico de Hércules: aquello con lo que Rea es atada se denomina el "lazo de Hércules".

consigue quitar a Zeus el cetro, a Venus el ceñidor, a Vulcano, dios del "Fuego de la Tierra", los utensilios de su arte alegórico; y en la tradición egipcia, tal y como nos cuentan los autores más tardíos, Hermes, investido de una triple grandeza -Hermes Trismegisto-, se confunde con la imagen de uno de los reyes y de los maestros de la edad primordial que dieron a los hombres los principios de una civilización superior. El sentido concreto de todo esto no escapará a nadie.

Pero eso no es todo. Una tradición, contada por Tertuliano, y que reaparece en el hermetismo árabe-sirio, nos lleva de nuevo al mismo punto. Dice Tertuliano[20] que las obras de la naturaleza, "malditas e inútiles"; los secretos de los metales; las virtudes de las plantas; las fuerzas de los conjuros mágicos y de "todas aquellas extrañas doctrinas que van hasta la ciencia de los astros" - es decir, todo el *corpus* de las antiguas ciencias mágico-herméticas— fue revelado a los hombres por los ángeles caídos. Esta idea aparece en el *Libro de Enoch*, donde se completa en el contexto de esta tradición más antigua, traicionando así la unilateralidad propia de la interpretación religiosa. Entre los Ben Elohim, los ángeles caídos, descendidos sobre el monte Hermón, de los que se habla en Enoch,[21] y la estirpe de los Veladores y de los Vigilantes – "egregoroi" -que descendieron a instruir a la humanidad -del mismo modo que Prometeo "enseñó a los mortales todas las artes"-,[22] de que se nos habla en el Libro de los Jubileos,[23] como ha puesto de manifiesto Mereshkowskij,[24] existe una evidente correspondencia. Más aún: en *Enoch* (LXIX, 6-7), Azazel, "que sedujo a Eva", habría enseñado a los hombres el

---

[20] TERTULIANO, *De Cultu Fem.*, I, 2 b.

[21] *Libro de Enoch*, VI, 1-6; VII, 1.

[22] ESQUILO, *Prometeo*, 506.

[23] IV, 15 apud KAUTZSCH, *Aprokryphen und Pseudoepigraphen*, Tubinga, 1900, t. II, p. 47.

[24] D. MERESHKOWSKIJ, *Das Geheimnis des Westens*, Leipzig, 1929, cc. IV-V.

uso de las armas que matan, lo que, dejando a un lado la metáfora, significa que habría infundido en los hombres el *espíritu guerrero*. Ya se sabe, en este sentido, cuál es el mito de la caída: los ángeles se encendieron de deseo por las "mujeres"; ahora bien, ya hemos explicado qué significa la "mujer" en su relación con el árbol, y nuestra interpretación se confirma si examinamos el término sánscrito *çakti*, que se emplea metafísicamente para referirse a la "mujer del dios", y al mismo tiempo a su *potencia*.[25]

Estos ángeles fueron presa del deseo por la potencia, y apareados cayeron -descendieron a la tierra- sobre un lugar *elevado* (el *monte* Hermón): de esta unión nacieron los Nephelin, una poderosa raza (los *titanes*), alegóricamente descritos como *gigantes*, pero cuya naturaleza sobrenatural queda al descubierto en el *Libro de Enoch* (XV, 11): "No necesitan comida, no padecen sed, y escapan a la percepción (material)".

Los Nephelin y los ángeles caídos no son otros que los titanes y "los que vigilan", la estirpe llamada en el *Libro de Baruch* (III, 26), "gloriosa y guerrera", la misma raza que despertó en los hombres el espíritu de los héroes y de los guerreros, que inventó sus artes, y que les transmitió el misterio de la magia.[26] Ahora bien, ¿qué prueba puede ser más decisiva, en lo tocante a la investigación, acerca del espíritu de la tradición hermético-

---

[25] FABRE D'OLIVET (*Langue Hébraique rest.*) en su comentario al pasaje bíblico (*Gén.* IV, 2), ve también en las "mujeres" un símbolo de los "poderes generadores". Además tiene especial relación con lo que diremos acerca del carácter vinculante del arte hermético, el simbolismo tibetano en el cual la Sabiduría aparece de nuevo como una "mujer", y quien desempeña el papel de varón en el coito con ella es el "método", el "arte" (*cf. Shrîcakraasmbhara*, ed. A. Avalon, Londres-Calcuta, 1919, p. XIV, 23), DANTE (*Conv.*, II, XV, 4) llama a los "Filósofos" los "amantes" de la "mujer", la cual en la simbología de los "Fieles de Amor" representa también la gnosis, el Conocimiento esotérico.

[26] En la concepción mas originaria, que encontramos también en Hesíodo, los "vigilantes" se identifican con los seres de la edad primordial, de la Edad del *Oro*, que no han llegado a morir, sino que únicamente se han hecho invisibles para los hombres de las épocas sucesivas.

alquímica, que la explícita y continua referencia de los textos precisamente a aquella tradición? Leemos en un texto hermético: "Los libros antiguos y divinos -dice Hermes- enseñan que ciertos ángeles se encendieron de deseo por las mujeres. Descendieron a la tierra y les enseñaron todas las operaciones de la Naturaleza.

Ellos fueron quienes compusieron las obras –herméticas- y de ellos procede la tradición primordial de este Arte".[27] El mismo término *chemi*, de *chema*, del que derivan las palabras alquimia y química, aparece por vez primera en un papiro de la XII Dinastía, referido precisamente a una tradición de este género.

Pero ¿cuál es el sentido de este arte, del arte de "los hijos de Hermes", del "Arte Regia"?

Las palabras del dios teístamente concebido en el mito del Árbol son las siguientes: "He aquí que el hombre se ha hecho como uno de nosotros, en virtud de su conocimiento del bien y del mal; que no vaya ahora a tender su mano al árbol de la vida, y, comiendo de él, viva para siempre" (*Gén.*, III, 22-24). Hay que distinguir en esta cita dos puntos: ante todo el reconocimiento de la dignidad divina que Adán, en cualquier caso, ha conquistado; y, además, la referencia implícita a la posibilidad de trasponer esta realización en el orden de la fuerza universal, simbolizada en el árbol de la vida, y de confirmarla en la inmortalidad. En el desenlace de la aventura de Adán, el Dios hipostatizado, que no ha impedido su primer logro, consigue, sin embargo, detenerlo antes de conseguir la segunda posibilidad: el acceso al árbol de la vida queda cerrado por la espada de fuego del querubín. El mito titánico del orfismo tiene un sentido análogo: el rayo abate y reseca "en una sed que arde y consume"

---

[27] En la antología de BERTHELOT, *La Chimie au Mayen-Age*, París, 1893 (para mayor brevedad indicaremos esta antología como CMA), t. II, p. 238. La misma tradición se encuentra en el *Corán* (II, 96) que habla de los dos ángeles Harut y Marut, enamorados ambos de la "mujer" y que descendieron para enseñar la *magia* a los hombres; y lo hicieron metidos en un hoyo con los pies hacia arriba: ello podría interpretarse en el sentido de las raíces del Árbol védico, que se halla cabeza abajo, porque sus raíces están "arriba".

a aquellos que han "devorado" al dios, sed que esta simbolizada asimismo en el *ave rapaz* que muerde a Prometeo. Y en Frigia se lloraba a Atis, "espiga segada aún verde", y su emasculación, es decir, la privación del poder viril que sufre Atis, podría corresponder a la prohibición "del potente árbol del centro del paraíso" y al encadenamiento de Prometeo a la roca.

Pero la llama no se extingue, sino que se transmite y se purifica en la tradición secreta del Arte Regia, que en determinados textos herméticos se identifica explícitamente con la magia y tiende a la construcción de un segundo "Árbol de la Vida" que sustituya al perdido;[28] persigue forzar el acceso "al centro del árbol que se halla en medio del paraíso terrestre", lo cual implica un atroz combate;[29] es ni mas ni menos que una reiteración de la antigua temeridad, según el espíritu del Hércules Olímpico, vencedor de los titanes y liberador de Prometeo, de Mitra, subyugador del Sol; en una palabra, de aquella misma personalidad que en el Oriente búdico recibió el nombre de "Señor de los hombres y de los dioses".

Lo que distingue y caracteriza al Arte Regia es su carácter de *necesariedad*. Berthelot, a propósito de las expresiones anteriormente citadas de Tertuliano, nos dice que: "La ley científica es fatal e indiferente: el conocimiento de la naturaleza y el poder que de ello se deriva lo mismo puede ser aplicado para el bien que para el mal", y que esto es el punto fundamental de contraste con la visión religiosa, la cual lo subordina todo a elementos de dependencia devota, de temor de Dios y de moralidad. Y continúa Berthelot, "algo de esta antinomia en el

---

[28] CESARE DELLA RIVIERA, *El mundo mágico de los héroes*, Milán, 1605, pp. 4, 5, 49.

[29] BASILIO VALENTINO, *Azoth* (Manget, II, p. 214). En S. TRISMOSIN, *Aurum Vellus*, Rorschah, 1598, en una ilustración llena de sentido se ve a un hombre en actitud de subir al Árbol cuyo tronco está atravesado por la corriente simbólica. Las invocaciones a Hércules, a Jasón y a sus empresas son además explícitas y muy frecuentes en los textos, y en ellos –cosa aún más significativa- suele llamarse *Prometeo* al alma.

odio contra las ciencias (herméticas) se deja transparentar ya en el *Libro de Enoch* y en Tertuliano".[30] Lo cual no, puede ser más exacto: aunque la ciencia hermética no es la material, que es la que debería estar en la idea de Berthelot, el carácter amoral y determinante que él reconoce a la última pertenece igualmente a la primera. Una máxima de Ripley, a este respecto, está llena de significado: "Si los principios con los cuales se trabaja son verdaderos y las operaciones son correctas, el efecto debe ser cierto, y no otro es el verdadero secreto de los Filósofos (herméticos)".[31] Agripa, citando a Porfirio, habla del poder determinante de los ritos, en los cuales las divinidades son *forzadas* por la plegaria, son *vencidas* y *obligadas* a descender; añade que las fórmulas mágicas obligan a intervenir a las energías ocultas de las entidades astrales, las cuales *no escuchan la plegaria* sino que actúan sólo en virtud de un lazo natural de necesidad.[32] No es diferente la idea de Plotino: el hecho en sí de la oración produce el efecto según una relación determinista, y no porque tal entidad preste atención a la plegaria propiamente dicha y deliberadamente.[33] En un comentario a Zósimo, se lee: "La *experiencia* es la maestra suprema, porque sobre la base de los resultados probados enseña a quien comprende lo que mejor le puede conducir al fin".[34] El Arte hermético consiste, pues, en un método determinante que se ejerce sobre las fuerzas espirituales, por vía sobrenatural si se quiere (el simbólico Fuego hermético es con frecuencia denominado "no natural" o "contranatura"), pero siempre con exclusión de cualquier clase de lazo religioso, moral, final o extraño en cualquier modo a una ley de simple determinismo de causa a efecto. Referida por la

---

[30] BEKTHELOT, *Les origines de l'Alchimie*, París, 1885, pp. 10, 17-19.

[31] FILALETES, *Epist. de Ripley*, § VIII.

[32] AGRIPPA, *De occulta Philosophia*, II, 60, III, 32.

[33] PLOTINO, *Enneadas*, IV, 42; 26.

[34] *Cit.* en BERTHELOT, *Coll. des Alchimistes Grecques*, París, 1887 (que para mayor brevedad indicaremos desde ahora como CAG), t. II, 284.

tradición a los "que velan" −"egregoroi"-, a aquellos que consiguieron robar el Árbol y poseer la mujer, refleja un símbolo "heroico" y se aplica en el mundo espiritual para constituir algo que -como veremos- dice poseer una dignidad superior a todo lo precedente;[35] que no se define con el término religioso *santo*, sino con el guerrero de *Rey*, siempre un rey, un ser coronado y un color regio, la púrpura, al final de la obra hermético-alquímica, y con el metal real y solar, el oro, como el centro de todo su simbolismo, como ya hemos dicho.

Por lo que se refiere a la dignidad de quien ha sido reintegrado por el Arte, las expresiones de los textos son precisas: Zósimo llama a la raza de los filósofos "autónoma, inmaterial y sin rey, y custodios de la sabiduría de los siglos".[36] Es superior al destino.[37] "Superior a los hombres, inmortal", dice Pebechio de su Maestro.[38] Y la tradición ulterior, hasta Cagliostro, será: "Libre y dueño de la Vida, con poder de señorear sobre las naturalezas

---

[35] Se debe tener presente que esta superioridad depende de la perspectiva específica del punto de vista heroico; por lo cual, en última instancia, es relativa. Se consideran las épocas de oscurecimiento de la tradición primordial, con sus *generaciones*. Desde el punto de vista puramente metafísico, la esencia de toda auténtica iniciación es siempre la reintegración del hombre al estado "primordial".

[36] Citado en CAG, t. II, 213.

[37] Citado en CAG, t. II, 229.

[38] Citado en CMA, t. II, 310. Que los alquimistas tenían conciencia de construirse una inmortalidad contraria a la intención de "Dios", se observa, por ejemplo, en GEBER, quien en el *Libro de la Misericordia* (CMA, t. III, 173), dice: "Si él (Dios) ha puesto en él (el hombre) elementos divergentes es porque ha querido asegurar el fin del ser creado. Así como Dios no ha querido que los seres subsistieran para siempre, aparte de él, así le infligió al hombre la disparidad de las cuatro naturalezas, que conduce a la muerte del hombre, y a la separación de su alma y su cuerpo". Pero en otro lugar (*Libro de los equilibrios*, CMA, t. III, 147-148) el propio autor se propone *equilibrar* las naturalezas en el hombre, una vez descompuestas, para darle una nueva existencia, "tal, que no podrá volver a morir", porque "una vez obtenido este equilibrio, los seres no se cambian, ni se alteran ni se modifican jamás".

angélicas".[39] Plotino había hablado ya de la *temeridad* de aquellos que han entrado en el mundo, o sea, que han adquirido un cuerpo, cosa que, como veremos más adelante, tiene una relación cierta con uno de los sentidos de la *caída*,[40] y Agripa[41] habla del *terror* que sobrecogía al hombre en su estado *natural*, es decir, antes de que, a causa de su *caída*, en lugar de producir miedo, sucumbiera él mismo al miedo:

"Este temor, que es como el signo impreso de Dios en el hombre, hace que todas las cosas le estén sometidas y lo reconozcan como "superior", como portador del "carácter, llamado Pahad por los cabalistas, y mano izquierda y espada del Señor".

Pero aún hay más: el dominio de las "dos naturalezas" que encierra el secreto del "árbol del Bien y del Mal". La enseñanza se encuentra en el Corpus Hermeticum "El hombre no pierde dignidad por poseer una parte mortal, sino muy al contrario, esta mortalidad aumenta su posibilidad y su poder. Sus dobles funciones le son posibles precisamente gracias a su doble naturaleza, porque está constituido de forma que le es posible abrazar a un tiempo lo terrestre y lo divino".[42] "Así pues, no temamos decir la verdad. El hombre verdadero está por encima de ellos (de los dioses celestes), o por lo menos igual que ellos. Puesto que ningún dios deja su mundo para venir a la tierra, mientras que el hombre sube al cielo y lo mide. Por lo que nos

---

[39] Ver este texto en la revista "Ignis", 1925, pp. 277, 305.

[40] *Enneadas*, V, IX, 14; *cf.* V, I, 1. En el *Corpus Hermeticum* encontramos la audacia semejante de "salir de las esferas", en el mismo sentido que Lucifer (BÖHME, *De Signutura*, XVI, 40) habría salido de la "armonía" del mundo.

[41] *De Occ. Phil.*, III, 40.

[42] *Corp. Herm.*, IX, 4. Cf. BÖHME, *Morgenröte im Aufgang*, XI, 72. "El alma de los hombres ve mucho más profundamente que los ángeles, porque ve tanto lo celeste como lo infernal"; y añade que *"por ello el hombre vive en este mundo en un gran peligro"*. En el *Sepher Yetsirah* (c. VI) la sede del corazón es asimilada a la de un "Rey en guerra".

atrevemos a decir que un hombre es un dios mortal y que un dios uranio es un hombre inmortal."[43]

Tal es la verdad de la "nueva raza" que el Arte Regio de los "hijos de Hermes" construye sobre la tierra, elevando lo que había caído, calmando la "sed", restituyendo la potencia a quien quedó inane, confiriendo mirada fija impasible de "águila" al ojo herido y enceguecido por "el relampagueo del rayo", otorgando dignidad olímpica, pero regia, a quien fue titán. En un texto mistérico perteneciente al mismo mundo ideal donde la alquimia griega recibió sus primeras expresiones, se dice que la "Vida-luz", de la que se habla en el evangelio de san Juan, es "la raza misteriosa de los hombres perfectos, *desconocida para las generaciones anteriores*"; a este texto le sigue una referencia precisamente a Hermes: el texto recuerda que en el templo de Samotracia se erguían las estatuas de dos hombres desnudos con los brazos elevados hacia lo alto y con el miembro erecto,[44] "*como en la estatua de Hermes en Cillene*", los cuales representaban al hombre primordial, Adamas, y al hombre renacido, "que es en todo de la misma naturaleza que el primero". Y se agrega: "Antes es la naturaleza beata del Hombre de arriba; luego la naturaleza mortal de aquí abajo; en tercer lugar *la raza de los sin rey* que procede de allá arriba, donde está Mariam, la buscada".[45] "Este ser, bienaventurado e incorruptible

---

[43] *Corp. Herm.*, X, 24—25.

[44] Con el fin de constituir esquemáticamente la figura Y, que es el signo del "Hombre-cósmico-con-los-brazos-elevados", uno de los símbolos fundamentales de la tradición hiperbórea y nordicoatlántica, que se ha conservado como runa (runa de la Vida, del Viviente) en la tradición germano-escandinava.

[45] Apud HIPÓLITO, *Philosophumena*, V, 8. Esta Mariam equivale evidentemente a la "mujer" simbólica con la que los "Filósofos" se unen, a la "Virgen" de que se habla en este pasaje de D'ESPAGNET (*Arcan. herm. Phil. Opus.*, c. 58): "Tomad una Virgen alada, impregnada del semen del Primer Varón y sin embargo conservando la gloria de su virginidad intacta"; cuyo sentido es, a su vez, el mismo de Rea -aspecto çakti o aspecto "potencia" del Uno -que, muerto el padre (el Primer Varón de que habla D'Espagnet), posee Zeus, haciendo de su madre su

-aclara Simón el Mago-, reside en todo ser, se halla escondido; en potencia y no en acto. Precisamente quien se mantiene erguido, quien se mantuvo erguido y quien se mantendrá erguido; quien se mantuvo erguido arriba, en la potencia increada; quien se ha mantenido erguido aquí abajo, al ser engendrado de la imagen (refleja) en la avenida de las aguas; y quien se mantendrá erguido de nuevo arriba, ante la potencia infinita, cuando se haga perfectamente igual a ella."[46]

Esta misma enseñanza es la que se repite en los textos de la tradición hermética,[47] y que encierra todo su significado, como trataremos de ilustrar en sus aspectos principales en las páginas que siguen.

---

esposa. Además en la cábala se habla de la "Señora" a la que han sido confiados todos los *poderes* del rey, es decir, de Jehová, y que es la *esposa* del Rey (çakti) que además fue desposada por Moisés (*Zohar*, II, 14 *b*, 145 *a*, III, 51 *a*).

[46] HIPÓLITO, *Philos.*, VI. 17.

[47] *Cf.*, por ejemplo, las tablas del teor. XXIII de J. DEE, *Monas Hieroglyphica* (Amberes, 1564) donde se habla también de tres estadios: el primero se refiere a una "semilla de poder" anterior a los elementos y Concebido por influencia propia"; el segundo a "suplicio y sepultura"; el tercero a un estado "existente después de los elementos", resurrección por virtud propia y "triunfo de gloria".

1. Pluralidad y dualidad de las civilizaciones

En los últimos tiempos, y contra la concepción progresista según la cual la historia representaría el desarrollo evolutivo más o menos continuo de la humanidad colectivamente considerada, se ha afirmado la idea de la pluralidad y de la relativa incomunicabilidad de las formas de civilización. Según esta segunda y nueva visión de la historia, ésta se fracciona en épocas y ciclos distintos. En un momento dado y en una raza determinada se afirma una específica concepción del mundo y de la vida, de la que se deriva luego un determinado sistema de verdades, de principios, de conocimientos y de realizaciones. Es una civilización que surge, que poco a poco alcanza un punto culminante y que luego decae, se oscurece y a veces, sin más, desaparece. Se ha cerrado un ciclo. Surgirá otra civilización, quizás, en otra parte. Quizás asuma temas de civilizaciones precedentes, pero las correspondencias entre una y las otras serán sólo analógicas. El paso de ciclo de civilización a otro -así como toda comprensión efectiva de uno por parte del otro- implica un salto, la superación de eso que en matemáticas se denomina solución de continuidad.[48]

Aunque esta concepción ha significado un saludable reactivo contra la superstición historicista-progresista puesta de moda más o menos al mismo tiempo que el materialismo y el cientificismo occidental,[49] sin embargo tampoco ella está libre de

---

[48] El exponente más conocido de esta concepción es O. SPENGLER (*Der Untergang des Abendlandes*, Viena y Leipzig, 1919). A partir de DE GOBINNEAU esta teoría ha tenido otros desarrollos en conexión con la doctrina de la raza.

[49] En efecto, la extravagante idea de una evolución continua sólo ha podido nacer de la contemplación exclusiva de los aspectos materiales y técnicos de la

sospecha y debe someterse a cuarentena, ya que por encima del *pluralismo* de las civilizaciones habría que reconocer -sobre todo si nos limitamos a los tiempos que podemos abarcar con relativa seguridad y a las estructuras esenciales- una *dualidad* de las civilizaciones. Se trata de la civilización moderna por un lado, y por otro del conjunto de todas las civilizaciones que la han precedido (para Occidente, pongamos hasta final de la Edad Media). En este caso la ruptura es completa. Más allá de la variedad múltiple de sus formas, la civilización premoderna, o como también podemos denominarla, *tradicional*,[50] significa algo específicamente distinto. Se trata de dos mundos, uno de los cuales se ha diferenciado hasta el punto de no conservar apenas ningún punto de contacto con el anterior. Con lo cual, para la gran mayoría de los modernos también quedan cerradas las vías de una comprensión efectiva de este último.

Esta premisa era necesaria para nuestro tema. *La tradición hermético-alquímica forma parte del ciclo de la civilización premoderna, tradicional. Para comprender su espíritu hay que trasladarse interiormente de un mundo a otro.* Quien emprenda su estudio sin haberse situado en posición de poder superar la mentalidad moderna y de despertarse en una nueva sensibilidad que lo ponga en contacto con el tronco espiritual general que ha dado vida a tal tradición, sólo conseguirá llenarse la cabeza de palabras, signos y alegorías extravagantes. Por otro lado, no se trata sólo de una simple condición intelectual. Hay que tener en cuenta que el hombre antiguo no sólo tenía un modo diferente de pensar y de sentir, sino también un modo distinto de percibir *y de conocer. La base de la materia de la cual nos ocuparemos, como comprensión y como realización es evocar, merced a una cierta transformación de la conciencia, esta diferente modalidad.*

---

civilización, olvidando por entero los elementos espirituales y cualitativos de la misma.

[50] La definición del concepto concreto de "civilización tradicional", por oposición a la moderna, se debe a R. GUÉNON (*La crise du monde moderne*, París, 1927). *La Crisis del Mundo Moderno*, Omnia Veritas, www.omnia-veritas.com.

Y sólo entonces surgirá en ciertas expresiones una luz inesperada, ciertos símbolos se convertirán en medios para un despertar interior, se admitirán nuevos vértices de realización humana, y se comprenderá cómo es posible que determinados "ritos" puedan adquirir un poder "mágico" y operativo y constituirse en una *ciencia* que, por lo demás, no tiene nada que ver con lo que hoy corre bajo este nombre.

2. La naturaleza viviente

El punto fundamental se refiere a la experiencia humana de la naturaleza. La relación del hombre moderno medio con la naturaleza no es la predominante en el "ciclo" premoderno al que, junto a muchas otras, pertenece la tradición hermético-alquímica. La naturaleza se agota hoy en un conjunto de leyes puramente pensadas acerca de diversos fenómenos -luz, electricidad, calor, etcétera- que desfilan ante nosotros, carentes de todo significado espiritual, fijadas únicamente por relaciones matemáticas. Por el contrario, en el mundo tradicional, la naturaleza era *no pensada*, sino *vivida* como un gran cuerpo animado y sagrado, "expresión visible de lo invisible". Los conocimientos acerca de ella venían dados por inspiraciones, intuiciones y visiones, y se transmitían "iniciáticamente" como misterios vivos, se referían a cosas que hoy, que se ha perdido su sentido, pueden parecer triviales y de dominio común -como, por ejemplo, el arte de construir, la medicina, el cultivo del suelo, etc. El *mito* entonces no era una ideación arbitraria y fantástica: procedía de un proceso *necesario*, en el que las mismas fuerzas que constituyen las cosas actuaban sobre la facultad plástica de la imaginación, parcialmente difuminada por los sentidos corpóreos, hasta el punto de dramatizarse en imágenes y figuras que se insinuaban entre la trama de la experiencia sensorial y la completaban con un toque de "significado".[51]

"Universo, atiende a mi plegaria. Tierra, ábrete. Que la masa de las Aguas se me abra. Árboles, no tembléis. ¡Que el cielo se abra y los vientos callen! ¡Que todas las facultades celebren en

---

[51] F. W. SCHELLING, *Einleitung im die Philosophie der Mytologie*, S. W., II Abt. t. I, pp. 192, 215-217, 222; *Introducción a la Magia*, vol. III, p. 66.

mí al Todo y al Uno!" Son expresiones del himno que los "hijos de Hermes" recitaban al comenzar sus sagradas operaciones:[52] tal era el estado al que eran capaces de elevarse y que resuena de manera aún más impresionante en esta otra fórmula:

Las puertas del Cielo están abiertas;
Las puertas de la Tierra están abiertas;
La vía de la Corriente está abierta;
Mi espíritu ha sido escuchado por todos los dioses y
genios;
Por el espíritu del Cielo - de la Tierra - del Mar – de las
Corrientes.[53]

Y tal es la enseñanza del *Corpus Hermeticum*: "Elévate por encima de toda altura; desciende más allá de toda profundidad; concentra en ti todas las sensaciones de las cosas creadas: del Agua, del Fuego, de lo Seco y de lo Húmedo. Piensa hallarte simultáneamente por todas partes, en tierra, mar y cielo; piensa no haber nacido nunca, ser todavía embrión: joven y viejo, muerto y más allá de la muerte. Comprende todo al mismo tiempo: los tiempos, los lugares, las cosas, las cualidades y las cantidades".

Estas posibilidades de percepción y de comunicación, esta aptitud para los contactos, a pesar de lo que hoy pueda creerse, no eran "lirismos", énfasis de excitaciones supersticiosas y fantásticas. Por el contrario, formaban parte de una experiencia tan real, como la de las cosas físicas. Más concretamente: *la constitución espiritual del hombre de las "civilizaciones" tradicionales era tal que toda percepción física tenía simultáneamente una componente psíquica, que la "animaba", añadiendo a la imagen desnuda un "significado" y al propio*

---

[52] *Corpus Hermeticum*, XIII, 18.

[53] Papiro V de Leiden (M. BERTHELOT, *Introducción al estudio de la química de los antiguos*, París, 1889).

tiempo un especial y poderoso tono emotivo.[54] Así es como la antigua "física" podía al mismo tiempo ser una teología y una psicología trascendental: por los destellos que, a través y por debajo de la materia proporcionada por los sentidos, corporales, llegaba de las esencias metafísicas y, en general, del mundo suprasensible. La ciencia natural era simultáneamente una ciencia espiritual y los muchos sentidos de los símbolos reflejaban los diversos aspectos de un conocimiento único.

---

[54] En las investigaciones de las llamadas "escuelas sociológicas" (DURKHEIM, LÉVY-BRUHL, etc.) ha resultado hoy algo muy semejante en las formas de percepción de los pueblos llamados "primitivos"; los cuales, en realidad, no son "primitivos", sino residuos degenerescentes de ciclos de civilizaciones de carácter pre-moderno.

3. El conocimiento hermético

Sobre esta base hay que entender todo el sentido de la ciencia hermético-alquímica: en cierto sentido, podríamos llamarla también una "ciencia natural", pero prescindiendo por entero de todo aquello que este término puede evocar en nuestras mentes por su significado actual. Ya la denominación medieval de *filosofía natural* expresa, por el contrario, la síntesis de dos elementos, que hoy se hallan en dos planos separados, uno de intelectualidad irreal (filosofía) y el otro de conocimiento material (ciencia). Pero, dado el carácter de unidad orgánica, de *cosmos*, que para el hombre tradicional presentaba el universo, en este conocimiento "natural" estaba implícita también una fuerza *anagógica*, es decir, la posibilidad de elevarse también a un plano trascendente, metafísico. Sobre esta base se comprende las expresiones de "ciencia hierática", de "arte divino" y "dogmático, de "Misterio de Mitra", de "obra divina", que aparecen en los orígenes de la alquimia,[55] y que se conservan en toda la tradición –"ciencia divina y sobrenatural", dirá Zacarías.[56] Y cuando la sensibilidad psíquica hacia las fuerzas profundas de la naturaleza comenzó a debilitarse en las épocas más tardías, entonces, para prevenir el equívoco, en las expresiones de la tradición hermética se hizo común la distinción entre los "elementos vulgares" y "muertos", y los "*vivos*", los cuales son los "elementos nuestros" ("nuestro" se refería a aquellos que habían conservado el estado espiritual al que correspondía la tradición):

"nuestra" Agua, "nuestro" Fuego, "nuestro" Mercurio, etc. - no los del vulgo, los comunes-; era toda una jerga para significar

---

[55] *Cf.*, por ejemplo, CAG, II, 209, 124, 145; 188, 114.

[56] ZACARÍAS, *De la Philosophie Naturelle des Métaux*, § 1.

que se trata de elementos (físicamente) invisibles, ocultos, mágicos, conocidos sólo por los "Sabios" ya que todos los "tenemos escondidos"; que se trata de los "elementantes" que debemos conocer *en nosotros* y no de los "elementados", sensibles, terrestres, impuros, que son modificación de la materia física. Los cuatro Elementos de los que todas las cosas participan -dice Flamel-[57] "no son aparentes a la vista, sino que se conocen por sus efectos" El Aire y el Fuego, de los que se habla en Bernardo Trevisano, son "tenues y espirituales" y "no pueden ser vistos con los ojos corporales"; su Azufre, Arsénico y Mercurio "no son los que piensa el vulgo" y que "los farmacéuticos venden", "sino que son *los espíritus* de los filósofos".[58] Así pues, "Filosofía Alquímica es la que enseña a investigar, no según la apariencia, sino según la verdad concreta, las formas latentes (es decir, aristotélicamente, los ocultos principios formadores) de las cosas";[59] idea confirmada por Razzi en el *Lumen Luminum.*

"Este Arte trata de *Filosofía Oculta.* Para conseguirlo hay que conocer las naturalezas internas y desconocidas. Se habla en ella de la elevación (estado incorpóreo) y de la caída (estado visible) de los elementos y de sus compuestos".[60] Los verdaderos elementos son "como el alma de los mixtos", los otros "no son más que el cuerpo", explica Pernety.[61]

---

[57] N. FLAMEL, *Le Désir désiré*, § VI.

[58] B. TREVISANO, *La Parole Delaissée* (ed. en SALMON, *Bibliothèque des Philosophes chimiques*, París, 1741, que en adelante indicaremos como BPC), t. II, pp. 401, 416. *Cf.* D'ESPAGNET, *Arcanum Herm. Philosophiae Opus*, § 44: "Quien diga que la Luna o el Mercurio de los Filósofos es el Mercurio vulgar, o quiere engañar o se engaña a sí mismo". FILALETES, *Epist. de Ripley*, § LXI: "Son esos ignorantes que tratan de encontrar nuestro secreto en las materias vulgares, y que, sin embargo, esperan encontrar oro".

[59] G. DORN, *Clavis Philosophiae Chemisticae*, citado en Manget, I, p. 210.

[60] En BERTHELOT, *La Chimie au Moyen-Age*, París, 1893, t. I, p. 312.

[61] PERNNETY, *Fables, cit.*, t. I, p. 75.

Y en el caso de que, espontáneamente, la presencia o ausencia de la necesaria sensibilidad metafísica determinase por sí misma la separación entre aquellos que están iniciados, y a los cuales únicamente hablan los textos, y cuyas acciones dan frutos de potencia, y aquellos otros que no lo son, y para los cuales se ha escrito que no hay que arrojar perlas a los cerdos[62] aun para estos últimos quedaba la posibilidad de alcanzar el estado necesario mediante una dura ascesis, si faltase el milagro de una iluminación transformadora. En su momento hablaremos sobre esta ascesis, pero ahora nos limitaremos a destacar que, en el marco del hermetismo, ésta no tiene una justificación moral o religiosa, sino simplemente *técnica*: se dirige a proporcionar el tipo de experiencia posible que no se detiene en el aspecto "muerto" y "vulgar" de los Elementos (como sucede en la experiencia sobre la cual se asientan las ciencias profanas modernas), sino que entretejido con él aprehende un elemento "sutil", incorpóreo, espiritual, tal como se enseña en la expresión de Paracelso: "Ella (la naturaleza) me conoce, y yo la conozco. Yo he contemplado la luz que hay en ella, y la he comprobado en el microcosmos y la he vuelto a encontrar en el macrocosmos".[63]

Como dice el llamado *Triunfo Hermético*,[64] "conocer interior y exteriormente las propiedades de todas las cosas" y penetrar en el fondo de las operaciones de la naturaleza" es la condición que se impone a quien aspira a poseer esta ciencia. Y así podrá

---

[62] *Cf.* C. AGRIPPA, *De Occulta Philos.*, III, 65; DORN, *op. cit.*, I, 244. Este tema procede de los alquimistas griegos (CAG, II, 62, 63), quienes declaraban hablar para aquellos que han sido iniciados y tienen el espíritu adiestrado –"para quien posee inteligencia", dirían luego los autores árabes (CMA, III, 64)–. "Todo cuanto decimos se dirige únicamente al Sabio, no al Ignorante" (*Libro del Fuego de la Piedra*, CMA, III, 220).

[63] *Thesaurus Thesaurorum Alchimistorum*, citado en A. POISSON, *Cinq Traités d'Alchimie*, París, 1890, p. 86.

[64] *Colloquio di Eudosso e Pirofilo sul Trionfo Ermetico*, BPC, III, 225.

decirse que "quien no comprende por sí mismo, nunca nadie podrá hacérselo comprender, hiciere lo que hiciere".[65]

Esta ciencia no se adquiere con los libros y con razonamientos -afirman otros- "sino con un movimiento, *con una impetuosidad del espíritu*". "Por eso declaro que ni los filósofos que me han precedido, ni yo mismo, hemos escrito nunca sino para nosotros" -*nisi solis nobis scripsimus*-, y para los filósofos, "nuestros sucesores, y para nadie más".[66]

[65] B. TREVISANO, *De la phil. Nat. des Mét.*, BPC, II, 398.

[66] GEBER, *Summa Perfectionis Magisterii*, Manget, I, 383.

4. "Uno el Todo". El dragón Uroboros

Pero cuando se ha realizado el retorno a una sensación animada y "simbólica" de eso que para los hombres modernos se ha petrificado en términos de naturaleza muerta y de conceptos abstractos por encima de ella, entonces, de esa misma realización, se deriva al propio tiempo el primer principio de la propia enseñanza hermética.

Este principio es la *Unidad*. La fórmula que expresa ese principio la encontramos ya en la *Crisopea de Cleopatra*,[67] "*Uno el Todo*", que debemos asimilar a "el *Telesma, el Padre de todas las cosas, está aquí*", de la *Tabla Esmeraldina*. No se trata, por supuesto, en este caso, de una teoría filosófica (hipótesis de la reductibilidad de todas las cosas a un principio único), sino de un *estado* concreto, debido a una cierta supresión de la ley de dualidad entre Yo y no-Yo y entre "dentro" y "fuera", que salvo raros instantes domina la común y más reciente percepción de la realidad. Este *estado* es el secreto de lo que en los textos recibe el nombre de "Materia de Obra" o "Materia prima de los Sabios", ya que sólo partiendo de este estado es posible "extraer" y "formar", "según el rito" y "el arte", todo aquello que tanto en términos espirituales como en términos de aplicación operativa ("en términos mágicos"), promete la tradición.

El ideograma alquímico de "Uno el Todo" es O, el círculo, línea o movimiento que se encierra en sí mismo y que en sí mismo tiene principio y fin. Pero *este símbolo, en el hermetismo expresa el Universo y, al propio tiempo, la Gran Obra*.[68] En la *Crisopea* toma también la forma de una *serpiente* –uroboros-

---

[67] *Códice Marciano*, Ms. 2325, f. 188 *b.*; y Ms. 2327, f. 196.

[68] AGATHODAIMON, *cit.* por Olimpiodoro, CAG, II, 80; III, 27.

que se muerde la cola, conteniendo en el espacio central del círculo así formado, el "en to pan". En el mismo palimpsesto se halla otro pantáculo formado por dos anillos, el más interior de los cuales lleva la inscripción "Una es la serpiente, la que tiene el *veneno*, según el doble signo"; mientras que en el círculo externo se lee: "Uno es el todo, por medio de él el todo, y para con él el todo: si el todo no contuviera el todo, el todo no sería nada".[69]

Este "todo" ha sido llamado también *caos* ("nuestro" caos), y *huevo*, porque contiene indistintamente las potencialidades de todo desarrollo o generación: duerme en lo profundo de cada ser y como *mito sensible*, para usar la expresión de Olimpiodoro, se despliega en la multiplicidad caótica de las cosas y de las formas dispersas aquí abajo, en el espacio y en el tiempo. Por otra parte, el círculo O del Uroboros comprende también otro significado: alude al *principio de la clausura* o "sello hermético" que metafísicamente expresa el hecho de ser extraña a esta tradición la idea de una trascendencia unilateralmente concebida. Aquí la trascendencia está concebida como un modo de ser comprendido en la "cosa una", la cual "tiene un doble signo"; en sí misma y al propio tiempo es la superación de sí misma; es idéntica y al propio tiempo *veneno*, es decir capacidad de alteración y de disolución; es a un tiempo principio dominante (macho) y principio dominado (hembra), y de aquí el *andrógino*. Uno de los más antiguos testimonios hermético-alquímicos es la sentencia que Ostano habría dado como clave de los libros del "Arte" dejados al Pseudo-Demócrito: "La Naturaleza se recrea en la Naturaleza, la naturaleza vence a la naturaleza, la naturaleza domina a la naturaleza".[70] Pero Zósimo, dice del mismo modo: "La naturaleza fascina, vence y domina a la naturaleza", y añade: "Los sulfúreos dominan y retienen a los sulfúreos",[71] principio

---

[69] *Cod. Marc.*, Ms. 2325, f. 188 *b*.

[70] CAG, II, 43.

[71] Se juega con el término "Zeíon", que en griego tanto quiere decir azufre como divino. Se trata de los "fuegos", de los poderes internos de las cosas. Estas expresiones, como las siguientes, tienen un sentido simultáneamente

que se hará recurrente en los desarrollos ulteriores de la tradición, desde la *Turba Philosophorum*[72] en adelante. De todo esto se derivan toda una serie de expresiones simbólicas, dirigidas a indicar la absoluta autosuficiencia del único principio en cualquier "operación": "padre y madre para sí mismo,[73] de sí mismo es hijo, por sí se disuelve, por sí se mata y por sí mismo se da nueva vida". "Cosa única que contiene en sí los cuatro elementos y domina sobre ellos",[74] la "materia de los Sabios", llamada también la "Piedra", "contiene en sí cualquier cosa de la que tengamos necesidad. Se mata por sí y luego por sí se resucita. Se casa consigo misma, se impregna a sí misma y se resuelve por sí misma en su propia sangre".[75]

Por lo demás, debemos tener siempre presente lo que ya hemos dicho: no estamos ante un concepto filosófico, sino ante el símbolo de una asunción de la naturaleza *sub specie interioritatis*, que por ello lleva en sí la antítesis entre material y espiritual, entre mundo y supermundo. Por ello Zacarías podrá decir: "Si declaramos espiritual nuestra materia, es verdad; si la declaramos corporal, no mentimos. Si la llamamos celeste, es su verdadero nombre. Si la denominamos terrestre, hablamos con propiedad".[76] El *huevo*, que es la imagen del mundo, en los

---

microcósmico y macrocósmico.

[72] En MANGET (Biblioteca química curiosa, Génova, 1702, t. I, 449); cf. ROSIMO (Ad Sarratantam Episcopum, en *Artis Auriferae quam Chemiam vocant*, Basilea, 1572, r. I, 288), etc.

[73] *Corpus Hermeticum*, IV, 5, 8. *Cf.* en HIPÓLITO, *Philos.*, VI, 17.

[74] MORIENO, *Colloquio col Re Kalid*, BPC, II, 86.

[75] *Trionfo Ermetico*, BPC, III, 196. *Cf.* ROSIMO, *loc. cit.*, 325; BRACCESCO, *La espositione di Geber Philosopho*, Venecia, 1551, f. 25 *a*; *Turba Philos.*, BPC, II, 17, etc.

[76] *De la Philos. nat. des Mét.*, BPC, II, 523.

textos alquímicos helenísticos recibe el nombre de "lízon ton u lízon"[77] y Braccesco aclara:

"Esto es piedra (o sea, forma, corporeidad, tangibilidad), y no es piedra, se halla en cualquier lugar, es vil y preciosa, oculta y conocida por todos".[78] "Es un caos o espíritu bajo forma de cuerpo (el cosmos, la naturaleza sensible) y sin embargo no es cuerpo".[79] En una sugestiva síntesis, estas palabras enigmáticas y al propio tiempo iluminadas de Zósimo proporcionan finalmente el conocimiento de esa cosa maravillosa, por el doble conducto y por el doble aspecto que, incluso en sentido evangélico, es la Piedra de los hermetistas "Déspotas del Templo", "dominadores del espíritu".

"Este es el misterio divino y grande, el objeto buscado. Esto es el todo. De él el todo y por él el todo. Dos naturalezas, una sola esencia: porque una atrae a la otra y una domina a la otra. Esta es el Agua luminosa (lit.: de plata), lo que siempre huye, lo que es atraído por sus propios elementos. Es el Agua divina, que fue ignorada por todos, cuya naturaleza es difícil de contemplar: porque no es un metal, ni el agua perpetuamente móvil, ni una corporeidad. *Ella es indómita*. Todo en todo, posee un conducto y un espíritu, y el poder de la destrucción."[80]

---

[77] CAG., II, 18.

[78] *Espositione*, cit., 66 b. Cf. R. BACON, *De Secr. operibus Artis et Nat.*, texto en Manger, I, 622.

[79] A. J. PERNETY, *Dictionn. Mytho-hermétique*, París, 1758, p. 281.

[80] Texto en CAG, II, 143-144.

5. La "presencia hermética"

Ahora bien, cuando la coincidencia de lo corporal y lo espiritual de que se habla se entiende como debe ser entendida, es decir, no en la referencia a dos principios que, aunque uno de ellos se llame "espiritual", son pensados como partes de un todo en cualquier caso exterior a la conciencia, sino de un modo *vivo*, como dato de una experiencia real, entonces llegamos a otra de las enseñanzas herméticas fundamentales: la de la inmanencia, de la presencia en el hombre de la "cosa maravillosa", del "caos vivo", en el cual queda comprendida toda posibilidad. Por ello en los textos herméticos hay un continuo pasar con los mismos términos de un significado cósmico-natural a un significado interior humano: Piedra, Agua, Mina, Matriz, Huevo, Caos, Dragón, Plomo, Materia Prima, Árbol, Espíritu, Telesma, Quintaesencia, Mujer, Cielo, Semilla, Tierra, etc., son símbolos que en el lenguaje cifrado hermético son objeto continuo de esta trasposición, incluso dentro de un mismo período, provocando inmensas dificultades para el lector inexperto.

Los textos son también claros acerca del principio de inmanencia: El ya citado "Telesma, el Padre de todas las cosas, está aquí", de la *Tabla Esmeraldina*, se complementa con la terrible revelación del *Corpus Hermeticum*:[81] "Eres todo en todo, compuesto de todos los poderes".

Morieno, en respuesta al rey Kalid, revelará: "Oh, rey, yo os confieso la verdad: Dios, para su placer, ha creado en vos esta cosa admirabilísima,[82] y en cualquier lugar donde os halléis,

---

[81] *Corpus Herm.*, XIII, 2.

[82] Este tema teísta-creacionista, y varios otros semejantes, en los textos medievales, no son sino una concesión a las ideas religiosas exotéricas

estará en vos, y no podréis ser despojado de ella... Vos sois la Mina, por ella está en vos y, a decir verdad, vos mismo sois quien la recoge y quien la recibe. Y quien busque otra piedra en el Magisterio quedará defraudado en su trabajo".[83] Las expresiones de Ostan en el texto árabe de Kitab El-Foçul son las mismas. "Nada hay en el mundo tan común como esta cosa misteriosa: se halla en el rico y en el pobre, junto al que viaja y junto a quien se queda".[84] Y añade: "¡Por Dios! Si la designara por su nombre verdadero, los ignorantes gritarían: ¡Mentira!, y los inteligentes quedarían perplejos". Y también: "Esta piedra os habla y no la escucháis. Os llama y no le respondéis. ¡Oh asombro! ¡Qué sordera cierra vuestros oídos! ¡Qué embeleso oprime vuestro corazón!" [85] El Cosmopolita: "Vuestro interés se halla ante vuestros ojos; nadie puede vivir sin él, todas las criaturas se sirven de él, pero pocos lo distinguen; y nadie lo posee".[86] Y en los *Siete Capítulos de Hermes*: "He aquí que os declaro lo que es desconocido: la Obra está con vosotros y en vosotros: si la halláis en vosotros, donde está continuamente, la poseeréis también siempre, allí donde vosotros estéis".[87]

La expresión "cielo", de la que evangélicamente se dijo "el reino de los cielos está en vosotros", también se utiliza para el Principio en la tradición hermético-alquímica, pero para él es aún más frecuente y más típico -como ya hemos adelantado y como veremos-otro símbolo: el *Agua*. El hermetismo místico bömiano habla así de ella: "Esta agua subsiste por toda la eternidad... Se extiende a todos los puntos de este mundo y es Agua de Vida

---

dominantes.

[83] *Colloquio*, etc., *cit.*, BPC, II, 86, 87, 88.

[84] Texto en CMA, III, 124.

[85] Texto en CMA, III, 117, 124. Cf. *Commentatio de Pharmaco Catholico*, Amsterdam, 1666, IV, § 8.

[86] *De Sulphure*, Venecia, 1644, p. 208; BPC, III, 273, 279.

[87] Texto de la BPC, § 1.

que penetra más allá de la muerte... En ningún lugar es aprehensible ni perceptible ("difícil de contemplar", había dicho Zósimo). Pero lo llena todo igualmente. *Se halla también en el cuerpo del hombre y cuando éste tiene sed de esta Agua y bebe de ella, entonces se enciende en él la Luz de Vida*".[88] Y acaba afirmando decididamente que "el hombre es el centro donde todo tiene fin: encierra la quintaesencia de todo el universo. Participa de las virtudes y de las propiedades de todos los individuos".[89]

Al ser el *cuerpo* la concreción de la entidad humana; aquello que en el hermetismo viene a designar con los mismos símbolos cósmicos el misterio de la corporeidad, comenzamos a entender mejor lo que es esa "cosa mas próxima que cualquier otra", que "todos tienen ante los ojos y bajo las manos", considerada vil por los ignorantes y tenida por los sabios como la más preciosa de todas. El dicho budista: "En este cuerpo de ocho palmos de altura está comprendido el mundo, la génesis del mundo, la resolución del mundo y el sendero que conduce a la resolución del mundo", se complementa rigurosamente con el de la *Tabla Esmeraldina*: "Lo que está arriba es como lo que está abajo, y lo que está abajo es como lo que está arriba, para hacer la maravilla de una cosa única", y que ya había sido formulado en los textos griegos: "Todo aquello que contiene el macrocosmos también el hombre lo contiene",[90] y luego repetido por Böhme así:

"El cuerpo terrestre que lleváis es todo uno con la totalidad del cuerpo inflamado (es decir, del cuerpo vivido en el estado especial de "fuego" del espíritu) de este mundo".[91]

Este principio fundamental del hermetismo, como veremos, da lugar a varias formas de correspondencias: reales, analógicas

---

[88] J. BÖHME, *Morgenröte*, XXIV, 38.

[89] PERNETY, *Fables*, I, 72.

[90] OLIMPIODORO, texto en CAG, II, 100.

[91] *Op. cit.*, XXIV, 67.

y "mágicas". Algunas estructuras de la realidad, algunas metalidades -concebidas como silenciosas fecundaciones astrales en el *gremium matris terrae*-, algunas naturalezas del mundo urano-planetario, están concebidas como mineralizaciones de fuerzas, que revelan su secreto en los correspondientes estados del espíritu que duermen en el seno de la corporeidad.

En Oriente se enseñaba que siguiendo las huellas dejadas en nosotros por el *âtmâ*, por su intermedio se consigue el conocimiento del universo;[92] y Agrippa, parafraseando a Geber, expone la misma enseñanza de un modo igualmente claro: "Nadie puede sobresalir en el arte alquímico sin conocer los principios *en sí mismo*, y cuanto mayor será el conocimiento de sí mismo, mayor será el poder de atracción adquirido, y se realizarán más cosas grandes y maravillosas".[93] *"Ambula ab intra"*, es una sentencia del *De Pharmaco Catholico*.

Y esta "vía interior", esta "vía, sacra" que parte de la "piedra negra hierática", de esta "piedra que no es piedra" sino "imagen del cosmos", de "nuestro plomo negro" (símbolos todos, desde este punto de vista, del cuerpo humano), y a lo largo de la cual surgirán Héroes 5; Dioses,[94] cielos y planetas, hombres elementales, metálicos y sidéreos,[95] está enigmáticamente contenida en las siglas V.I.T.R.I.O.L., explicadas así por *Basilio*

---

[92] *Bahadaranyaka-Upanishad*, I, IV, 7.

[93] AGRIPPA, *De Occ. Phil.*, III, § 36.

[94] Conviene recordar que los romanos pusieron una *piedra negra -lapis niger-* al comienzo de la vía sacra. La obra hermética en los textos griegos se denomina a veces "misterio de Mitra", y Mitra fue concebido como un dios, o Héroe, nacido de *piedra*, que subyugará al Sol. Sobre "esta piedra" -evangélicamente- se edificará el "templo"; y "señores del templo", como ya hemos dicho, se denominaron los maestros herméticos. Podríamos llegar bastante lejos con asociaciones igualmente significativas.

[95] *Cf.* BÖHME, *Morgenröte*, XXV, 83: "Para conocer la generación de las estrellas, hay que conocer la generación de la vida, y cómo la vida se genera en el cuerpo, porque en todo sólo hay una sola clase de generación."

Vulentino: "Visita Interiora Terrae, Rectificando Invenies Occultum Lapidem" (recorre las "entrañas de la Tierra (del Cuerpo), y rectificando encontrarás la piedra oculta). A lo largo de esa vía el conocimiento de sí y el conocimiento del mundo se intercondicionan, hasta hacerse una sola y la misma cosa maravillosa, verdadero objetivo de la Obra Magna: como aquí, fuera (como arriba así abajo, como en el espíritu en la naturaleza), así en el organismo humano se hallan presentes los Tres, los Cuatro, los Siete, los Doce; Azufre, Mercurio, Sal; Tierra, Agua, Aire, Fuego; los Planetas; el` Zodíaco. El horno es único -dicen enigmáticamente los Hijos de Hermes-, único el camino y única también la Obra."[96] "Hay una sola Naturaleza y un solo Arte... La operación es única, y fuera de ella no hay ni existen otras verdaderas."[97]

En el *Triunfo Hermético* se dice que "nuestra Piedra" existe, pero que se oculta hasta que el "artista" no ayude a la naturaleza.[98] Arte hermético es iluminar de nuevo el sentido de las analogías restableciendo la realidad de los contactos: autosuficiente y no necesitada de nada como autosuficiente y no necesitada de nada es la "cosa única" [99] "técnica divina y operativa"; ella, "mediante la afinidad de las naturalezas fascina las naturalezas consustanciales",[100] por lo que se puede decir, de la manera más rigurosa, que "la Obra es un tercer mundo porque

---

[96] Textos *Pseudodemocriteos*, CAG. III, 37.

[97] *Novum Lumen Chemicum*, Venecia, 1644, p, 62.

[98] Texto en BPC, III, 272.

[99] A esta idea se deben referir, según uno de sus significados principales, las muy numerosas expresiones herméticas, según las cuales no debe añadirse nada a las simbólicas "materias"; que ellas se bastan para darse su perfección, y que por nada exterior a ellas se le podría conferir; que ellas tienen en sí mismas los principios de todas las operaciones. Citemos a MORIENO, por todos (*Colloquio*, BPC, II 62): "Aquellos que tienen en sí mismos todo lo que (los maestros herméticos) necesitan, no tienen necesidad de la ayuda de nadie".

[100] CAG, II, 209.

es semejante a los otros dos mundos y porque las fuerzas del macrocosmos y del microcosmos están reunidas en él".[101]

---

[101] *Libro della Misericordia*, texto en CMA, III, 179.

6. La creación y el mito

Queremos llamar la atención todavía sobre un último aspecto de la analogía: según la concepción hermética, como los elementos del cosmos se corresponden con los del hombre, así *el proceso de la creación y aquel con el cual el hombre, a través del Arte, se reintegra en sí mismo, siguen una misma vía y tienen el mismo significado.* La relación analógica entre el Arte alquímico y la acción demiúrgica aparece ya en los primeros textos griegos: Pelagio, Comario, Zósimo. En las diversas fases de la realización hermética se reconocerían las fases de la creación: la experiencia iniciática proporcionaría la clave de la cosmogonía, y viceversa: toda cosmogonía tradicional, y también toda mitología, según la exégesis hermética, tendría, entre otros significados, el de una exposición figurada y velada mediante enigmas de las diversas operaciones y transformaciones del Arte.[102]

Para hacerse una idea cabal de esta enseñanza es evidentemente necesario superar la idea de la creación como un hecho histórico agotado en el pasado, espacial y temporal; hay que concebirla en función de un estado "creativo", metafísico por su propia naturaleza, y por ello supraespacial y supratemporal, fuera tanto del pasado como del futuro, que es más o menos el mismo concepto que algunos místicos designaron con el término

---

[102] *Cf.* CAG, II, 213-14. Esta idea es explícita en CRASSELLAME, *Ode Alchemica* (texto en O. WIRTH, *El Simbolismo Hermético*, París, 1909, p. 161): "Nuestra Gran Obra muestra claramente que Dios ha hecho el todo de la misma manera que ha producido el elixir físico". MORIENO, *Colloquio*, etc. BPC, II, 88: "Contiene en sí los cuatro elementos y se asemeja al mundo y a la composición del mundo". *Cf.* DELLA RIVIERA, *Il Mondo Magico*, etc. cit., 46, 98-99. FILALETES, *Introitus apertus ad occlusum Regis palatium*, c. V. PERNETY, *Fables cit.*, I, 25; ORTULANO, *Comm. alla Tabula Smaragdina*. "Nuestra piedra se hace de la misma manera que fue creado el mundo" (BPC, I, § 11), etc.

creación eterna. En tal sentido, la creación es un hecho siempre presente y la conciencia puede recuperarla actualizándose en estados, que -según el "principio de inmanencia" -constituyen posibilidades de su naturaleza profunda- de su "caos"-, mientras que en el mito cosmogónico se nos presentan bajo la forma de símbolos, dioses y figuras y acciones primordiales.[103] Y puesto que la meta del *"ambula ab intra"*, de la "vía interior" hermética que desciende al "interior de la tierra", es precisamente esa "naturaleza profunda", queda esclarecido también este aspecto de la enseñanza hermética, y cómo los alquimistas no sólo toman como paradigma las diversas fases de la creación esiodea e incluso bíblica, sino que incluso a veces amplían también la analogía a los mismos episodios de las empresas heracleas y jasónicas, las cuales para ellos tampoco tienen valor ni como "hechos históricos" ni como "fábulas", sino como alusiones a estados y actos espirituales extratemporales.

Hay que añadir a todo esto que esta "vivencia del mito" no tiene, en el hermetismo, un alcance vagamente "místico". De todo lo expuesto anteriormente se desprende que "vivir el mito" significa acceder a través de los símbolos a una percepción de orden suprahistórico, en la cual la naturaleza y el propio hombre,

---

[103] En el hermetismo se reafirma por lo demás la idea tradicional de la unidad interna de todos los mitos, expresada también por J. M. RAGON (*De la Maçonnerie occulte et de l'Initiation hermétique*, París, 1926, p. 44): "Al reconocer la verdad de la alianza de los dos sistemas, el simbólico y el filosófico, en las alegorías de los monumentos de todas las épocas, en los escritos simbólicos de todos los sacerdotes de todas las naciones, en los rituales de las sociedades mistéricas, obtendríamos una serie constante, un sistema invariable de principios que proceden de un conjunto amplio, imponente y verdadero, únicamente en el cual pueden coordinarse debidamente". Acerca del contenido simbólico del mito, nos limitaremos a reproducir este único testimonio: BRACCESCO, *Espositione, cit.,* ff. 77 *b,* 42 *a:* "Los Antiguos ocultaron bajo las fábulas poéticas esta ciencia, y hablaron por semejanzas... Aquel que no tenga conocimiento de esta ciencia, no podrá conocer la intención de los Antiguos, de lo que quisieron indicar tras los nombres de tantos dioses y diosas, y mediante sus generaciones, sus enamoramientos y mutaciones; y no penséis que en esas leyendas se ocultan cosas morales".

por así decir, se hallan en un estado de creación y que, entre otras cosas, contiene por ello el secreto de las energías que actúan en el interior y por detrás de las cosas visibles y de la propia corporeidad humana. Como veremos, éste es el presupuesto de todas las operaciones alquímicas en sentido estricto, o sea en el no puramente iniciático.

Nos limitaremos por ahora a señalar la relación de tales ideas con el significado más profundo de las antiguas tradiciones según las cuales dioses, demonios o héroes serían los introductores en la "física", o sea, en el conocimiento vivo de los misterios de la naturaleza: herméticamente "conocer" un dios es realizar un "estado creativo" que al propio tiempo es un significado metafísico, el "alma desconocida" y el poder oculto de un determinado proceso de la naturaleza.

Las distintas referencias de los textos a "genios", númenes, etcétera, que en visión o en sueño habrían revelado a los "Hijos de Hermes" los secretos del Arte, adquieren sentido cuando se relacionan con esta concepción.

7. La Mujer. El Agua.
El Mercurio. El Veneno

Hemos hablado del "en to pan". Hay que determinar ante todo el aspecto "caos" o "todo" del "uno". En sentido estricto, el caos es la materia prima: la posibilidad indiferenciada, principio de toda generación. El simbolismo que lo designa en el hermetismo es bastante diverso en cuanto que recupera los símbolos utilizados en muchas antiguas civilizaciones. Es la Noche, el Abismo, la Matriz; luego el Árbol, y como hemos visto, también la Mujer -la Madre, la "Señora de los Filósofos", la "diosa de belleza sublime"-[104] Pero los símbolos técnicos y específicos de los textos hermético-alquímicos son, sobre todo, el Agua y el Mercurio.

"Sin el Agua divina nada existe", dice Zósimo;[105] "ella realiza cada operación en el compuesto (o sea, en lo que forma con ella)". Agua del abismo, Agua Misteriosa, Agua divina, Agua permanente, Agua viva (o Agua de Vida), Agua eterna, Agua-Plata, Océano, Mare Nostrum, Mare Magnum Philosophorum, Acqua Spirito, Fons perennis, Acqua celeste, etcétera, son expresiones que se encuentran por doquier en los textos. Por otra parte, entre los símbolos del principio femenino y el de las Aguas -entre Tierra Madre, Aguas, Madre de las Aguas, Piedra, Caverna, Casa de la Madre, Noche, Casa de la Profundidad o de la Fuerza

---

[104] Esta última, en B. VALENTINO (*Aurelia Occultam Philosophorum*, en Manget, II, 3.ª clave) es ofrecida como la "Mujer del Mar", y al mismo tiempo hay una referencia al "centro del Árbol que hay en el centro del Paraíso", que "los Filósofos han buscado tan afanosamente".

[105] CAG, II, 144.

o de la Sabiduría- existe una conexión que se remonta a los primeros tiempos.[106] Y el hermetismo la recupera.

Al propio tiempo las Aguas, lo "Húmedo radical", la "Señora de los Filósofos", el Caos, el "misterio buscado por todos y finalmente encontrado", etc., son, alquímicamente, *el Mercurio*. Todo está compuesto de Mercurio (o de agua mercurial), dicen los textos: es lo que constituye, a su decir, la materia, el principio y el fin de la Obra.

Ya hemos mencionado otra asociación: la existente con la Serpiente o el Dragón. Se trata de la Serpiente universal o cósmica, que, según la expresión gnóstica, "se mueve en el interior de todas las cosas".[107] Su relación con el principio del caos –"nuestro Caos o Espíritu es un dragón de fuego que a todo vence"-[108] y con el principio de la disolución -el Dragón Uroboros es la disolución- de los cuerpos, [109] se remonta a mitos antiquísimos.

Sin embargo, el hermetismo utiliza los símbolos más particulares del Veneno, Víbora, Disolvente universal, Vinagre universal para designar el aspecto de la potencia de lo indiferenciado, en cuyo contacto todo lo diferenciado no puede menos que ser destruido. Pero, al propio tiempo, para designar el mismo principio encontramos el término *Menstruo* y, como tal -o sea, como la sangre de la simbólica "Señora" que alimenta la generación-, asume también el significado opuesto de Espíritu de

---

[106] *Cf.* H. WIRTH, *Der Aufgang der Menrchheit*, Jena, 1928 y J. J. BACHOFEN, *Urreligiou und antike Symbole*, Leipzig, 1926.

[107] *Apud* HIPÓLITO, *Philos.*, V. 9. *Cf.* V, 16, donde la Serpiente es asimilada, como el Mercurio hermético en Basilio Valentino, a la corriente que nace en el centro del Edén; en segundo lugar al Logos de Juan, aquel por medio del cual todas las cosas se hacen (asimilación que también encontramos en el hermetismo): para BÖHME el Mercurio es el Sueño, el Verbo, la "Palabra de Dios, manifestación del Abismo eterno" (*Morgenröte*, IV, § 13-14, *De Signatura Rerum*, VIII, § 56).

[108] FILALETES, *Introitus*, etc., c. II.

[109] Textos *Pseudodemocriteos*, CAG, III, 22.

Vida, de "Fuente de Agua Viva", la "Vida en los cuerpos, lo que atrae, la Luz de las Luces".[110]

El principio en cuestión tiene pues un "doble sentido", es , Muerte y Vida, tiene el doble poder del *"solve"* y del *"coagula"*: "Basilisco Filosófico", como un rayo quema a todo "metal imperfecto" (Crollio); "Fuente Terrible", a la que si se deja desbordarse, todo lo devasta, pero que confiere la victoria sobre cualquier cosa al "Rey" que consiga bañarse en ella (Bernardo Trevisano); el *Ruach*, el Espíritu o Hálito, "principio indeterminado de todos los individuos";[111] es el "Plomo negro", y también la "Magnesia", la "Quintaesencia", lo que puede todo en todo, y que a quien sabe y comprende su uso proporciona Oro y Plata.[112]

En realidad, por la propia naturaleza, absolutamente indiferenciada, de lo que ello quiere significar, el simbolismo usado por los textos a este propósito es desmesurado: los autores herméticos dicen explícitamente que lo que es el todo puede ser designado con todo -incluso con las cosas más extravagantes-, con el fin de desorientar al ignorante.

Lo que interesa, sin embargo, es relacionar estos símbolos con un estado del espíritu, con el encubrimiento de una *experiencia*: puesto que para el hermetismo hay que considerar válido aquello que Aristóteles dice acerca de los Misterios, o sea que no se iba a ellos a aprender, sino para realizar a través de una experiencia vivida una profunda impresión.[113] En ese sentido hay que entender las expresiones relativas al mismo principio, que encontramos en las corrientes afines al hermetismo: "Agua

---

[110] *Texto Siriaco*, CMA, II, 158.

[111] PERNETY, *Dict.*, p. 141.

[112] *Cf.* CAG, II, 91, 94-96, 98, 144.

[113] En SINESIO, *Dion.*, 48.

que produce temblores"; [114] "Las Tinieblas son un Agua terrible";[115]

"Potencia entera de la agitación violenta, semejante al agua en movimiento", la que trae "aquello que permanece, libera lo que anda, destruye lo que crece", y a cuya imagen fueron hechos Cefeo, *Prometeo* y Japeto".[116] Böhme añade: "El ser se libera de la muerte con una agonía, que se realiza en la gran angustia de la *impresión*, que es la vida *mercurial*... Este estremecimiento procede del Mercurio, o angustia de la muerte".[117] Se trata del contacto con el *veneno*, con la fuerza disolvente que como muerte rompe las esencias finitas.

Así, el Mercurio hermético, "Basilisco Filosófico", que actúa como un *rayo* (recuérdese el rayo que abatió a los titanes), se corresponde con el prâ*n*a la fuerza de vida que en la tradición hindú se llama también "causa suprema de estremecimiento", y "rayo blandido", que sin embargo "hace inmortal a quien lo conoce".[118] En la mitología asiria el dios Merodak tiene *rayos* en ambas manos cuando combate contra el monstruo del *caos*, Tiamat. Este combate simbólico nos conduce a la fase siguiente, la de la *separación*.

---

[114] Gran Papiro Mágico de París, texto en *Intr. alla Magia*, vol. I, p. 144 y ss.

[115] Apud HIPÓLITO, *Philos.*, V, 19.

[116] *Ibid.*, V, 14.

[117] BÖHME, *De Signatura Rerum*, III, 19, 20.

[118] *Katha-Upanishad*, II, IV, 2.

8. La Separación. "Sol" y "Luna"

"La naturaleza goza de sí misma" y "La naturaleza se domina a sí misma": posibilidad de la naturaleza de ser deseo, abandono a sí misma, espontaneidad, identificación de autosufrimiento, o incluso posibilidad de decirse no a sí misma, de manifestarse como aquello que actúa contra sí mismo, que se domina y trasciende a sí mismo, hasta el punto de haber hecho nacer la distinción entre lo que domina (el "macho", lo activo) y lo que es dominado ("hembra", lo pasivo), única cosa en la cual subsiste la antigua naturaleza caótica; tales son, *sub specie interioritatis*, los dos polos que con la separación se desunen uno de otro.

Puede decirse también que en el "uno el todo" el "uno" y el "todo" se constituyen ahora como dos principios distintos. El "uno" se concreta en el significado de un *centro* que se manifiesta en el seno del caos (el "todo") y se afirma como un principio de fijeza incorruptible, de estabilidad, de trascendencia. Del signo O – "la materia prima" - pasamos entonces C que es el jeroglífico arcaico del *Sol*. Y lo que en la materia originaria era posibilidad indeterminada, aptitud pasiva para cualquier cualificación, cambio y transformación caótica, se convierte en un principio distinto, al cual, en el hermetismo, le corresponde el símbolo femenino de la *Luna* ☾.

Sol ☉   Luna ☾

Esta es la dualidad hermética fundamental. Puede decirse que la serpiente, al multiplicarse, se ha opuesto a sí misma,[119] y

---

[119] *Cf.* ELIPHAS LEVI, *Histoire de la Magie*, París, 1922, p. 138: "La vida es una serpiente que se engendra y se devora incesantemente a sí misma. Conviene huir de sus astucias y ponerle el pie sobre la cabeza. Hermes, al multiplicarla, la opone a sí misma, y en un equilibrio eterno hace de ella el talismán de su poder y la gloria de su caduceo".

los símbolos principales que expresaban la "materia prima" -la Mujer, el Dragón, el Mercurio, las Aguas- pasan ahora a expresar únicamente la fuerza lunar. Separada del centro, esta fuerza sería un impulso ciego y un desbordamiento salvaje, y su dirección es hacia abajo, es una dirección de "caída" indicada precisamente por el jeroglífico alquímico del principio Agua ∇, bajo ese aspecto idéntico a la Luna ☾.

Los Dragones (así como los Toros) se convierten en aquellos contra los cuales luchan los héroes *solares*, como Mitra, Heracles, Jasón, Apolo, Horus, etc., llamados, en la interpretación hermética del mito, por los alquimistas "verdes", y "no digestos" por no haber sufrido aún la "maduración", la dominación que los transmuta en un poder de orden superior. En lugar de la Mujer Primordial, de la Virgen del Mundo solitaria, se introducen parejas, en las cuales se expresa la dualidad del principio uránico y del telúrico: Cielo-Tierra. "Arriba las cosas celestes, abajo las terrestres; la obra se realiza, mediante el macho y la hembra."[120] El Mercurio se *fija* y coagula; tal es el sentido de la sexta figura de Flamel, que representa a una serpiente crucificada.[121]

Si el Dragón figura de nuevo en el centro de la "Ciudad de los Filósofos" de Khunrath, se trata sin embargo de un dragón que hay que vencer y matar: es el que se devora incesantemente a sí mismo, es el Mercurio como *sed ardiente*,[122] como deseo, hambre, impulso de placer ciego,[123] y por ello "naturaleza

---

[120] CAG, II, 147.

[121] GRILLOT de GIVRY, *Musée des Sorciers, Mages et Alchimistes*, París, 1929, pp. 398, 914, tab. 347.

[122] *Textos Pseudodemocriteos* CAG, II, 20. Para el símbolo del dragón que se devora a sí mismo, véase OSTANO en CMA, III, pp. 119-120.

[123] En *De Signatura Rerum*, II, § 7, B61-BÖHME habla de un deseo o voluntad que ansía sin que tenga nada para saciarse, fuera de sí mismo, que es "la propiedad del hambre que se nutre de sí mismo". *Cf.* III, 3: "Esta voluntad se halla con la nada ante sí, no puede buscarse más que a sí misma, ni puede encontrarse más que a sí misma en la naturaleza"; III, 12: "El deseo salta desde el Abismo (*cf.* el "agua del Abismo" alquímico) y en este deseo se halla el comienzo de la

viscosa", principio de identificación y de ensimismamiento, naturaleza "fascinada" y vencida por la naturaleza.[124] Este es, macroscópicamente, el secreto del mundo sub-lunar de los cambios y del devenir frente a la región uránica del *ser*, frente a la estabilidad desencarnada de las naturalezas celestes que reflejan el mundo de la pura virilidad espiritual.

Traspuesto a símbolos metalúrgicos herméticos, el principio Sol ☉ corresponde al *Oro*, la sustancia que ningún *ácido* puede alterar; y el principio Luna ☾ corresponde a la *Plata* fluida o *Agua-Plata* (antiguo nombre del Mercurio).

Bajo determinado aspecto, el primero puede relacionarse con el color *rojo*, y el segundo con el *blanco*, que luego podemos referirlos a *Fuego* y *Luz*, respectivamente. El fuego es la virtud propia del principio solar, no como el fuego que es deseo, ardor genésico, ansia, sino como *flamma non urens*, principio incorpóreo de toda animación.[125] La luz, en sí misma, se relaciona más bien con el principio femenino y lunar, también como Sabiduría, la cual, respecto a ☉ tiene la misma naturaleza de la luz que la Luna refleja del principio solar.

---

naturaleza". Esto por lo que toca al símbolo del dragón que se devora a sí mismo y al Mercurio como "sed ardiente".

[124] Aparte de las citas ya anotadas, en los textos Pseudodemocriteos (CAG, II, 63), se dice que el Mercurio *se pega* a los elementos y que no se puede separarlo de ellos, donde es "dominado y dominante" al propio tiempo (amalgamación). Alma "viscosa" será una expresión para significar el estado espiritual del hombre sobre el que actúa esta fuerza. PERNETY (*Dict*, 202) habla de una "Humedad viscosa", que es el "Mercurio de los Filósofos", y que es la base "de todos los tres individuos de los tres reinos de la naturaleza".

[125] *Cf.*, para la virtud de este fuego, que es "una parte celestial homogénea", un espíritu invisible, un alma no sujeta a dimensión de los cuerpos, una cosa milagrosa que sólo los Filósofos pueden conocer, inmenso, invisible, apto por su virtud para la acción, ubicuo, AGRIPPA, *De Occ. Phil.*, I, 5; II, 4; FILALETES, *Epist. de Ripley*, § LVI, LVII; *Regulae*, X.

Hay un símbolo alquímico especial que equivale en parte al Sol: es el *Arsénico* lo que se explica, pues el término griego "arsenicón" significa al mismo tiempo arsénico y macho, viril.[126] Otro símbolo más es el Nitro o Salitre, cuyo ideograma ⊕ indica el predominio de un principio fálico-viril (la vertical | que surca la materia prima O. El simbolismo del Nitro (*Salitter*) es muy utilizado por Böhme, con el cual expresa el calor que "da actividad a la luz", la "energía actuante y bullente" de las potencias divinas que, en oposición al *Mercurius* o Sonido (correspondiente el principio Luz), es, como veremos, el principio de toda individuación.[127]

---

[126] CAG, II, 417: "Bajo el nombre de arsénico se ha querido entender, bajo un símbolo, la virilidad"

[127] *Cf.* BÖHME, *Morgenröte,* I, 5; IV, 13-14.

9. Aguas heladas y aguas fluyentes

Una vez separados los dos principios, la relación que puede establecerse entre ellos es de dos clases: ⊙ (el Sol, el Oro) *puede ser dominado por* ☾, (la Luna, las Aguas), *o bien puede dominarlas*. En el primer caso se trata de la ley del *devenir*, propia de aquel mundo que, desde los antiguos hasta la escolástica, se llamó precisamente *sublunar*, y en la tradición hindú, sobre todo en el budismo, mundo *samsárico*. Es la "disolución" hermética, el secreto de aquellos mitos en los que figuran hombres y seres primordiales devorados por dragones o por otras naturalezas que personifican el principio húmedo del caos (por ejemplo, el mito egipcio de Tifón-Seth, y de Osiris).

En el segundo caso, se trata de una referencia a todo aquello que refleja la inmovilidad de ⊙ por tener carácter de cosa acabada, o perfecta, o agotada, y a todo aquello en que existe más cosmos que caos por el predominio de una ley de orden, de organización y de equilibrio sobre el mero cambio.

De ello se sigue, particularmente, una relación del principio Oro, Sol, Fuego, Nitro, etc., con todo aquello que es individualidad y corporeidad, en sentido de *sello*, de impronta estable de un poder; y del principio Luna con todo aquello que es "volatilidad" e inaprehensibilidad de "espíritu vital", de energía sutil de las transformaciones. En los textos encontraremos alusiones múltiples que confirman tales relaciones. *Aguas heladas* y *Aguas fluyentes*: fuerzas individualizadas y *fijadas* por el principio del Sol, y fuerzas en estado elemental. Por lo que hace referencia a la terminología aristotélica, diremos de manera más general que el Sol es la "forma" y potencia de *individuación*, mientras que; la Luna -en la que se conservan los símbolos arcaicos de la Madre y de la

Mujer-expresa la "materia" y lo "universal": a la vitalidad indiferenciada, al espíritu cósmico o éter-luz, corresponde la hembra; todo aquello, por el contrario, que se opone a ella como especialización, cualificación, individuación concreta, refleja, pues, el principio solar viril; actúa en este caso aquel poder del límite, la virtud contractiva (el *coagula* en oposición al *solve*), al que se refiere este pasaje de Böhme: "la divinidad universal, en su generación más íntima y esencial, en su núcleo, posee una aspereza aguda y terrible, cuya cualidad astringente es una atracción excesiva, radical, dura..., semejante al invierno, cuando el frío es terrible e insoportable, hasta el punto *que el agua se convierte en hielo*".[128]

Las extrañas expresiones alquímicas de "Fuego frío" y de "Frigidez ígnea", convergen en un sentido semejante: lo propio del Fuego del "Macho primordial", por oposición a lo húmedo y salvaje de la "materia impura" y del Dragón Lunar, es precisamente ser simultáneamente hielo. Anima, pero al propio tiempo domina, subyuga, proyecta una "fijeza": y de ella se desprenden formas en las cuales las aguas están encadenadas por una ley, *hasta culminar en el milagro del Misterium Magnum, de una vida y de una conciencia que se dice a sí misma:* Yo. En las páginas que siguen, el contexto de nuestro discurso nos mostrará, de otra manera, que el *Oro o Sol*, en uno de sus principales significados prácticos, *expresa lo que podríamos llamar el principio* Yo, lo mismo si se manifiesta en forma vulgar y terrestre (sólo como reflejo del verdadero *Sol* proyectado por la contingencia de las Aguas, de la "Corriente") que si sólo aparece unido consigo mismo, *puro*, en forma de metal noble y vivo, y entonces adquiere efectivamente el valor de *centro* como en el estado primordial. Tal es la clave para comprender las operaciones del Arte según el significado central de la obra de palinginesis.

---

[128] BÖHME, *Morgenröte*, XIII, 57, 57

Podemos señalar también que, en este caso, la elección del símbolo de la Piedra para significar al cuerpo humano adquiere un sentido complementario: el cuerpo, en tanto que naturaleza organizada, acabada y estable, es un "fijo" frente a la inestabilidad de los principios psíquicos y la "volatilidad" atribuida a los espíritus; de manera que no sólo la relación de Oro, Sol y Fuego con el cuerpo (directamente o a través de los símbolos equivalentes) es muy frecuente, sino que también, cuando el propio interior espiritual, adquirida la estabilidad sobrenatural de los regenerados, haya elevado a un plano superior los principios de la corporeidad, y los "dos sean uno" en una "corporeidad espiritual", también entonces el término para expresar esa corporeidad será asimismo Piedra: la *Piedra Filosofal*.

Por este aspecto de su simbolismo, es bastante aparente en el hermetismo una influencia por parte del *espíritu de la tradición clásica*. El valor clásicamente atribuido a todo aquello que tiene *forma*, que se ha realizado según un límite y una medida, y la desvaloración atribuida a todo aquello que antimísticamente es indeterminado e indefinido se refleja en la conexión establecida por el hermetismo entre la corporeidad y el signo del Oro (Sol), el más *noble* de los elementos de la naturaleza. "Tratar el Fuego del Mercurio (el Fuego-deseo) con Fuego, y añadir espíritu al Espíritu, con el fin de encadenar las manos de la *Virgen*, de ese demonio huidizo", es, en este sentido, una expresión enigmática, pero preñada de significado, de los alquimistas griegos.[129] Más adelante se verá su sentido con mayor claridad, y se verá, también, como en toda la tradición el "cielo", considerado como símbolo de todos los estados y los principios invisibles, espirituales e impersonales, desempeña el papel de hembra respecto al macho de la corporeidad, respecto al "dragón sin

---

[129] CAG, 206.

alas" que lleva en sí la semilla del Oro, [130] es decir, de la personalidad en sentido superior (el Rey hermético).

---

10. La "Sal" y la Cruz

En un texto alquímico griego leemos "Uno se convierte en Dos y Dos se hacen Tres; y a través del Tercero, el Cuarto realiza la Unidad. Así, los dos no forman más que Uno". [131] Las consideraciones ya vertidas acerca de la dualidad hermética -☉ y ☾- nos conducen a la comprensión del "Tercero".

Si, como ya hemos apuntado, la ley del "deseo" y del ensimismamiento se expresa por medio de la dirección descendente del símbolo de las aguas ▽, todo aquello que en la "cosa una" esté orientado, por el contrario, hacia el principio Sol, podré expresarse mediante la dirección opuesta ascendente, esto es, por la llama. Precisamente el signo alquímico del Fuego.[132]

Agua ▽   Fuego △

Pero se observa un simbolismo todavía más esquemático. Considerando el carácter de pasividad que el principio femenino de las Aguas tiene respecto al masculino ☉, se expresará mediante un trazo horizontal - que lleva en sí la idea de *yacer*; por el contrario, la dirección ascendente del fuego podrá esquematizarse mediante el trazo vertical | que comprende al mismo tiempo la idea de la virilidad y la de la estabilidad, "lo que se tiene de pie". Los "dos" que se hacen "tres" son los dos que

---

[131] *Philosophus Christianus*, texto en CAG, II, 404. Puede comprobarse la analogía con una expresión de LAO-TSÉ, *Tao-te-king*, XLII.

[132] A este propósito existe una rigurosa correspondencia del Agua y del Fuego herméticos con los principios *tamas* y *sattva* de la tradición hindú.

se entrecruzan. Y esto, ideográficamente, puede expresarse mediante la cruz +, equivalente desde este punto de vista al sello de Salomón (imbricación de Δ y ∇). Una vez dicho esto podemos avanzar en el desarrollo del simbolismo hermético-alquímico.

El punto de intersección, que es el "tercero" representado en la cruz, puede tener un doble significado: significado de punto de caída, neutralización, y significado de síntesis activa de las dos fuerzas conjuntas creativamente como macho y hembra.

El primer caso define el término hermético *fijo* (opuesto a *volátil*) en sentido negativo: es el estado de petrificación, de parada, de síncope, de estagnación carente de vida. Es el elemento cuerpo en el sentido más lato donde el Oro está, aunque presente, tan detenido en su poder como el principio opuesto sobre el cual ha actuado. Es el aspecto negativo de la individuación, con raíces en un estado de oposición entre dos: los "dos enemigos", los dos dragones que se devoran entre sí, el águila que lucha con la serpiente, etc., según la variedad del lenguaje cifrado. Es lo que encontramos en el ideograma de la *Sal*, $\ominus$ "materia prima" O cualificada en el sentido de la estagnación dada precisamente por la horizontal. La Sal, en su acepción más amplia, expresa, pues, el estado o mundo de la corporeidad, interpretado como estado o mundo en el que son precipitados los "cadáveres" de luchas invisibles, de cósmicas interferencias entre "poderes":[133] el cuerpo equivale, pues, aquí, al sepulcro y a la prisión, a la simbólica roca a la que Prometeo es encadenado para purgar el fracaso de la audacia titánica, equivalente al acto de posesión, a la individuación primordial que hizo violencia a la "diosa".

---

[133] *Cf. Introduzione alla magia*, vol. I. p. 129-134; y también se podría hacer referencia a la enseñanza simoniana (*Philasoph.*, V, 19) que explica los seres particulares como resultado de cruces o interferencias de fuerzas espirituales: sus "tipos" serían los "sellos" o "improntas" incisos por unas sobre otras.

Añadiendo al "Tercero" los Dos que lo engendraron, obtenemos la Tríada metafísica, noción que en el hermetismo procede de la enseñanza tradicional general: Sol, Luna y Tierra; mundo de la pura virilidad espiritual, mundo de las fuerzas plasmadoras y del devenir, y mundo de los cuerpos; y, *sub specie interioritatis*, tres correspondientes condiciones del espíritu. Tres serpientes coronadas o tres serpientes que surgen de tres corazones, expresan la tríada en Basilio Valentino; las tres orejas y los tres "vapores" de Uroboros; tres serpientes que salen de una copa que el Andrógino sostiene en una mano, mientras con la otra sujeta una sola serpiente, en el *Rosarium Philosaphorum* y en el *Viatorum Spagiricum*; una serpiente con tres cabezas en la edición alemana del *Crede Mihi*, de Morton, y así sucesivamente hasta la triple dignidad del primer maestro de esta tradición, Hermes Trismegisto.

11. Los cuatro elementos. El Azufre

Pero, en otro aspecto, la Cruz nos lleva también de los "Dos" a los "Cuatro", a través de los cuatro segmentos o radios, determinados por la intersección. La Cruz es entonces la *Cruz de los cuatro elementos*: Fuego arriba, Tierra abajo, a la derecha el Aire y a la izquierda el Agua.[134] El estado de quietud y petrificación, que es el misterio de la Sal, nos conduce además de sí misma, en tanto que Fuego y Agua, a los signos que dan herméticamente los otros dos Elementos: la *Tierra* ▽̶ es un aquietamiento, un síncope de la dirección de caída propia de las aguas ▽; y, analógicamente, el Aire △̶ es un aquietamiento, un síncope de la dirección ascendente del fuego △. De manera que de los Dos, a través del Tercero (la Sal), proceden los Cuatro: La Tétrada de los Elementos:[135]

Fuego △   Agua ▽   Tierra ▽̶   Aire △̶

Según este aspecto del símbolo, el punto central de la Cruz expresa el punto de unidad de los cuatro Elementos, el originario anterior y superior a sus cuatro diferenciaciones, dadas por las cuatro direcciones: expresa, pues, la *Quintaesencia*, el principio incorruptible y simple que, según la tradición, sería el sustrato, el principio de vida y el nexo de unión recíproco de cuanto se forma por medio de los cuatro elementos.

Aquí hay que señalar que, al igual que los elementos, esta Quintaesencia hermética - equivalente al "olcás" pitagórico, al

---

[134] *Cf.* G. KREMMERZ, *Fascículo D de la Miryam* (forma parte de la enseñanza secreta de este continuador contemporáneo de la tradición hermética).

[135] Para el análisis de los elementos contenidos en el símbolo complejo de la cruz, *cf.* DELLA RIVIERA, *Il mondo magico degli Heroi, cit.,* pp. 24-28, 40-44; y J. DEE, *Monas Hieroglyphica, passim.* Sobre los signos de los cuatro elementos herméticos, *cf.* también O. WIRTH, *Le symbolisme hermétique.*

akaça hindú, al *avir* cabalístico, al *k'i* taoísta, etc.no está considerada como una abstracción especulativa, como entelequia de la "Física" de ayer, sino como una realidad a la que corresponde una experiencia espiritual específica. Y el simbólico punto central de la Cruz, cuando al "héroe mágico" le sea "conocido y evidente -dice Della Riviera-,[136] entonces es raíz y origen de todas las maravillas mágicas".

Pero de acuerdo con el carácter más operativo que especulativo del hermetismo alquímico, el signo + raramente lo encontramos aislado: por lo general se lo encuentra formando parte de otros que expresan los principios y poderes superiores a los cuatro Elementos, aunque actuando en el interior de combinaciones elementales.

Así, por ejemplo:

Azufre ♄   Mercurio ☿.

Este Mercurio no hay que confundirlo, por supuesto, con el Mercurio Originario: es un Mercurio ya impuro, terrestre". Su signo ☿ expresa el estado de los elementos + en una naturaleza ♉ que subyace a la ley lunar de las transformaciones (posición superior de la Luna ☽ respecto al signo de la sustancia indiferenciada O).

El signo del *Azufre* ♄ nos da, por el contrario, la condición de un *Fuego* Δ en dominación sobre los elementos (Δ sobre +). El Azufre ♄ no debe confundirse, sin embargo, con el Azufre en estado puro o "nativo", que en los orígenes de la alquimia recibió un signo diferente ♈, el mismo que *Aries*, símbolo del principio masculino de toda generación y manifestación directa de la potencia del Oro. Sólo a tal principio se refieren expresiones como esta de Zacarías: "El *Agente*, cuya potencia y cuya fuerza sobre la materia a la que va unido nos muestra la naturaleza, es

<hr>

[136] DELLA RIVIERA, *op. cit.*, p. 39.

el Azufre";[137] o esta otra; "El Azufre es el principio que da la forma",[138] El verdadero azufre, el de los Sabios", es un azufre *incombustible*: sugestiva expresión alquímica que indica la cualidad de "no quemar", la impasibilidad uránica y regia: "Nuestro azufre es un azufre que no quema y que el Fuego (entendido como un equivalente de "Veneno") no puede devorar".[139] La expresión "Zeíon ápyron" se encuentra ya en el Pseudo-Demócrito, en conexión con la fórmula:

"La naturaleza domina a la naturaleza",[140] y los textos sirios hablan también del Azufre incombustible que "fija lo fugitivo":[141] se trata, pues, de una actividad dominadora, exenta de todo elemento instintivo, principio interno (Azufre *espiritual*, dice Filaletes), de acción y de vida, pero procedente de la superioridad y fijeza del centro solar. Por el contrario, expresado por ♃, el azufre en rigor sería el mismo poder, pero ya en estado impuro, por hallarse vinculado a una materia y a una forma, a la que, sin embargo, anima y de la cual constituye virtualmente el principio divino (doble significado de "Zeíon" = Azufre y divino). Y, además, es enseñanza de toda la tradición que "la perfección o imperfección de los metales (o sea, de las esencias individuadas extraídas de la simbólica Tierra o "mina") está determinada por la *carencia* o (por el estado de) combinación de su *Agente*, o sea, del Azufre".[142]

---

[137] *Philos. nat. des Métaux*, BPC, II, § III, p. 512.

[138] PERNETY, *Dict.* 270.

[139] Texto en CMA, III, 52; cf. PERNETY, *cit.* 469; el "Azufre de los sabios" es "el incombustible, el grano fijo de la materia, el verdadero agente interno".

[140] CAG, III, 47, 373.

[141] CMA, II, 28.

[142] ZACARÍAS, *De la Philos. nat. des Mét.*, EPC, II, 513.

12. Alma, Espíritu y Cuerpo

A ntes de seguir adelante, hay que detenerse en la correspondencia de la naturaleza humana con los principios deducidos hasta este momento. De acuerdo con el enunciado: "Todo lo que existe en el macrocosmos lo posee también el hombre". Azufre, Mercurio y Sal están en el universo (trimundio") y están en el hombre, donde estos tres "mundos" se manifiestan como *alma, espíritu y cuerpo*. Hay que advertir ya desde ahora que los términos *alma y espíritu* no poseen aquí el mismo sentido que en la actualidad. El "alma" es en este caso un elemento propiamente sobrenatural de la personalidad; el "espíritu", sin embargo, está considerado como el conjunto de las energías psicovitales, que constituyen algo intermedio entre lo corpóreo y lo incorpóreo, y son, propiamente la "vida", el principio animador del organismo. Dicho esto señalemos que el hombre lleva en el *alma*, herméticamente, la presencia de la fuerza solar y áurea: ⊙; en el *espíritu* la de la fuerza lunar y mercurial ☿, finalmente, en el *cuerpo* se expresa la fuerza de la *Sal* ⊖, es decir, de aquello que en trance de *caída* es "crucifixión" y cárcel, y en trance de resurrección será, por el contrario, potencia subyugada, "Agua Ardiente", fijada bajo una ley espiritual. Por ello Bernardo Trevisano dice en *Parole Delaissée*: "Hay trinidad en una unidad y unidad en una trinidad, y allí están Cuerpo, Alma y Espíritu. Y también mercurio y arsénico". Y Böhme: "Todo aquello que crece, vive y se mueve en este mundo contiene azufre, y el mercurio es su vida, y la sal la esencia corpórea del deseo del Mercurio"[143]

Dichas correspondencias pueden encontrarse fácilmente en los textos: basta con tener a la vista las equivalencias simbólicas

---

[143] BÖHME, *De Signatura*, IV, 19.

ya señaladas, y varias otras que puedan intuirse, y permanecer atentos a aquellos pasajes en que, a causa de un contexto diferente, los mismos símbolos adquieren un sentido que, a veces puede, incluso, ser opuesto al predominante.[144]

De las correspondencias ternarias del hombre podemos pasar a las cuaternarias, que se refieren a los elementos. En primer lugar hay que referirse a la potencia del elemento *tierra*. Para alcanzar en este caso una visión de conjunto, hay que tener presente todo cuanto hemos dicho acerca de las neutralizaciones de los principios opuestos que originan el aspecto "cuerpo" de los seres. En uno de sus aspectos, la oposición es la que se da entre lo universal y lo individual, y el resultado, entonces, es una especie de bloqueo del conocimiento que se define entonces como la percepción de un mundo exterior y material.

En la "fosilización" del mundo espiritual creado por los sentidos corporales, en la ruptura de los contactos, en la percepción recta de la ley dualista del Yo-no-Yo (que, como hemos dicho, es el obstáculo más importante para la

---

[144] BASILIO VALENTINO, que en una tabla del *Azoth*, al indicar un hombre en acto de cargar sobre sí todo el universo, revela cuál es la verdadera "materia de la Obra", en otra tabla del mismo capítulo y con el ya citado "*Visita interiora terrae rectificando invenies occultum lapidem*", da explícitamente las correspondencias Sol-Fuego-Alma, Luna-Espíritu, Cuerpo-Piedra; *cf.* también *La Parole Delaissée*, BPC, II, 432, donde el Azufre está indicado, como el alma, como elemento simple de la piedra (compuesto humano) separado de toda carga corporal. *De Pharmaco Catholico*, III, 16: "Los Filósofos, al hablar de la Tierra, han entendido con ello no otra cosa que el Cuerpo, y con el Cuerpo no otra cosa que la Sal"; V, 1: "Éste (el Mercurio) invade y penetra, como espíritu, los otros dos principios, la Sal y el Azufre -léase Cuerpo y Alma-, a los que une y sujeta constantemente, mediante calor natural". *Trionfo Ermetico*, III, 302: "Hay tres sustancias diferentes y tres principios de todos los cuerpos -Sal, Azufre y Mercurio, que son Espíritu, Alma y Cuerpo". La misma expresión en el *Salterio di Ermofilo*, SENDIVOGIO, *De Sulphure*, cit. 173: "El cuerpo es la Tierra, el Espíritu el Agua, el Alma es el Fuego, o sea el azufre del Oro". FLAMEL, *Dés. Désiré*, § VI; PERNETY, *Dict.*, p. VIII, etc. Los textos, como puede verse, son bastante explícitos. Sería interesante saber qué hacen con semejantes expresiones aquellos que reducen la alquimia a una "química infantil".

comprensión de las ciencias tradicionales por parte de los modernos) actúa el poder de la Sal. Pero Sal, Cuerpo, Piedra y *Tierra*, en el sentido del simbolismo hermético de que estamos hablando, son equivalentes, luego la potencia de la *Tierra* en el hombre será, así, la que a través del cuerpo determina la visión corporal del mundo.[145]

De esto se deduce un punto fundamental: a saber, que el hombre común no conoce, excepto Tierra, los otros elementos Aire, Agua y Fuego, *tal y como son en sí mismos*; el hombre común conoce únicamente la sensibilización que esos elementos sufren cuando se manifiestan *a través* del elemento Tierra, es decir, cómo se traducen en los procesos de la percepción corporal. El Agua, el Aire y el Fuego, como todo el mundo los conoce, es decir, como estados de la materia física, no son más que las correspondencias -por así decir- tangiblemente *simbólicas* de los elementos propiamente dichos, llamados "vivos" por los maestros herméticos, como hemos indicado, y que, en sí mismos, son otros estados de existencia, otras formas de conciencia, desligadas del cuerpo, y en cada una de las cuales pueden trasponerse análogamente todos los principios de las cosas, de la misma manera que, en el estado de existencia corporal en el cuerpo terrestre, todos los principios están traspuestos y se conocen en sus manifestaciones a partir y desde el elemento Tierra. Esta es, en el sentido más universal, la *terrenalidad* de los metales, es decir, de los principios singularizados, llamada a veces también *impureza, escoria y sombra*.

---

[145] *Cf.* FLUDD, *Utriusque Cosmi Historia*, Oppenheim, 1619 (De Givry, t. 204): la Tierra se halla representada aquí como el centro del mundo sensible, y le corresponden los cinco sentidos humanos que son la base de la percepción sensorial. Podemos recordar también que en un manuscrito del 300, atribuido a Ortulano, la *figura terrae* viene dada por la oposición de las dos direcciones △ y ▽ que se neutralizan en el signo del sello de Salomón (CMA, I, 74).

Los demás elementos que no sean la tierra, y que en su conjunto constituyen el "Cielo de los Filósofos",[146] sólo pueden ser aprehendidos por un conocimiento que sea distinto al propio del cuerpo, por muy perfeccionado que éste se presente mediante todos los medios de que dispone el experimentalismo de la ciencia moderna. El principio de este otro conocimiento es: "*Lo semejante se conoce por media de lo semejante*", y la razón es también aquí que, en la esencialidad del hombre están contenidas también las esencias de los demás elementos, es decir, la virtualidad de otros estados de conciencia, además de aquel dominado por el elemento Tierra. Por lo cual nos hallamos ahora ante la posibilidad de una clasificación cuaternaria del ser integral del hombre.

---

[146] *Cf.* ZOHAR, I, 39 b, donde, sentado que "lo que es visible es un reflejo de lo que es invisible", se interpreta la simbólica Tierra como la parte visible del Cielo, o sea como la visibilidad de lo invisible. PERNETY, *Fables*, I, 60, define como Tierra "el principio material de todo lo que existe", lo que implica también el estado físico de los restantes elementos además de la Tierra.

13. Los Cuatro en el Hombre

Se deduce directamente de la ternaria ya expuesta, pero en el término medio Espíritu, sede de las energías sutiles vivificantes, se distinguen dos aspectos. El primero se refiere a un grupo de fuerzas que sufren el ascendiente del principio "Cuerpo", ligadas al cuerpo como a su imán y nutriéndose del Cuerpo como la llama se nutre de la leña de la que ha nacido y a la cual poco a poco consume. El segundo aspecto se refiere a un grupo de fuerzas, calificadas, por el contrario, en el sentido del principio Alma que, en cierta medida, les trasmite su cualidad solar.

Alquímicamente, el Espíritu es Mercurio. Así, también en el signo de esta sustancia simbólica encontraremos una duplicación en ☿ y ☿. El segundo de tales signos corresponde al Mercurio Doble o Andrógino, que posee la naturaleza de *Agua ignificada o Ardiente*, expresiones que delatan su unidad con el principio Fuego o Alma. Y de hecho su signo se obtiene del signo del Mercurio común ☿ por la sustitución del signo de Aries ♈, o Azufre en estado puro, del de la Luna ascendente ☋. Se trata, pues, de fuerzas de vida compenetradas por una cualidad viril espiritual, que revela el ascendiente de ☉, el Oro o Alma. Dicho esto, podemos exponer la clasificación cuatripartita en los siguientes términos:

a) En el hombre hay, ante todo, un *ser terrestre*, llamado también de Saturno, o simplemente Saturno. En él actúa la fuerza de la Tierra, que determina y rige la modalidad grave ("nuestro plomo",[147] en sentido restringido), dura y tangible del cuerpo animal, que se manifiesta principalmente por medio del

---

[147] Para el Plomo Negro del que "hablan los antiguos como la base de la sustancia", *cf.* ZÓSIMO, texto en CAG, II, 223.

elemento calcio (huesos), y también por medio de tejidos córneos, cartílagos, tendones, etc. *Sub specie interioritatis* este ente se advierte como una fuerza ansiosa (la *aridez* y la *sequedad* voraz de la "tierra seca", en la jerga alquímica) y devoradora, raíz de toda sed y de todo deseo, El elemento titánico telúrico, de que se habla en el orfismo, se refiere a este ente que, por otro lado, es el principio primordial de la individuación. Es el *fijo* por excelencia: y si él es eterno como matriz de los cuerpos singulares, al propio tiempo y en virtud de la caducidad de éstos, se presenta como aquella fuerza que, después de generarlos, los devora: es la exégesis hermética del doble aspecto de Saturno, rey de la "Edad de Oro" (más adelante veremos que esto tiene relación con el estado primordial, espiritual, de la corporeidad, entre otras cosas) y devorador de sus propios hijos.

b) En segundo lugar tenemos un *ente acuático* ("fluídico"), también llamado *lunar*: de Mercurio en sentido restringido, ☿, y Luna. Hemos de referirnos aquí a la noción general del *doble*: el *ka* egipcio, el "soplo de los huesos" y al *ob* del esoterismo hebreo, la *lasa* etrusca, la "forma sutil" (*sûkshmaçarîra*) y el prâna hindú, etc. Es la vida del ente corporal saturniano, en virtud de la cual se le considera como portador de las energías de las razas, de la herencia de los "abuelos primordiales" (relación del "doble" con el totem de los primitivos).[148] Lo que para el primer ente es el esqueleto, para éste segundo ente es el *blanco* sistema nervioso y glandular a través del cual ejerce una influencia plasmadora. Respecto a la conciencia, representa el umbral a través del cual el exterior penetra en el interior: Mercurio es la sede de la sensibilidad, el espejo en el cual se iluminan los fantasmas de las cosas (de donde su relación con la potencia de la *imaginación*),[149] tanto si se producen a través del primer ente

---

[148] LÉVY-BRUHL, *L'Âme Primitive*, París, 1927, pp. 238-249.

[149] Por lo cual AGRIPPA (*De Occ. Phil.*, II, 28), hace corresponder la imaginación con el Agua, y los simples sentidos con la Tierra.

(percepción física normal) como si se producen directamente (percepción psíquica paranormal).

c) Luego está el Mercurio unido al fuego, un ente "fluídico" más sutil, más incorpóreo, más especializado por una íntima compenetración con el principio *alma*, según hemos explicado ya al hablar del signo ☿. Por otro lado, así como el fuego al contacto con el agua da lugar al estado gaseoso o aéreo, en este ente, que los antiguos designaron con frecuencia como cuerpo o forma ígnea, hay que reconocer la correspondencia con el elemento Aire △, entendido como un bloqueo de la potencia pura del fuego △. Este está representado por el *rojo* sangre, proporciona el *calor* vital o animal y todo poder de movimiento, de la misma manera que el anterior ☿ es el principio de "luz etérea" difundido en la sensibilidad y vitalizador de los *blancos* nervios.

d) Finalmente tenemos un *ente intelectual*, que es el Sol y el Oro en el hombre. Es el centro ☉, el principio de una estabilidad espiritual, radiante y no inerte, origen primario de todo aquello que a través de ☿ y ♀ llega hasta la unión telúrica, la provoca y la hace viva en un sentido superior. En sí mismo supraindividual, da lugar a la individualidad, a la función-Yo. Es el "nous", según la concepción mistérica helénica; es la potencia primera del Fuego (el "Fuego de la Piedra" de los textos alquímicos árabes); es el "alma estable y no cayente" de Agripa. [150] Lo que en el *Corpus Hermeticum* se denomina "esencia incorpórea, no movida, ni en algo, ni hacia algo, ni por algo, porque se trata de una fuerza primaria, y lo que precede no tiene necesidad de lo que sigue", "esencia que posee en sí misma su propio fin"[151] se identifica con este mismo principio.[152]

---

[150] *Ibid.*, III, 44.

[151] Tratado sobre la *Virgen del Mundo*, III (texto en MEAD, pp. 239, 245.)

[152] Las líneas de esta división han seguido a KREMMERZ, *Fascículo Della Miryam, e I Dialoghi sull'Ermetismo*, Spoleto, 1929, pp. 6-7, 11, 116. Hemos preferido exponerla directamente, para hacer que el lector pueda más fácilmente orientarse

Tales son los Cuatro en el hombre, y tales son los aspectos bajo los cuales puede tener lugar el conocimiento de los Elementos herméticos. Son formas distintas, pero al propio tiempo presentes y en acto en el hombre, la primera de manera espacial y las otras tres de manera no espacial, como diversos estados del cuerpo (en sentido común) y de la materia física. El hombre normal no posee de ellos un conocimiento distinto: en él los elementos se hallan confundidos en una sensación general (la llamada cenestesia), que se manifiesta en forma de fantasmas sensibles y de imágenes reflejas, y muy raramente en *actos* del principio ígneo y de la visión *concéntrica* (ciclópica) solar. Es el estado impuro de los "mixtos", la oscuridad de la "tumba de Osiris" (Osiris = 0), según las expresiones de los textos: la indistinción del "caos nuestro filosófico", del cual, quien se entrega al Arte hermético, debe extraer espagíricamente las naturalezas individuales. Después de esto emergen, como vislumbres y reintegraciones, las cuatro posibilidades de contacto metafísico con los elementos. No es necesario recordar que los sistemas orgánicos (óseo, nervioso y sanguíneo), relacionados con los diversos entes, no *son* estos entes, sino manifestaciones, apariciones de ellos en el seno del ente terrestre saturnal. En términos alquímicos este último es lo "espeso"; el conjunto de los demás es lo "sutil" o "volátil" (en sentido lato): Tierra y Cielo.

Así, pues: "Lo semejante conoce lo semejante". Así como mientras está amalgamado con el ente de la Tierra el hombre no conocerá más que el aspecto tierra de las cosas y de los seres, así también en el ente lunar extraído de la tumba, desnudado, conocería el Agua, pero no el agua vulgar, sino el agua viva, luminosa y permanente de los Sabios, y cada cosa concebiría bajo especie de Agua (percepción sutil); y el Aire y las cosas regidas por el aire -"Águilas"- las conocerían en el ente de $\diamond$; finalmente, en su mismo centro, reintegrado a la pureza solar de $\odot$, "alma

---

entre los meandros del simbolismo que, en los textos, es explicado por ella.

estable y no cayente", se produciría la visión simple y universal, la "cíclica" o "ciclópica", en el interior de las esferas del fuego. Allí actuarían la homérica "Verga de Hermes", en contacto con la cual todo se transmuta en el estado del Oro simbólico (es decir, según este sentido, paso de la percepción común del mundo a la percepción del mundo inteligible).[153]

Una última consideración acerca del simbolismo hermético de los *colores*.

---

[153] En los textos la diferenciación entre ☿ y ☿ se obtiene por lo general mediante el símbolo de dos "humos" o "vapores", uno blanco y el otro rojo, que se liberan de la piedra (el cuerpo), o incluso de dos piedras, una blanca y la otra roja, de dos árboles, uno lunar y otro solar (COSMOPOLITA, BRACCESCO, *Clef de la Grande Science*, etc.), de dos Mercurios occidental y oriental, uno de ellos Espíritu, y el otro correspondiente al Alma (CMA, III, 208). El último es *veneno*, a menos que sea mitigado –"enfriado" por el otro Mercurio ☿ (*ibid.*): veneno, fuego devorador, y también envoltorio (Prometeo) son equivalentes, en la tradición, para lo cual *cf. Corpus Hermeticum* (X, 17-18): "Cuando el principio intelectual se libera del cuerpo de Tierra, se reviste inmediatamente de su túnica de fuego, que no podía conservar (íntegramente), mientras habitaba en este cuerpo de Tierra: ya que la Tierra no soporta el fuego... De ahí que el Agua (☿) circunde la Tierra y le forme como un baluarte para protegerla del Fuego". AGRIPPA, *De Occ. Phil.*, III, 37: "El alma se reviste al descender de un corpúsculo celestial y aéreo, que algunos llaman vehículo etéreo, y otros carro del Alma. por medio del cual el Alma se infunde en primer lugar en el punto central del corazón, que es el centro del cuerpo humano, y desde allí se expande por todas las partes y los miembros; ya que ella fue uniendo su carro al calor natural (☿) por medio del calor del espíritu producido por el corazón; y mediante este calor se infunde en los humores (☿) por los cuales se adhiere ella a los miembros, del mismo modo que el calor del Fuego se adhiere al Aire y al Agua, aunque llevándose el Agua ☿ a través del Aire". Para otras referencias de correlaciones con la sangre, etc., *cf.* CMA (texto siriaco) II, 315; *Libro de Ostano*, CMA, III, 120; *Corpus Herm.*, X, 13. ZÓSIMO, CAG, 133; *De Signatura* XI, 10; *Libro del Mercurio oriental*, CMA, III, 212, etc. En BÖHME se puede señalar un simbolismo muy expresivo; el cuerpo etéreo ☿ se compara a un "aceite", en el que si se hace arder la cualidad ígnea ♃ se convierte en esplendor, luz de vida, "vida de alegría que todo exalta". Y la enfermedad no sería más que una "corrupción venenosa" de este aceite; al apagarse su luz, el cuerpo se descompone.
Acerca de la alteración "acuosa" de este aceite por causa de la caída, de que se habla también en BÖHME (*De Signatura*, VI, 3, 23, 25, 28: VII, 2); véase mas adelante.

Tras el negro propio de la Tierra, del oscuro Plomo y de Saturno, tenemos el *blanco* de ☿ la Luna o Venus,[154] el *rojo* de ☉ y el color de oro de ☿. Como veremos, a cada uno de tales colores le corresponde una fase de la obra hermética que condiciona el principio

correspondiente. Por otra parte, el símbolo engloba también los cuatro reinos de la naturaleza, considerados como símbolos y manifestaciones de las fuerzas correspondientes. En el ente telúrico el hombre lleva el reino *mineral*, en el lunar, "nuestra Agua", el reino vegetal (de donde la razón de la permuta del *blanco* por el *verde* de la vegetabilidad); en el ígneo, el reino *animal*, para finalmente no ser sino él mismo, y no representar más que a sí mismo, en el ente intelectual o "Azufre incombustible" ☉.

En el marco de la visión del mundo a la que el hermetismo pertenece, se trata de correspondencias *simultáneamente reales*, *mágicas* y simbólicas; reinos de la naturaleza, estados de la materia, sistemas de la corporeidad y del conocimiento humano considerados como diferentes manifestaciones de los mismos principios metafísicos.

---

[154] En ocasiones, en lugar del *blanco* se encuentra el *verde* por analogía cromática en relación con las energías de la vida vegetativa.

14. Los planetas

Lo mismo podemos decir de otra doctrina, compartida también por el hermetismo y por antiquísimas tradiciones; la de los Siete, enseñados en ella preferentemente en el símbolo de los siete Planetas.

Metafísicamente el siete expresa el tres unido al cuatro, es, decir, según el sentido ya conocido de estos símbolos numéricos, es la manifestación de los principios creadores (tríada) en relación con el mundo constituido por cuatro elementos (3 + 4): la plena expresión de la *natura naturante* acto.[155] Estos siete principios son simultáneamente internos y externos,[156] residen en el hombre y en el mundo, en el aspecto visible y en el invisible de ambos. A veces, en la doctrina sufren una duplicación, que ex presa la existente entre el aspecto Sol ("ser") y el aspecto Luna ("energía") de toda potencia individual (y de ahí los símbolos herméticos de dos árboles con siete ramas o siete frutos cada uno, *arbor solis et arbor lunae*); o bien experimentan la duplicación del septenario como es en sí mismo, y la del septenario como se hace al intervenir la caída y por el dominio del elemento tierra.

Por lo que hace a las referencias, podemos comenzar con esta del *Corpus Hermeticum*. "El ente intelectual, dios macho y hembra (el andrógino primordial constituido por ☉ y ☾), que es la Vida y la Luz, engendra con el Logos, otra inteligencia creadora,

---

[155] *Cf. Libro della Misericordia*, CMA, III, 168; "La Obra es producida por *siete cosas*: lo espiritual, lo corporal (☉ y ☾) y su combinación, determinada en Aire, Agua, Fuego y Tierra".

[156] BÖHME, *De Signatura*, IX, 8: "Tanto en la naturaleza interna como en la externa existen siete formas, que los antiguos sabios denominaron con los nombres de los planetas".

dios del Fuego y del Fluido, que a su voluntad forma siete ministros, que encierra en sus círculos el mundo sensible.

Su dominio se llama "eimarmene" (Hado).[157] Al tiempo que la última frase nos envía a la tradición referida por Platón acerca de la Rueda del Destino compuesta por *siete* esferas rodantes, regidas por las "hijas de la necesidad"; la distinción que la precede refiere tal necesidad a la obra de un dios segundo, más allá de cuya región existe, sin embargo, la superior propia del ente intelectual andrógino. Y en función de esta región más alta pueden ser asumidos los mismos siete principios.

Por otra parte, en el ambiente gnóstico y mistérico en el que los textos alquímicos griegos recibieron forma, se solía enseñar la existencia de dos septenarios, uno inferior, llamado "serpiente septúplice, hija de Jaldabaoth" (un nombre para el dios segundo), y otro superior y celeste que, en conjunto, se puede hacer corresponder con la *octava esfera* (la de "mas allá de las Siete") u ocdoada,[158] situada también por Platón por encima de las de la "necesidad";[159] llamada por Valentín el gnóstico *Jerusalén Celestial*,[160] y concebida por un papiro gnóstico-hermético como el Santo Nombre, siendo los Siete las vocales griegas tomadas como los símbolos de los "Siete cielos", y siendo el octavo la "mónada", o unidad "de otra especie", que comienza en un nivel superior; del mismo modo podríamos establecer relación con el esquematismo de las estrellas de ocho puntas que figuran en la

---

[157] *Corpus Herm.*, I, 9. Para el sentido del Fluido y del Fuego de que se trata en este pasaje, *cf.* en HIPÓLITO, *Philos.*, VI, 7-8: "Con los Humos se ha querido designar el elemento húmedo de la generación". Para el estado superior, en este texto se habla además de "un hombre nuevo, que es andrógino", igual que en el *Corpus Hermeticum*.

[158] *Apud* IRENEO, *C. Haeres*, I, XXX, 5.

[159] PLATÓN, *República*, X, 614 *c*.

[160] *Apud* HIPÓLITO, *Philos.*, VI, 32. *Cf.* § 49 donde se expone la enseñanza de Marco el gnóstico relativamente a las correspondencias con las vocales griegas.

Crisopea de Cleopatra.[161] Y al revés, podemos considerar el septenario superior sobre todo, y ver en la última de las siete formas el sustrato del septenario inferior, que nace de él a través de la simbólica Tierra. Así, Böhme, en el séptimo principio, ve la naturaleza, expansión (exteriorización) de los otros seis, siendo el séptimo el cuerpo, y los otros serían la "vida" (en sentido trascendente) de aquel: "El séptimo espíritu es la fuente-espíritu de la naturaleza. Engendrado, se convierte en madre de los otros siete: comprende en sí los otros seis, y los genera a su vez (o sea, los manifiesta en su forma propia, haciéndolos manifestaciones naturales, por ejemplo, los siete planetas visibles, símbolos sensibles de los invisibles): puesto que en el séptimo existe la esencia natural y corporal... En él una de las siete formas de la naturaleza domina a las otras, y cada una colabora según su propia fuerza esencial, naturalizándose en el cuerpo según su orden",[162] "cuerpo" que, naturalmente, hay que entenderlo en el sentido lato, y que por ello incluye al humano tangible como un caso particular suyo.

Estas mismas doctrinas que se presentan en forma de mitos y de descripciones de entidades cósmicas están relacionadas, al propio tiempo, con significados y posibilidades de experiencia interior. Esto, sobre todo, por lo que hace a la diferenciación entre un septenario y otro; a este propósito puede volver a traerse a colación el mismo texto hermético citado anteriormente,[163] donde se dice también que el hombre, despierto a una voluntad de crear, quiere sobrepasar el límite de los círculos de la necesidad, y superar la potencia que reside en el Fuego. Se trata, como es fácil de ver, de una variante del mito prometeico que, como él, termina en una caída: el hombre "superior a la armonía (o sea al orden universal, unidad de las diversas leyes y

---

[161] *Papiro W de Leiden*, en BERTHELOT, *Intr. à l'étude de la Chimie*, etc., *cit.*, p. 17. *Cf.* CAG, III, 302.

[162] BÖHME, *Morgenröte*, XI, 46; XVI, 5, 8; *De Signature*, XIII; 1.

[163] *Corp. Herm.*, I, 12.

condiciones naturales), se convierte en esclavo de la armonía. Aunque hermafrodita como el Padre y superior al *sueño*, es dominado por el sueño". [164] Pero *sueño* es una expresión esotérica tradicionalmente usada para designar la conciencia gravada por la condición del cuerpo animal, en antítesis con el símbolo del Despierto, por Iniciado, con la obra de *destrucción del sueño* (nidrâbhanga de los textos hindúes), con la naturaleza intelectual *insomne'* de que habla Plotino. Como el *avidyâ* búdico, así este simbólico sueño puede considerarse equivalente también al olvido" de los griegos. Macrobio [165] transmite la tradición de la división en dos partes de la naturaleza; una, como ambrosía, es la sustancia de la vida de los dioses; la otra, bebida de las almas, constituye el agua del río Leteo, es decir, el agua del *olvido*: y esta tradición, evidentemente, nos introduce en el sentido de la doctrina de los dos septenarios.

No se trataría de dos órdenes realmente distintos, sino de una misma realidad con dos formas diferentes de ser:[166] y lo que conduce de una forma u otra sería el acontecimiento referido por el *Corpus Hermeticum*, ya que su epílogo sería el "estado de sueño", el "olvido", la pérdida de la conciencia espiritual, la alteración del principio más profundo. Esta idea esta explícita en un discípulo de Böhme, Georg Gichtel.

Habla de un fuego (o sea, de una Potencia-Yo) que, al separarse de la Luz (es decir, de la vitalidad difusa) se convierte en *deseo*: con un ardor devora entonces toda humedad oleosa", por lo cual la luz acaba apagándose [167] y se produce un precipitado *negro* (es el color de Saturno, cuya punta oscura, en

---

[164] *Ibid.*, 12-15.

[165] MACROBIO, *In Som. Scip.*, ed. Eyssenhardt, Leipzig, 1893, p. 531 y siguientes.

[166] En las tradiciones de origen asirio, los siete dioses del abismo son difícilmente distinguibles de los celestes (*cf.* HUBERT-MAUSS, *Mélanges d'Hist. de la Relig.*, París, 1929, p. 114), lo cual demuestra que se trata también de un único orden con dos maneras diferentes de manifestarse.

[167] Ver nota 3.

un grabado de Basilio Valentino, se dirige precisamente hacia el principio *Corpus*). Es la "corrupción del cuerpo luminoso paradisíaco" que en un sueño (Gichtel utiliza precisamente esta expresión) es sustituído por el cuerpo *negro* terrestre, "sede de un apetito insaciable, de enfermedad y de muerte". Muerta interiormente (continúa Gichtel) el Alma (aquel Fuego original) se convierte en el "infierno" en el que tiene lugar la corrupción eterna. "Y entonces aparecen *siete* figuras hijas del Dragón Ígneo, Espíritu-de-este-mundo, que son los sellos que impiden a los no regenerados percibir el Fuego Divino".[168]

Se sabe, por otra parte, que hasta en las fábulas populares se han introducido figuraciones de dragones de *siete cabezas* que guardan "cavernas" (es decir, los accesos al interior de la Tierra, a los estados profundos encerrados en el cuerpo) o de tesoros (Oro, o *piedras preciosas*, y, ya en el gnosticismo, como luego en la alquimia, las gemas significan con frecuencia los "poderes").

Según el mitraísmo, el alma, para liberarse, debe atravesar siete esferas, señaladas por siete puertas, cada una de las cuales está custodiada por un ángel del Dios de la Luz: equivalencia de los sellos que impedirían la realización espiritual del septenario superior (los siete "cielos").[169] Por otro lado, a cada puerta le corresponde un grado de la iniciación mitraica, lo que demuestra que no se trata de abstracciones teológicas, sino de alusiones a formas trascendentes de la conciencia, bloqueadas por la

---

[168] G. GICHTEL, *Theosophia Practica*, ed. 1736, II, 50, 18: Introd. 3, 6. BÖHME, *De Sign.*, XII, 30: "El árbol se divide en siete ramas: es la vida. La maldición de Dios se ha abatido sobre las siete formas"

[169] Por lo que se refiere a los dos aspectos del mismo septenario superior, según el aspecto ☉ o ☽ de cada uno de los siete principios, se les puede hacer corresponder con los dos coros de dioses, unos inmóviles o fijos (☉) y los otros en movimiento (☽) con los que -según *Corp. Herm.* (X, 7)- entran en contacto las almas llegadas de la inmortalidad y los primeros constituirían "el grado supremo de la iniciación gloriosa del alma".

potencia que actúa en aquellos que han sido vencidos por el simbólico sueño.[170]

---

[170] Podemos referirnos a una tabla de la edición alemana del *Crede mihi* de NORTHON, en la que se muestra a un andrógino que duerme en un jardín encerrado, y Mercurio de pie cerca de él. La condición espiritual opuesta se muestra por el contrario en la tabla del *Rosarium Philosophorum* (*Artis Auriferae*, etc., II, 291), en la que se muestra al Andrógino sobre la Luna (o sea el Mercurio), con un árbol en la mano con dos montones de siete frutos.

15. Los centros de vida

Vamos a tratar ahora de los "Siete" en el hombre. Al hallarse en correspondencia analógica con la región planetaria, intermedia entre Tierra y Cielo, aquello que los hermetistas denominan Espíritu ♀ y ☿ -el "cuerpo de vida"-, presentaré también correspondencias y cualificaciones con cada planeta. "En nosotros existen energías análogas a las potencias de cada uno de los planetas", decía el mismo Plotino.[171] Por donde enlazamos con la doctrina esotérica relativa a siete puntos, a través de los cuales las fuerzas superiores desembocarían en el conjunto corporal, convirtiéndose así en corrientes vitales y energías específicas del hombre.[172] Pero estos siete centros, que normalmente actúan en el sentido de transformar en circuitos humanos energías no humanas, a causa de la doble dirección que cada punto de paso, o "puerta", hace posible, pueden ser asumidos en una dirección opuesta, o sea, para volver de lo humano a lo no-humano, lo que equivale a expresiones como atravesar las siete puertas, romper los siete sellos, ascender a las siete regiones celestiales, y otras.

Para hallar esta enseñanza en términos más completos y explícitos hay que remontarse a la tradición hindú, en la que los centros son denominados *cakra*, ruedas (referido este término al

---

[171] PLOTINO, *Enneadas*, III, IV, 6.

[172] Sobre esta base hay que entender la distinción de las energías que, aunque siempre inmortales cualquiera que sea el cuerpo en que actúan, son sin embargo universales o particulares según se ejerzan en cuerpos divinos o en los mortales, donde adquieren el aspecto de sensaciones. DELLA RIVIERA (*Mondo Magico*, cit. 19) dice que "la virtud divina, al infundirse en los individuos de cada especie, a los que ha dado la vida, el ser, la forma y la permanencia, en ese mismo instante pierde su naturaleza universal... Por lo cual, se la buscará inútil y vanamente fuera del Centro contenido en el Centro".

movimiento giratorio de las energías vivificadoras que irradian de cada uno de ellos), y también *padma*, o sea, *lotos*. Ahora bien; el loto (como en el hermetismo es la *rosa*, y más generalmente las *flores*) es un símbolo que encontramos también en las tradiciones caldeo-egipcias y minoicas, donde por lo general se asocia a la "llave de la vida", con el sentido de resurrección, de palingenesia, de despertar: el "florecimiento" de las siete formas superiores liberadas de la obstrucción que les supone la humana Tierra -el cuerpo-, es la reconquista del ser integral y primordial del Oro.

Las variedades del simbolismo hermético-alquímico, donde de un modo u otro figuran los Siete, pueden interpretarse en el orden microscópico a la luz de una doctrina de este género. Las referencias a puntos concretos del cuerpo (referencias no groseramente espaciales, sino de "correspondencia funcional"), tan rigurosas en Oriente,[173] suelen ser muy raras en el hermetismo. La indicación más explícita, y bastante conforme con la enseñanza hindú en esta materia, la encontramos en la cuarta tabla de las anexas a la *Theosophia Practica*, de Georg Gichtel: en esa cuarta tabla se indican las regiones coronal, frontal, laríngea, cardíaca, lumbar, umbilical, sacral, con los ideogramas hermeticoastrológicos de los planetas indicados en un punto dado de cada una de esas regiones. Como la imagen representa al hombre "terrestre natural y tenebroso", se trata del septenario inferior. En esta misma figura, una espiral parte de Saturno (símbolo de la básica condición corporal y "terrestre", en la que los demás planetas y signos se manifiestan) y con un movimiento envolvente pasa por todos los demás centros, hasta llegar al corazón, donde puede verse una serpiente enroscada alrededor del principio Sol ☉: se trata de una representación del proceso de caída, que se desarrolla hasta el vínculo por el cual la potencia del Yo sólo se manifiesta en la forma vulgar -lejos aún del Oro

---

[173] *Cf.* J. EVOLA, *Lo Yoga de la Potenza*, 3.ª ed., Edizioni Mediterranee, Roma, 1969, p. 187 y ss.

vivo o Sol de los Sabios- de la personalidad humana. En cada uno de los demás centros tiene lugar una pérdida de potencia igual; y para cada uno de ellos figura en la misma tabla el nombre de una *pasión*.

Es evidente la relación con la doctrina helenística acerca del descenso simbólico del alma por las esferas planetarias, de cada una de las cuales el alma sale con el hábito de una pasión determinada, o cualificación de las energías según su ascendiente. El sentido interior es el mismo: la alteración de los poderes del hombre primordial en oscuras energías corporales contenidas en el subconsciente, y en psicologismos periféricos, pasivos, alejados de la espiritualidad cósmica, hasta el estado del que se ha dicho: "Esta miserable alma, ignorando lo que es, se convierte en esclava de cuerpos de forma extraña, en condiciones tristes, y llevando el cuerpo como un peso, no como quien domina, sino como quien es dominado".[174]

Ahora podemos contemplar ya el trayecto inverso, descrito con expresiones claras por el *Corpus Hermeticum*:[175] una vez separada de la naturaleza racional, el alma recorre las esferas planetarias, "desvistiéndose" de cuanto pertenecía a cada una de ellas, superándolas, repitiendo la audacia de trascender a los señores del Destino, que la habían llevado a la caída; y llegando así, "vestida con su poder", al *octavo* estado, cuyo símbolo es la región de las estrellas fijas, llamada esfera de la "identidad" o del "ser en sí", por oposición a las esferas ya superadas, llamadas de la "alteración" o "diferencia". En ese más allá de las Siete está el reino de "aquellos que son",[176] y han dejado de "devenir". Es

---

[174] *Corp. Herm.*, X, 8.

[175] *Ibid.*, I, 22-26, 43.

[176] En algunos textos de la séptima esfera, así como la octava, expresa el mismo significado; en relación con lo dicho en la introducción (pp. 27- 28), tiene especial significado la definición del séptimo estado, tomado en este sentido como el de "aquel que se mantiene de pie, que se mantuvo en pie, y que se mantendrá en pie". (HIPOL., *Philos.*, VI, 13). Algunas convergencias: sentido esotérico del *séptimo* día bíblico, de reposo tras otros seis de trabajo (la *pax* iniciática). Horus,

entonces cuando se alcanza la posesión de la Ciencia trascendente. Es el momento del nacimiento según la "esencia", y de "convertirse en dios". Es el lugar de la transformación en aquellos entes, de la conversión en ellos. Asimilada la "necesidad" que reina en aquellas esferas inferiores a la imagen de la corriente de las Aguas, los símbolos para esta realización serán las figuras de los "salvados de las aguas", de los que "caminan sobre las aguas",[177] así como la de "atravesar el mar" o la "corriente" (y por ello también todas las variedades del simbolismo de la navegación), y el de avanzar contra corriente. Esta última, según el *Corpus Hermeticum*, es el medio para alcanzar el estado de "aquellos que pertenecen a la Gnosis", "donde nadie se embriaga ya",[178] donde la embriaguez equivale,

---

el dios que consiguió vencer definitivamente al dragón Tifón, es el octavo hijo de Isis, la cual buscó las partes viriles (la potencia de Osiris), vestida con siete túnicas *negras*. Osiris, el macho primordial, descuartizado o mutilado por el dragón, y recompuesto por Horus, puede por ello compararse al Prajapati védico, que tras haber creado las Aguas (aguas = dragón) se asimiló a ellas (disolución) y luego nació de ellas bajo la forma de germen áureo (*Rig-Veda*, X, 121, I, 7).

[177] *Cf.* G. POSTEL, *Clavis Absc.*, XV, 16, que habla de la "ley de gracia que extrajo a los hombres de las aguas del mundo", y se refiere al símbolo del Cristo, que "camina sobre el mar sostenido por su solo poder", expresión idéntica a la utilizada por el *Corp. Herm.* para aquellos que alcanzan el octavo estado.

[178] *Corp. Herm.* VII, 2. El mismo símbolo es muy frecuente en Oriente: *cf. Dhammapada*, 86 (donde atravesar la corriente es explicado como el atravesar y superar el reino de la muerte); 348, 370 (donde el asceta que ha superado los cinco obstáculos es comparado a aquellos que han atravesado los océanos); *Suttanipata*, III, 6, 36, *Katha-Upanishad*, I, III, 2. El "salta-corrientes" es una expresión técnica que indica aquella "pureza" del corazón que ha llegado a los estados sin forma –arupa- (*Dhammapada*, 218). Desde el punto de vista de la Gnosis, Jesús fue considerado como uno de aquellos que "hicieron elevarse a la corriente" (*Philos.*, V, 7-8). *Cf.* Tabla en p. 192 del *Chymica Vannus (cit.)*: un hombre se dispone a atravesar un río y sobre las olas se ven seres alados (estados del aire). Hay además una nave que se dirige a un *litus secretus*. Las dos direcciones simbólicas de las aguas se revelan en un comentario gnóstico a HOMERO (*Odisea*, XXIV, 9-12): Océano, padre de los dioses y de los hombres, ha fluido y refluido en sentido contrario; al descender da lugar a la generación de los hombres, y al ascender, hacia la *piedra blanca* (Leucada), a la de los dioses, a lo cual se refiere el "Siete Dioses" y "El hombre andrógino que hay en todos"

evidentemente, al sueño simbólico, al olvido, al poder de las aguas leteas, etc.

(*apud* HIPÓLITO, *Philos.*, V, 7-8).

16. Los Siete, las Operaciones y el Espejo

a doctrina, cuyo esquema hemos esbozado, nos permite ahora orientarnos en las sinuosidades de un simbolismo de la literatura técnica alquímica que de otro modo se presenta casi impenetrable. Acompañaremos al lector por alguno de estos laberintos literarios para que vaya familiarizándose con el lenguaje secreto.

Ya Ostano[179] habla de *siete* destilaciones necesarias para obtener de las *serpientes* del monte Olimpo y de otros montes[180] el "Agua divina" que mata a los vivos y resucita a los muertos (los estados profundos de la conciencia enterrados en la forma terrestre).[181] Y lo mismo dirá Ramón Llull acerca de la preparación del agua-vida, que es el *solvente* que hay que utilizar en la operación: "Este menstruo se *rectifica* (se lleva de — a | =

---

[179] CAG, II, 261; III, 250.

[180] A propósito del monte, dice (p. 146): Las serpientes que simbolizan los poderes existentes en el "seno de la Tierra". El mismo simbolismo se encuentra en una tabla de ABRAHAM EL JUDÍO (*Givry*, p. 397): un monte, siete cavernas, siete serpientes. Abajo, dos grifos que se devoran mutuamente, indican el antagonismo de los poderes, de que ya hemos hablado (p. 63), dan lugar al cuerpo como neutralización petrificadora; arriba, sobre la cumbre, un árbol con ramificaciones áureas y flores blancas y rojas (despertar en ♀ y ☿).

[181] BÖHME, *De Signatura*, XII, 31, dice que las siete formas de la vida humana son primero muertas y luego resucitadas a una nueva vida. En las imágenes de ABRAHAM EL Judío (*Givry*, p. 297), la muerte está expresada bajo el símbolo de la "matanza de los inocentes": siete niños aparecen degollados y su sangre servirá de baño (de "bautismo") al rey y a la reina, ☉ y ☽ También en la alquimia hindú se prescribe matar seis veces el Mercurio para poder transformar el Cobre en Oro (P. C. RÂY, *History of the Hindu chemistry*, London-Calcuta; 1902, I, pref, 46; II, pref., 39-44).

resurrección) [182] siete veces, retirando cada vez el residuo". [183] Flamel [184] advierte que para purificar la "cabeza leprosa del cuervo" hay que sumergirla *siete* veces en la corriente regeneradora del Jordán. Y Pernety habla de un *lavado* no diferente, [185] añadiendo que se trata del paso por los *siete* planetas, que se realiza por medio de *siete* operaciones sucesivas que conducen por diferentes estados del Mercurio, simbolizados por los distintos metales alquímicos, hasta el estado de Oro (estado de "aquellos-que-están" más allá de las esferas de la alteración y del devenir).

En el *Gran libro de la Naturaleza* se habla de un dique que impide que las aguas pasen a un jardín: dique que se destruye bajo la dirección de un infante, "no hijo de hombre" que ordena:

"*Despójate* de tus hábitos", lo que se explica en los siete grados de la "expiación" de que se habla más adelante. [186] Y, asimismo, en el *Chemische Hochzeit von Christian Rosenkreuz*, de J. V. Andreae, vemos que los candidatos a las "bodas" deben superar la prueba de *siete* pesos, y luego *siete* son también los planos de la torre del palacio real donde se realiza la resurrección del Rey y de la Reina (☉ y ☽). [187] Según Filaletes, *siete* veces son las que deben volar las palomas de Venus, porque en el "número siete reside toda perfección"; y en otro lugar: "Hay que purificar el Mercurio por lo menos *siete* veces. Entonces está listo el baño

---

[182] Véase p. 123 y ss.

[183] R. LLULL., *Clavicula*, § XVI; *cf. Theatr. Chem.*, IV, 334.

[184] *Libro de Sinesio*, BPC, II, 190; FLAMEL, *Fig. Gerogl.*, IV, BPC, II, 243.

[185] Dict. Mitho-Herm., 301.

[186] Trad. it. Todi, 1921, pp. 7-8, 13, 20. Sobre la arcilla podemos volver a la tradición ya citada (*Philos.*, V, 7) que habla de un muro tras el cual se halla el "hombre interior", el que procede del hombre celestial primordial, Adán, caído en una de arcilla y de greda donde "lo ha olvidado todo" (sueño, olvido, etc.).

[187] *Chemische Hochz.*, trad. fr., París, 1928, p. 36. El otro septenario es llamado por BÖHME (*De Signatura*, X, 63), "castillo diabólico" que el caballero destruirá en los siete reinos".

para el Rey",[188] y con la imagen del baño vuelve el símbolo del "lavado", al que se somete quien, siendo *Rey* por naturaleza, deba dominar de nuevo.

En el *Libro de El Habîr* se dice: "Lavad *siete* veces la cal aún no apagada (simbolismo de la "aridez" sedienta de agua)": "Os ordeno operar sobre las cenizas (es decir, sobre lo que queda después de la acción del Fuego purificador) haciéndolas cocer y regándolas siete veces (se trata en este caso de la otra modalidad, celeste, del Agua, que actúa en las "resurrecciones")... Con este procedimiento las cenizas se harán dulces, buenas y bellas, *y vosotros no conoceréis ya la muerte*".[189] En ocasiones el siete significa períodos de tiempo simbólicos (días, años, etc.), que, por lo general, hacen referencia al mismo orden de ideas.[190]

Las mismas *siete* puertas de los misterios de Mitra se encuentran en la redacción árabe del *Libro de Ostano*: en una visión ocurrida tras ascesis, ayuno y oración, se aparece al autor un ser que lo conduce ante siete *puertas* que guardan los tesoros de la ciencia: un animal, cuyas partes se devoran entre sí (como ya hemos indicado en la pág. 56), simboliza claramente el deseo que se alimenta de sí mismo, estableciendo con su presencia el obstáculo para la realización de los estados trascendentes.[191] Y las *siete* indicaciones se encuentran en el símbolo de los *siete* escalones de la Escalera de los Sabios, representada en una tablilla del *Amphitheatrum Sapientiae Eternae*, de Khunrath, obra en la cual se encuentra también el símbolo de una "ciudadela

---

[188] FILALETES, *Epist. de Ripley*, § LI; *Regulae*, § V.

[189] CMA, III, 95, 114.

[190] *Cf.* también CAG, II, 287-288, 315, 337, CMA, II, 37, 38; *Libro de El Habîr*, CMA, III, 88.

[191] CMA, III, 119-120: *Cf.* D'ESPAGNET, Arc. *Herm. Phil. Opus*, § 52: "El jardín de las Hespérides se halla custodiado por un terrible dragón; ya en la entrada se ve una fuente de Agua viva clarísima que surge de siete caños y se vierte por todas partes. Haced beber al dragón por el número mágico de tres veces siete (los siete referidos a los tres principios) hasta que, ebrio, se despoje de su sucio vestido".

filosófica" con *siete* vértices, correspondientes, por lo demás, a las siete operaciones del Arte, mientras en el centro se encuentra el dragón, símbolo de la "materia prima".

El velo habitual de los enigmas cae luego casi por completo en este texto de alquimia mística siria, relativo al Espejo contenido en un templo llamado precisamente las "Siete Puertas": "La finalidad del espejo no era permitir que un hombre se contemplase materialmente, porque apenas dejado el espejo, el hombre perdía memoria de su propia imagen. El espejo representa el espíritu divino. Cuando el alma se mira en él, repudia las vergüenzas que hay en ella, y las arroja... Una vez purificada, imita y toma como modelo al espíritu divino; ella misma deviene espíritu; posee la calma y vuelve incesantemente a este estado superior en que se conoce (lo divino) y se es conocido por él. Entonces, *devenida sin sombra*, se despoja de los vínculos que le son propios y de aquellos que tiene en común con el cuerpo... ¿Y qué es lo que dice al efecto la palabra de los Filósofos? Conócete a ti mismo. Con esto quiere significar el espejo espiritual y el intelectual.

¿Y qué es este espejo si no es el espíritu divino primordial? Cuando un hombre mora en él y en él se ve, aparta la mirada de todo aquello que tiene nombre de dios y de demonio y, uniéndose con el espíritu santo, se convierte en un hombre perfecto... Ve a Dios que está en él... Este espejo está situado encima de *siete* puertas..., que corresponden a los *siete* cielos, por encima de este mundo sensible, por encima de las doce casas (el zodíaco, las fuerzas de la vitalidad animal)...

Por encima de ellos está este Ojo de los sentidos invisibles, este Ojo del Espíritu, que está presente y que está en todo lugar. En él se ve este espíritu perfecto, en cuya potencia todo está comprendido".[192]

---

[192] CMA, II, 262-263.

Resumiendo: El número siete en el hermetismo, según la enseñanza tradicional esotérica, expresa formas trascendentes, no humanas de conocimiento y de energía que preceden a las cosas "elementales". La posibilidad de una relación doble respecto a ellas explica la doctrina de los dos septenarios, uno referido a la necesidad y el otro resuelto en la libertad.[193] El estado de corporeidad física en que el hombre se encuentra está relacionado con el misterio de esta diferenciación del septenario y, a través de los "centros de vida", contiene también el doble poder de las llaves: del "abrir" y del "cerrar", del *solve* y del *coagula* hermético. Purificaciones, destilaciones, circulaciones, despojamientos, calcinaciones, soluciones, abluciones, asesinatos, baños, rectificaciones, etc., relacionadas más o menos directamente al número siete, expresan, en la literatura técnica hermética, la obra aplicada a los poderes, por su trasposición de un modo de ser a otro modo de ser, "no humano".

Y así hemos entrado desde la parte doctrinal del hermetismo al terreno de la práctica. Pero antes vamos a precisar una serie de ideas y de símbolos que permitirán darnos cuenta de la esencia de la realización hermética.

---

[193] *Cf. La Vergine del Mondo*, III, 255: "La diferencia entre las cosas corruptibles y las eternas, entre las corporales y las incorpóreas, es que unas se hallan sujetas a la necesidad y las otras existen libremente".

17. El Oro del Arte

Una idea central del Arte Regio es que el hermetista realiza determinadas operaciones, mediante las cuales actualiza y lleva a la perfección una materia simbólica que la Naturaleza dejó imperfecta y en potencia, y lo que sin ayuda del Arte no sería posible. Esta idea central se refiere a todo aquello que el hombre común halla ser de aquí abajo, pero también a la dignidad, "desconocida por las razas anteriores", de la que ya hemos hablado y de cuya relación con el espíritu específico de los "ciclos heroicos" hemos mencionado también.

Acerca del primer punto, podemos citar, entre otros, el *De Pharmaco Catholico*: "La naturaleza se detiene y suspende el trabajo en el Oro (en el sentido de "Oro vulgar", interpretable como el estado según el cual la fuerza solar se halla en el hombre común)... Supremo fin de todos los metales (de todas las demás naturalezas diferenciadas de la "matriz"), más arriba ni más allá del cual la naturaleza no puede llevar por sí misma a ningún metal".[194] Pero "los hombres pueden ayudar a la naturaleza y *obligarla* a realizar un esfuerzo superior al realizado para sus producciones ordinarias",[195] alcanzando el fin, y que Geber llama "el límite extremo", la "cosa difícil", "la más lejana que el hombre pueda desear".[196] Los alquimistas establecen así la distinción entre el Oro, que es una producción *natural*, y el otro oro que se produce mediante el Arte y que recibe el signo y la marca de los

---

[194] De Pharmaco, IV, 2.

[195] SALMON, *Intr. a la* BPC, p. III. *Cf. Trionfo Ermetico*, BPC III, 243.

[196] *Libro della Misericordia*, CMA, III, 188, 185.

"Maestros del Poder".[197] Por eso, Filaletes dice alegóricamente que si al Mercurio se lo encuentra entre los mercaderes, el Sol y el Oro es *una consecuencia de nuestro trabajo y de nuestra operación*"; y que quien no sabe esto "aún no conoce el objetivo de nuestra obra secreta".[198] Como se ha dicho ya al comienzo, el Arte hermético no tiene como fin el *descubrimiento* del Oro, sino su *fabricación*.

Como complemento de este tema general, hay que explicar el sentido de expresiones tales como "muerte y resurrección", "matar lo vivo y vivificar lo muerto" y otras semejantes, que son otros tantos *leit-motiv* del hermetismo.

---

[197] *Textos sirios*, CMA, II, 121.

[198] *Introitus apertus*, etc. § XVIII.

18. La sombra, las cenizas, la superfluidad

Para que el vivo resurja, el muerto debe morir. El simbolismo de la muerte, en general, puede ser referido al ya explicado del "sueño", y puesto que éste se refiere al estado de la conciencia común que descansa en el cuerpo, la interpretación más justa parecería la de que - en un sentido más soteriológico-religioso que iniciático- el cuerpo es el mal, caída o negación del espíritu.

No faltan indicaciones en tal sentido, a decir verdad. En el mismo *Corpus Hermeticum* -para comenzar- el cuerpo recibe el nombre de carga o prisión. De ahí que toda alma se halle cargada y encadenada: "Incluso por debajo de este envoltorio, el alma lucha y piensa, pero no son la misma clase de pensamientos que tendría si se desligara del cuerpo"; en lugar de "energías" sólo conoce sensaciones y *pasiones* que proceden de ella a través del cuerpo. Por lo cual, como condición previa a la consecución de la iluminación, de la gnosis, se recomienda el odio hacia el cuerpo, y se dice: "Ante todo debes arrojar ese vestido que llevas, ese hábito de ignorancia, principio de todo mal, cadena de corrupción, envoltura *tenebrosa*, *muerte* viva, cadáver sensible, *tumba* que arrastras contigo, ladrón en tu propia casa que te odia a través de aquello que ama, y que a través de aquello que odia te perjudica".[199] Aquí, en todo caso, los símbolos de "hábito", tumba, muerte y oscuridad (sombra) se utilizan claramente en el mismo sentido que hay que atribuirles cuando aparecen en los enigmas de la literatura técnica alquímica.

---

[199] *La Vergine del Mondo*, II (pp. 214-215); *Corp. Herm*, IV, 5; VII, 2.

He aquí algunas correspondencias acerca de "sombra": "Los cuerpos (en el sentido de los sujetos sobre los que se habrá de ejercer la obra) tienen todos una *sombra* y una sustancia *negra* que hay que extraer".[200] Agathodaimon, a propósito del simbólico Cobre -el metal rojoamarillento más fácil de trasmutar en Oro-, dice: "El alma es la parte más sutil, o sea el espíritu tintorial (que, al igual que un tinte, difunde por doquier su "color"); el cuerpo es aquella cosa pesada y terrestre dotada de *sombra*".[201] Por ello, Zósimo aconseja obrar hasta que el cobre deje de tener sombra:[202] "Suprimid la *sombra* del cobre", repiten los árabes.[203] "El cobre ha pasado a ser *blanco* (paso a la conciencia de ☿) y ha sido liberado de la sombra... Despojado de su *negro* color, ha abandonado su cuerpo opaco y pesado".[204] Comario, hablando de un "espíritu tenebroso" que oprime los cuerpos, repite casi textualmente lo dicho en el *Corpus Hermeticum*. Dice: "Cuerpo (en el sentido primordial), Espíritu y Alma se debilitan a causa de la *sombra* caída sobre ellos".[205] Pelasgio aduce que sólo cuando el cobre *abandona su sombra*, puede "teñir" toda clase de cuerpos, cosa que, como veremos, coincide casi exactamente con la finalidad del Arte.[206] Aun más explícitamente el Cosmopolita dice que se trata de despejar las *tinieblas* y llegar a ver la luz de la naturaleza, que escapa a nuestros ojos, ya que para nuestros ojos, *el cuerpo es la sombra de la naturaleza*.[207]

---

[200] *Libro di Cratès*, CMA, III, 55.

[201] STEFANO (CMA, I, 261), *cf.* nota en B. TREVISANO, *Phil. nat. Des Mét.*, BPC, II, 389: "La sombra del Sol es la *corporeidad* del Sol".

[202] CAG, III, 133; cf. *Textos Pseudodemocriteos*, III, 45, 49; PELASGIO, *ibid.*, 246-7.

[203] CMA, II, 141.

[204] CAG, III, 454, 459.

[205] CAG, II, 296.

[206] CAG, II, 257.

[207] *Novum Lumen Chemicum*, Venecia, 1644, p. 65.

Si todas estas indicaciones no estuvieran condicionadas por ningún significado ulterior, tendrían un carácter sospechoso desde el punto de vista iniciático. Puesto que el cuerpo, en sentido amplio, es expresión y, al propio tiempo, la base de la individuación, se trata de superar una concepción evasionista y místico-panteísta perteneciente más al mundo de las religiones que al de las iniciaciones. A pesar de ello, en la doctrina hermética se suelen encontrar también una serie de expresiones de espíritu muy diverso.

Por ejemplo, ¿qué puede significar -para nosotros que sabemos lo que es la "Sal"- una expresión como esta del *De Pharmaco Catholico*: "Sin Sal no podría hacerse Piedra Filosofal", o esta otra: "Sal metálica es Piedra Filosofal"? Desde el punto de vista del simbolismo de las "destilaciones", las *heces* son aquello que queda una vez se ha extraído el espíritu, es decir, que son el *cuerpo*, del que se hace también, en otra de sus posibles acepciones, el símbolo de las "cenizas", por analogía, es decir, como residuo sin más Fuego. Pero lo sorprendente es que "heces", "cenizas" y demás "superfluidades" son estimadas como algo precioso que el "Hijo del Arte" debe guardarse de despreciar y arrojar, porque precisamente con ellas -se expresa- se hace el Oro, o bien ellas mismas son Oro, el verdadero Oro, no el Oro vulgar, sino el "Oro de los Filósofos". "En las cenizas que quedan en el fondo del sepulcro -dice por ejemplo Artefio-[208] se encuentra la diadema de nuestro Rey." Y D'Espagnet: "La tierra que encontramos en el fondo del vaso es la verdadera mina del Oro de los Filósofos, del Fuego de la Naturaleza y del Fuego celeste".[209] Zósimo denomina al residuo de las materias quemadas, esto es, la escoria, "poder del todo", y añade: "Sabed que las escorias constituyen todo el misterio, y por ello los Antiguos hablan del Plomo negro, que es la base de la

---

[208] *Libro de Artefio*, BPC, II, 169.

[209] Arc. Philos. Opus, § 122-123.

sustancia".[210] Como se sabe, tal plomo corresponde a la "Piedra *negra* sagrada" que, según Juan el Alquimista,[211] confiere a los maestros la "habilidad"; corresponde a Saturno, sobre el cual dice Böhme: "El paraíso está aún en este mundo, pero el hombre esta muy lejos de él, hasta que no se regenere... Y *ahí está el Oro oculto en Saturno*";[212] corresponde a la Tierra, acerca de la cual se puede citar el *Triunfo Hermético*:

"Cuando con la destilación extraigamos el agua, que es el alma y el espíritu (aquí el agua se utiliza como un símbolo complejo de todo lo que no es la Tierra), el cuerpo permanece en el fondo del vaso, como una *Tierra* muerta, negra y vil, que sin embargo no hay que despreciar... Las superfluidades de la Tierra se convierten en una verdadera esencia, y quien pretenda separar algo de nuestra tarea, no sabe nada de Filosofía (hermética)".[213] Y citemos también las palabras de la *Tabla Esmeraldina*: "El poder del Telesma no está completo si no se convierte en *Tierra*". Podríamos recordar todavía a Olimpiodoro; "Las escorias y las cenizas son el oráculo revelado por los demonios"; al *Libro de El Habîr*.[214] "El Rojo (o sea el último estadio del proceso, equivalente a ☉ y a ♁) no existe ni aparece más que en estas preciosas cenizas"; y así sucesivamente.

Otros símbolos tienen este mismo significado. Asociado el Cuerpo al Oro, se atribuirá también al cuerpo el valor de *Macho*.[215] Y también: "Quien para ejercer el magisterio, busque otra cosa distinta que esta *Piedra*, hará como quien quisiera subir por una escalera sin peldaños, cosa que siendo imposible le haría

---

[210] CAG, II, 99, 218, 223.

[211] *Ibid.*, 265. K.

[212] *De Signatura*, VIII, 47-48.

[213] BPC, III, 302.

[214] CMA, III, 96, 114.

[215] *Cf.* FILALETES, *Regulae*, III: "Además del Oro, que es el cuerpo y que hace de *macho* en nuestra Obra", existe el Espíritu, etc.

caer de cabeza al suelo".[216] De la misma manera, Della Riviera hace derivar al "héroe mágico", a través de Hera, de la *Tierra*, considerada por la *Chymica Vannus* como "el huevo del ave Fénix".[217]

Contra la idea de que esta individuación, que se sustenta en el cuerpo (la Piedra negra es la *base de la sustancia*), tenga que disolverse indistintamente en el Todo, hay también otra clase de testimonios. Se dice del Agua divina que "disuelve y recrudece los metales, *pero conservándolos siempre en su misma especie* (es decir, en su propia individualidad)... sin que estos cuerpos sean destruidos ni siquiera en lo mas mínimo, sino que si los disuelve y recrudece lo hace para hacerles recibir una forma y una regeneración nueva, más noble y excelente que la que antes poseían"." [218] No se trata de "destrucción sino de perfeccionamiento", *dice Le Filet d'Ariadne.*[219]

"Se habla impropiamente de transformación de los metales, porque en realidad se trata de purgación, fijación, tinte y perfección de los metales imperfectos." Y "aunque nuestro Oro no es el Oro vulgar, está, sin embargo, en el Oro vulgar": con "nuestro trabajo podréis, sin embargo, extraerlo del Oro y de la Plata ordinarios".[220] Ya en Pelasgio y en la *Carta de Isis a Horus* se dice que el Oro es la semilla del Oro: como quien siembra trigo, hace que nazca trigo y recoge trigo. [221] Así pues, se conservan las especies. Hay una continuidad. Queda la

---

[216] *Colloquio di Morieno e Kalid,* BPC, I, 85.

[217] *Chymica Vannus,* cit., pp. 279, 281. *Cf.* BRACCESCO. *Espositione ecc.,* p. 79 *a.* "Los rayos de los cuerpos celestes en ningún Elemento se concentran con tanta fuerza y poder como en la *Tierra,* porque precisamente ésta es el receptáculo apropiado de las virtudes celestes y el centro de sus esferas".

[218] *Libro de Artefio,* 121.

[219] *Cit.,* 38, 46.

[220] FILALETES, *Introitus,* cc. XVIII, XIX.

[221] *Cf.* CAG, III, 34; II, 258; *Libro de El Habîr,* CMA, III, 115.

modalidad central de 0 (que en su forma vulgar se manifiesta en la humana personalidad): y la operación no la "altera".

El mismo sentido es el que encontramos en el simbolismo de las *circulaciones*. El "vaso" en el que se realiza la obra -el aludel, el atanor- debe permanecer herméticamente cerrado hasta la realización de la Obra Magna, y ésta es la prescripción de todos los autores. Pero sucede entonces que la parte sutil del compuesto, también llamada "ángel",[222] bajo el ardor ígneo se separa de la pesada y corporal, pero sin poder huir; presionando contra la pared superior del vaso cerrado, se ve obligada a condensarse de nuevo y a volver abajo, como un destilado que reaccionará sobre el residuo y lo transformará. *Es un principia fundamental del Arte que el espíritu no debe volar y huir, so pena de echar a perder aquello que se pretende conseguir.*

Artefio dice: "No dejéis exhalar el espíritu, porque si saliera del vaso, tu obra quedaría completamente destruida".[223]

Esa es la razón por la cual se desaconsejan los Fuegos demasiado violentos: porque la fuerza de los espíritus podría romper el vaso, y todo se perdería sin provecho alguno;[224] asimismo por ello, otros insisten en el espesor del vidrio del matraz y en el perfecto, "hermético", cierre. Y se aconseja correr inmediatamente en ayuda del Cuerpo cuando el alma se dilata por haberse aflojado el vínculo: de lo contrario "el Alma abandonaría esta compañía terrestre para volver a unirse a otro elemento",[225] cosa que no parece corresponder al objetivo que se persigue. De la misma manera se expresa en Zacarías: "Hay que permanecer atento y vigilante para no dejar pasar ce

---

[222] *Cf.* PERNETY, *Dict.,* 33.

[223] *Cit.* 157; FILALETES, *Introitus,* c. XVII.

[224] *Filum Ariadnae,* 82-83; *Libro de El Habîr,* 104,

[225] *De Pharmaco Cath.* II, 3-4; *cf.* III, 4. Enseñanza equivalente: "Permaneced atentos especialmente para que las Aguas del diluvio no sofoquen el Fuego de la Tierra" (*Trionfo Erm.,* 306). *Cf. Dialogo di Maria e Aros,* BPC, I, 79.

momento preciso en el nacimiento de nuestra Agua Mercurial, con el fin de reunirla con su cuerpo, que hasta ahora hemos llamado levadura y que a partir de ahora llamaremos *Veneno*".[226] En este caso la expresión *veneno* se refiere al punto en el cual el principio de obra se manifiesta como una fuerza trascendente y disolvente respecto a los estados personalizados. Y Böhme dice: "Si el espíritu huye de la prisión, encerradlo de nuevo en ella".[227]

---

[226] ZACARÍAS, *De la Philos. nat. des Mét.* II, 534. Cf. Turba, II, 7.

[227] *Morgenröte*, X, 50.

19. El incesto filosofal

A partir de todo lo dicho hasta ahora podemos ya determinar el sentido total de la empresa hermética del modo siguiente:

1) Es posible hacer pasar la conciencia de un estado individuado (para lo cual es necesario el cuerpo: Yo \⊙ como Oro vulgar) a un estado no singularizado, informe (Aguas, Disolvente, Mercurio, etc.). Símbolos: licuefacción, fusión, disolución, solución, separación, etc.[228]

2) Es posible afrontar esta transformación de dos maneras distintas: activamente o pasivamente, como superante o como superado, según ♀ o bien según ♄.

Esta alternativa marca la diferencia existente, a modo de principio, entre misticismo e iniciación. En el primer caso, aparece como el objetivo una especie de promiscua, estática indiferenciación, que sería el punto de llegada y de salvación. En el segundo caso la "apertura" se presenta en la referencia a un estado en el cual renace y se reafirma indudablemente el mismo principio ⊙ ya manifestado como el Yo del cuerpo humano "cubierto de sombra".

Para confirmar definitivamente que el espíritu de la realización hermética corresponde plenamente a esta segunda posibilidad, será decisivo el examen de un grupo de alegorías, que en los textos conservan relaciones simbólicas entre Madre e Hijo, entre Hembra y Macho.

---

[228] Estos últimos términos en la jerga alquímica hay que tomarlos en el doble sentido que incluye el que poseen en expresiones como "*solución* de un problema" y "*disolución* de un vínculo".

Comencemos por la máxima de Filaletes según la cual "lo fijo deviene volátil por cierto tiempo, de modo que hereda una cualidad más noble que sirve más tarde para fijar lo volátil mismo".[229] En este caso lo "volátil" -equivalente a la Madre, la Mujer, las Aguas, la Luna, etc.-, significa el *Spiritus Mundi*, la Fuerza-Vida Universal; y lo "fijo" -que equivale al Hijo, al Macho, al Fuego, al Sol, a la Piedra *Roja*, etc.- significa por lo contrario el Yo, la personalidad, el Alma.[230]

Por lo general, es opinión unánime de todos los filósofos herméticos que debe intervenir una "mortificación", un disolverse en las Aguas, un desaparecer en el seno de la Madre que devora o mata al Hijo, un dominio de la Hembra sobre el Macho, de la Luna sobre el Sol, de lo volátil sobre lo fijo, etcétera; pero todo ello exclusivamente como condición necesaria para devolver la potencia al hijo, y hacer que este último pueda reafirmarse luego sobre quien anteriormente lo había dominado y "disuelto", y hacerse "más perfecto y más grande que sus progenitores".

Y he aquí lo que dice D'Espagnet: "La Hembra adquiere primero ascendencia sobre el Macho y lo domina, hasta trasmutarlo en su propia naturaleza. Pero entonces el Macho recupera su vigor y gana a su vez la ascendencia, la domina y la hace semejante a él".[231] Y la *Turba Philosophorum*: "La Madre

---

[229] *Introitus apertus ecc.*, c. 1.

[230] Lo propio de los símbolos es comprehender significados a veces muy diversos, pero que no se contradicen, sino que derivan de puntos de vista muy diferentes. Así, el "fijo" puede simbolizar el cuerpo en relación a la "volatilidad" y a la sutileza de los principios vitales; y al propio tiempo, como en este caso, puede simbolizar sin embargo el Alma, considerada en su estabilidad y en su identidad, en el hecho de constituir un punto estable, y un centro frente a la Vida universal en sus indeterminadas posibilidades o también frente al permanente devenir de los elementos.

[231] *Apud* PERNETY, *Dict.*, 220.

engendra al Hijo y el Hijo engendra a la Madre y la mata".[232] En otros textos encontraremos análogas expresiones: "Cuando me hallo entre los brazos de mi Madre, unido con su sustancia, la asumo, la detengo y la fijo".[233] "El Agua, o Mercurio, es la Madre que está presa y sellada en el vientre del Hijo, es decir, del Sol, que procede de esta Agua".[234] "Hay que hacer que la Hembra monte al Macho, y luego el Macho a la Hembra".[235] Y Flamel agrega: "Una vez que el infante (creado por el Arte) se ha hecho fuerte y robusto, hasta el punto de poder combatir contra el Agua y el Fuego (debe referirse aquí a la fuerza que procede de los despertares de $\math{Q}$ y $\math{\breve{Q}}$; ver más adelante, páginas 151 y 214, meterá en su propio vientre a la Madre que lo había parido".[236] Y muchos otros.

Las formas de este ciclo de alegorías son de especial importancia. En ellas la Madre -la sustancia primera de todo metal o ser individual- se convierte en *esposa* de su hijo. Ellas nos hablan claramente del papel y el significado que la tradición hermética atribuye a la dignidad masculina de quien busca la realización. Pero también las demás formas de alegoría son interesantes; son las que nos *pueden facilitar aquello que quizá sea la expresión de la solución místico-religiosa a panteísta en el símbolo de relaciones contra natura*; los estados en que la fuerza-sustancia universal la "Vida una", domina sobre la personalidad, equivalen a la Mujer que posee al Hombre, al Hijo que vuelve al vientre de su Madre, al criado que se sitúa por encima de su amo, "a él superior en todo",[237] etcétera.

---

[232] *Turba* II, 19. *Cf.* el apéndice conocido como *Epístola a Aristeo*.

[233] *Sette Capitoli d'Ermete*, § IV.

[234] *Libro de Artefio*, 131.

[235] *Libro de Sinesio*, BPC, II, 180.

[236] Figure Gerogl., 244.

[237] PERNETY, *Dict.*, 449.

En el hermetismo estos estados no constituyen nada más que fases transitorias: inmediatamente después se establecen las relaciones justas, las consagradas por la naturaleza (tras el "*solve*", tras el "contacto", el *coagula*). Por todo ello, el espíritu afirmativo y mágico del hermetismo, para quien sigue la misma técnica, resulta confirmado de las más diversas maneras.

Sin embargo, la cuestión central aún no está suficientemente clara. ¿Acaso este "fijar" la Hembra o poseer a la Madre de toda criatura, para luego devolver la "naturaleza que goza de sí misma" a la "naturaleza que se domina a sí misma", propia del macho, acaso no expresa en último análisis -al igual que el símbolo equivalente del robo del Árbol de la Vida- quizás el mismo acto de una personalización cuyo resultado, como hemos visto, es el Cuerpo? , ¿Y no nos encontraremos entonces en un círculo vicioso? En realidad los textos sitúan al cuerpo como centro de la vida vulgar cubierta de sombra y de muerte, algo que hay que superar; pero el cuerpo vuelve a presentarse como un efecto necesario del *coagula* que, paradójicamente, es el término de la Obra Magna. No puede tratarse de la misma cosa, evidentemente; la corporeidad no puede tener el mismo sentido en un caso y en otro, y el problema que se plantea entonces es el de determinar en qué consiste la diferencia.

20. La "tumba" y la "sed"

También en este caso encontramos la mejor clave en el *Corpus Hermeticum*, en un texto ya citado precisamente en relación con la aventura de quien quiere ir más allá de los siete círculos de la necesidad (véase pág. 78).

Lo que justifica las ya referidas expresiones negativas, de aspecto místicosoteriológico, que encontramos en la tradición hermética, no sería tanto el hecho "individuación" y "cuerpo" en sí mismo, o sea como cualificación y organización de aquello que es indiferenciado e indistinto, como acto de un principio activo, ♀ o ☉ o ♈, que actúa sobre la Humedad mercurial y la coagula en una imagen, signo de su poder, sino una relación determinada respecto a la individuación y al cuerpo. Y *tal relación sería la correspondiente a un estado de "amor" -en el sentido de "identificación" y de "amalgamación" (o sea en el mismo sentido del poder que según la doctrina hindú tienen la sed y el deseo)- precisamente respecto al cuerpo y a la individuación.* Tal estado hace que las Aguas penetren con una "humedad superflua" en el principio solar, lo inunden, lo embriaguen, lo oscurezcan y lo transporten: lo conduzcan a sumergirse y a ensimismarse en lo que ya ha recibido impresa la forma de su dominio, a *fijársela* y a no distinguirse ya de ella, participando en todo y por todo de su naturaleza; degenerando de su propia naturaleza; convirtiéndose, por así decir, en la imagen de sí mismo, imagen que, como tal, sufre la condición de aquello en que se manifiesta. Tal acontecimiento se nos presenta inmediatamente como significado profundo del *mito de Narciso.* Narciso es conducido a la muerte en las Aguas por la pasión desencadenada hacia su propia imagen, reflejada en esas aguas, y esta muerte es la sustancia de lo que para los hombres ligados por el deseo al mundo de los cuerpos y del devenir pasa por vida.

En la Introducción (véase pág. 29) hemos citado un texto gnóstico, en el que reconocemos estos mismos símbolos: en el estadio intermedio, anterior a su reintegración, se dice del Hombre Primordial que "se mantiene de pie aquí abajo, *habiendo sido engendrado por la imagen (refleja) en la corriente de las Aguas*". En un texto semejante leemos: "Revestida de una *forma acuosa*, ésta (el Alma) sufre... esclava de la muerte".[238] Ya hemos visto que luego el agua, ya directamente, ya como Mercurio, es entendida en el hermetismo como hambre, deseo o sed abrasadora, en cierto sentido. Y es igualmente claro que el mito de Narciso forma parte también de la tradición hermética, según lo que acabamos de decir, donde hemos puesto de manifiesto asimismo su sentido metafísico. En el *Corpus Hermeticum* (I, 12-15) se habla de "una forma de maravillosa belleza en que todas las energías de los siete planos estaban unidas a la forma divina"; se hace referencia también a una visión de ella en el *Agua* y en la *Sombra* sobre la *Tierra*, y a un *amor* que se manifiesta en la "naturaleza"; y se cuenta que el mismo Hombre Primordial "al percibir en el agua el reflejo de su propia forma, fue presa del deseo por ella y quiso poseerla. El acto siguió al deseo y así fue concebida la forma irracional. La naturaleza se posesionó de su amante abrazándolo estrechamente, y se unieron en un mutuo amor". De ahí la caída" origen del "sueño", el sometimiento a la tiranía de ley cósmica por parte de quien era superior a ella por propia naturaleza (véase pág. 79). Precisamente a esta situación nos referíamos cuando hablábamos del encanto de la terrestridad: [239] petrificación,

---

[238] *Apud* HIPÓL., *Philos.*, V, 10.

[239] Un pasaje de PLOTINO (*Enneadas*) VI, IV, 14) aclara la enseñanza: "Al Hombre de allá arriba se le ha ocurrido querer ser además otro hombre, y al encontrarnos... se ha unido a nosotros y nosotros a él... Como de una vez y de una palabra única, el oído que escucha y recibe hace otra en otro sitio, porque de aquella fuerza activa (de la palabra pronunciante) nace una audición que tiene presente en si esta fuerza en (su) acción; así nosotros nos hemos convertido en dos juntos; y no por un lado lo que éramos y por otro lo que se nos ha añadido; únicamente que el Hombre de arriba está *como adormecido y como ausente*". Acerca de la

transformación de las energías en sensaciones y pasiones, "metalidad" cubierta de "sombra" y de "lepra", estado de sometimiento o estado "vulgar" de los poderes profundos y de los principios en el hombre, conciencia externa ligada al mundo físico a través del cerebro, etc.

"El hombre -dice Böhme-[240] murió según la esencia celeste divina (de la cual habla él en otro lugar como del "noble *Oro* de la corporeidad celestial"), porque el *deseo interno*, surgido del centro ígneo...[241] tendía hacia el nacimiento temporal exterior. Así en el hombre la esencia divina, o corporeidad interior, se convierte en la muerte." El mismo autor habla luego del simbolismo alquímico de Saturno, sobre el que volveremos más adelante, y dice que el cuerpo, desde entonces, yace en Saturno envuelto en miserables hábitos; que el Infante de Oro es cubierto por Saturno con un manto *negro*. Es la "tumba de Osiris", el cuerpo convertido en sepulcro del Vivo. La violencia primordial hecha al Árbol constituye la corporeidad, en sentido trascendental, en aquel sentido según el cual el cuerpo se identifica o se asocia a Azufre, Fuego y Oro divino. El símbolo del Hombre trascendente se refiere a ello: es el Individuo Absoluto. Pero cuando resurge la vehemencia de las Aguas primordiales, deteniendo el proceso, entonces es Atis, como "espiga segada todavía verde", es la muerte prematura, la mutilación, razón por la cual Atis es estéril. Este es el misterio del cuerpo en que el hombre se encuentra aquí en la tierra. Los ángeles cayeron no por haber querido poseer a las "mujeres", sino por haberlas *deseado* fue el deseo abrasador, ígneo, encarcelado en Adán,

---

correspondencia de este mito en la enseñanza búdica, *cf.* nuestra obra *La doctrina del Risveglio*, cit. De Signatura, XIV, 6; XV, 6-8; IV, 28; V, 15.

[240] *De Signatura*, XIV, 6; XV, 6-8; IV, 28; V, 15.

[241] En Adán -dice BÖHME (*Morgenröte*, XI, 62)- fue el Nitro, o sea la fuerza activa de la personalización, la que combatió contra la "Fuente de la Vida".

según Gichzel,[242] lo que le arrebató su esposa Sophia, es decir, lo que lo alejó de la Vida y de la potencia.[243]

La dificultad, pues, se aclara. *En el hermetismo nunca se trata de una separación del Cuerpo para escapar (los espíritus no deben huir, el alma no debe evadirse en el Aire, etc.) sino para restablecer una relación causal y dominante del principio solar, carente de pasión respecto aquello a la que él ha dado forma, y que ahora se le ofrece en sus poderes mas profundos y no humanos hasta el punto de experimentar él mismo un renacimiento.*

De aquí se deriva, en el hermetismo, un "realismo trascendental", con el cual la subversión de valores propio del lenguaje místico adquiere un sentido diferente y muy especial.

En la "imagen engendrada por las Aguas" el Hombre primordial se "sostiene sobre sus pies", pero no es más que el sostenerse de un espectro. Al identificarse con el cuerpo, el hombre se ve condicionado por él. Todas sus facultades de

---

[242] GICHTEL, *Theos. Pract.*, I, 19-20; III, 66-70; VI, 45-46. El simbolismo del imán en algunos casos puede aplicarse al poder del Cuerpo que ha atraído al alma, ligándola a sí. El estado resultante equivale al *Ahamkara* de la tradición hindú, por medio de la cual el Yo hace suyas condiciones que proceden del cuerpo.

[243] Una correlación entre la sed o deseo y el fracaso de una aventura titánica puede hallarse en el orfismo. La inscripción de la *Lamina Turii* II reza: "Soy de vuestra bienaventurada estirpe. Pero la Moira y el fulgor del rayo me abatieron *esterilizándome*". Se trata de la súbita fulminación de los titanes por parte de Zeus, y la "esterilidad" (aridez) se relaciona con la "*sed* que me arde y me consume" de la *Lamina Petelia* y que sólo podía saciarse con las Aguas Mnemosinas, reservadas a los iniciados. Metafísicamente, interpretando tal sed como deseo, se debería decir sin embargo que ella no es tanto el efecto, como la causa de que los titanes fueran fulminados por el rayo. Pero se debe destacar que la "purificación" hermética, que reporta a los estados primordiales, de los que se había degenerado, a veces se denomina también *fulminación* (*cf*, por ejemplo. PERNETY. *Dict.*, 175); que el despertar del poder central que actúa en la Obra Magna es comparado a un *relámpago* que de pronto destruye a todo "metal imperfecto", o sea a toda esencia individual no cualificada para superar la prueba que afronta ahora por segunda vez.

vigilia, en lugar de estar *antes* que el cuerpo, están *detrás*. Y esa es la razón de que sólo produzcan reflejos exteriores de todo aquello con lo que entra en contacto. Desde este punto de vista, dice Böhme, justamente que en "aquel Ángel mortecino" que es el hombre, *el cuerpo engendra al alma*; que la carne, a pesar de no ser espíritu, es la *madre* del espíritu.[244] Se trata, por otra parte, del Alma y del Espíritu de los "muertos", respecto a los cuales, el punto de vista de aquello que entre los modernos es el materialismo, es lo más verdadero.

La "espiritualidad" del "hombre psicológico" es inesencial, contingente, y son muchas las circunstancias que nos hablan de esta contingencia, de la dependencia en que se hallan las "facultades superiores" y la misma conciencia individual, respecto al cuerpo. En este caso, el cuerpo es en verdad la raíz y el origen del alma y de sus facultades: no se trata de que el cuerpo engendra sin más al alma y a sus facultades, sino que ocurre como en el caso de un tambor, que sin que sea él quien produce el sonido por sí mismo, es la condición necesaria para que el sonido se manifieste. Y así también, *mutatis mutandis*, la vida, el conocimiento y la autoconciencia no se manifiestan en el hombre más que *a través* de la realidad corporal.

Esta realidad, ocultamente, herméticamente considerada, es el lugar en que los metales que parecen nobles, pero son viles, en que los elementos que parecen vivos, pero están en realidad muertos y son estériles y son desdeñados por los sabios, se encuentran en su verdadera naturaleza -la de la corporeidad primordial-, excepto una cierta impureza, sombra o acuosidad, de la cual es posible desembarazarlos.

Tal es la clave de todas aquellas expresiones alquímicas que a través de símbolos proclaman la superioridad del cuerpo, y lo presentan como la verdadera materia de la Obra y el veneno del Oro. Esa es la razón de que el *De Pharmaco* exhorte al alquimista

---

[244] *Morgenröte*, XVI, 5; AXXI, 69. V

a no volar a lo alto, a los cielos, sino a que busque aquí abajo, en el *humus*, en la "Tierra". Y he aquí cómo la Piedra apostrofa a las personificaciones de las facultades vulgares: "Tú no eres aquel Oro del que hablan los filósofos, sino que este Oro está escondido en mí... Tu alma (o sea, tu principio vivo) reside constantemente en mí, y es más estable y más fija de lo que nunca puedas serlo tú... Sin mí no es posible hacer Oro y Plata perfectos..., ni podéis elevaros vosotros más allá del estado en que la Naturaleza os ha colocado".[245]

Y Zacarías dice: "El cuerpo tiene una fuerza superior que la de los dos hermanos que se llaman Espíritu y Alma", y añade que, cuando "lo que estaba oculto se manifiesta", el cuerpo posee el poder para mantener fija al alma y reducirla a su propia naturaleza, "que es la de ser hecha de Oro"[246] "Hay que animar al cuerpo muerto y resucitarlo -dice Alberto Magno-[247] para multiplicar su potencia al infinito." Hay tantas citas posibles en el mismo sentido, que tendríamos dificultades para seleccionar entre ellas las más expresivas.[248] "Osiris es Plomo y Azufre", dice un texto alejandrino.[249] El Plomo negro -el cuerpo caído-, denominado la "tumba de Osiris", se asocia además al Huevo que es "en to pan": en las "esferas del Fuego" se fija a éste y atrae a sí un alma nueva. Y en eso, dicen los textos, consiste el Gran Misterio.[250]

---

[245] *Trionfo Ermetico*, BPC, III, 185, 201. *Cf.* también el *Diálogo* que sigue al texto, donde se habla de las tres clases de Oro; III, 231 y ss.

[246] *Phil. Nat. des Mét.*, § IV, 531, 532.

[247] *Compositum de compositis*, § V.

[248] *Cf.* COSMOPOLITA, *Novum Lumen Chem.* X, 50-1; *Libro de Artefio*, 117; PERNETY, *Diet.*, 354 y ss.

[249] CAG, II, 88.

[250] *Ibid.* 98, 192, 169 y ss.; 93, 95.

21. Saturno, Oro invertido

Para concretar el significado de estos símbolos, hay que recurrir a la división cuatripartita mencionada en la pág. 72 y siguientes. El Plomo mágico corresponde entonces al elemento propiamente terrestre, a la *mineralidad* del cuerpo, a aquello que en el cuerpo obedece a las fuerzas del reino mineral (el esqueleto): y allí precisamente es donde descansaría el estado primordial del individuo, Osiris..., pero también Saturno que fue rey de la *Edad del Oro*: reino metafísicamente correspondiente al estado de ser en sentido absoluto.[251] Pero si recordamos que en el esqueleto se expresa el elemento calcáreo, pueden resultar muy sugestivas las relaciones establecidas por algunos textos antiguos, a través de seudo-homonimias, entre el elemento *titánico*, el elemento *tierra* y el elemento calcáreo: en un texto anónimo griego la Tierra figura en último lugar, y la operación relativa a ella recibe el nombre *de la cal omnipotente*.[252] Y Agathodaimon añade: "Tal es el Logos sobre la cal, sobre el calcio omnipotente (o *titánico*), *el cuerpo invencible*, el único útil... Quien lo encuentre, triunfará sobre la enfermedad incurable de la miseria.[253] Pero Penia, la privación, la miseria, es, según nos enseña Plutarco, la materia, ya que "en sí y por sí está llena de *necesidad*; pero queda satisfecha por el Bien;

---

[251] P. NEGRI (en *Intr. alla Magia*, vol. II, p. 76 y ss.) ha indicado también etimológicamente tal correspondencia. Descomponiendo en Saturnus, y considerando el término "urnus" con el mismo valor que posee en diurnus y nocturnus, etc., la raíz sat coincide con el término sánscrito que quiere decir *ser* y que figura en la designación hindú de la edad correspondiente a la hesiódica "edad del Oro"; satya-yuga.

[252] CAG, II, 340 (*Opera dei quatro Elementi*).

[253] CAG, II, 285.

tendiendo siempre a él llega a participar de su naturaleza".[254] La miseria, "enfermedad incurable", es, pues, el mismo estado de privación que en la materia lo es la necesidad, la sed, la forma acuosa; y el Bien es la actualidad del Individuo Absoluto, ligada a la "cal omnipotente", al resurgir y al transfigurarse del titánico. Una vez más, volvemos al mismo significado.

Una vez precisada dicha correspondencia, vamos a referirnos brevemente al mito de Saturno. Saturno sufrió también la emasculación, tras haberse escondido en el Lazio: pero *Latium* no es otra cosa que una duplicación de la idea de esconderse,[255] es decir, de pasar a un estado de latencia, de ocultamiento, y ya hemos explicado la emasculación como la privación de la potencia, que equivale a la siega prematura de la espiga y a la prohibición bíblica del Árbol de la Vida. Entre los otros significados posibles del mito, podría verse aquí por ello una alusión a la transformación de las relaciones conducentes al Plomo en el sentido de cuerpo corruptible, a partir del propio Saturno devorado y destruido.

En la alquimia encontramos así una duplicación: Saturno es el "antiguo" y el "divino" (o sulfúreo), y al mismo tiempo el Oro *Invertido*, o sea el Plomo, como cuerpo vulgar;[256] es el padre de *nuestra* Piedra, y de la de los Filósofos,[257] donde, según *De*

---

[254] *De Isis et Osiris*, § 56. "Bien" hay que entenderlo en el sentido de la filosofía platónica, es decir, como plenitud, como naturaleza completa y perfecta en sí misma.

[255] *Latium a latere*, VIRGILIO, *En.*, I, 8.

[256] Textos sirios, CMA, II, 158.

[257] "Hic est Pater et Mater eius, sive lapis noster et Philosophorum" (*Códice Plúmbeo*, reproducido en *Introduzione alla Magia*, vol. I, p. 298). En el mismo códice se halla la expresión de Oro leproso, referida a Saturno, en que la lepra, enfermedad que *consume*, representa la infección súbita del Sol en el cuerpo terrestre (*cf.* buitre que corroe, sed que consume). En un texto de ISAAC EL HOLANDÉS (reproducido por "Revue Théosophique", 1927, 379-391) se lee: "De Saturno procede y se hace la piedra filosofal... No hay secreto mayor que éste: que ésta se encuentre en Saturno, ya que en el Sol (vulgar, es decir en las

Pharmaco, se manifiesta como "espíritu cósmico" con una "naturaleza corporal y espiritual comparable al Arsénico", o sea, al poder viril por excelencia. Böhme aclara que Plomo y Oro son producidos por la misma fuerza en Saturno, y añade: "No es la muerte, *sino un término que representa la divina esencia celestial*"[258]

El mismo sentido tiene un jeroglífico que aparece en la cubierta de las *Doce claves,* de Basilio Valentino: en él vemos un Saturno coronado con hoz y compás (símbolo de los dos poderes: la hoz es la disolución, y el compás es el poder de medida, o sea de límite: el *coagula*) sobre un símbolo que comprende los diversos elementos (o fases) de la Obra. Inmediatamente *por debajo* de Saturno, es decir, *latente* (Latium), está ♄, el signo del Azufre, que contiene en su interior el Ave Fénix: se trata de los "Fuegos Primordiales", de los primeros poderes, inextinguibles, ubicuos, suprapersonales, de animación y de individuación.

Por eso, siempre que en los textos se habla de Azufre de Saturno, y similares, se trata de una alusión a estas fuerzas –o dioses-,[259] encerradas en el interior de los órganos que ellas han formado en la "Tierra"; con las que al unirse -como con sus miembros originales- el poder hecho de voluntad –Telesma–, que "aquí está", se hará perfecto. Por eso se ha dicho: "Deja

---

facultades intelectuales de la conciencia externa) no hallamos la perfección que se encuentra en Saturno. En su interior, y en ello convienen todos los Filósofos, el Sol es óptimo... En verdad, Saturno es la piedra que los Filósofos antiguos no quisieron nombrar". "No le falta nada, sino que se le depure de su impureza; hay que purificarlo y luego *dejar fuera su interior,* es decir, su *Rojo,* y entonces será el Sol óptimo" (§ 1, 4, 5, 16-17).

[258] BÖHME, *De Signatura,* IV, 22-23.

[259] *Cf.* DELLA RIVIERA, *Il mondo magico, cit.,* 207-208: "Tal Plomo, y Saturno, es llamado Padre de los demás dioses, es decir de los demás metales mágicos; puesto que todos ellos se hallan desde el principio contenidos en él: pero salen a la luz en la fábrica del mundo mágico, puestos al descubierto y liberados, por el arte espagírica del Héroe".

descender, y todo se cumplirá",[260] y en el *Libro de la Misericordia*: "Rendid el alma a los cuerpos: haced que las almas perezcan en los cuerpos y purificad las almas y los cuerpos lavándolos y depurándolos juntos. Someted las almas volatilizadas a los cuerpos de los que salieron".[261]

Ahora ya esta suficientemente aclarada la razón de la importancia alquímicamente atribuida a las "cenizas", a las "heces", al *caput mortuum* o "precipitado", por la terrestridad que queda abajo, en el fondo del vaso, cuando se opera la separación; la razón por la cual se afirma que en ella está "la diadema del rey", y que en los residuos de la combustión se reconozca la energía del todo. Lo que en apariencia es lo más despreciable de los cuatro entes (véase pág. 73) -el Saturno-, es precisamente lo más precioso. Porque él lleva en sí las "huellas" o "memoria" o "marcas" del *estado de ser*, mientras que los otros modos más sutiles de la entidad humana corresponden a estados ya derivados, de una actualidad ya despotenciada, alegorizados en la interpretación hermética del mito por la Edad de Plata, del Bronce y del Hierro, que sucedieron a los *Saturnia Regna*. "El paraíso esta aún en esta tierra, pero el hombre está lejos de él hasta que no se regenere. Entonces podrá penetrar en él según el modo de su reintegración. Y *allí está el Oro escondido en Suturno* bajo formas y colores despreciables y muy diferentes de su estado normal."[262]

Sobre la base de tales ideas podemos ya ofrecer una síntesis de la condición del ser humano mediante el ideograma ☿, que se encuentra en Della Riviera,[263] cuando sea interpretado de ese modo. Luna y Sol (☉ y ☽) vulgares -o sea, las exteriorizaciones de la conciencia común de vigilia- se hallan en ascendencia -arriba-

[260] BERTHELOT, *Intr. à l'étude...*, cit. 294.

[261] *Textos árabes*, CMA, III, 169.

[262] BÖHME, *De Signatura*, VIII, 47-48.

[263] *Op. cit.*, 24. El mismo signo en J. DEE, *Monas Hieroglyphica*.

respecto a las fuerzas elementales del Cuerpo (simbolizadas en la cruz +), las cuales, por lo demás, en lo profundo (♈ a su vez se halla sobre +), son consideradas en su forma viril primordial, ♈, signo ya explicado como Azufre o Energía divina en estado puro". Con estas tres partes del jeroglífico, sin embargo (♉, +,♈) pueden hacerse corresponder tres sistemas del ente humano, herméticamente considerado. A ☉ y ☾ (Sol y Luna), vulgares, corresponde la cabeza, con el órgano cerebral, que hace las veces del centro de transformación de todas las percepciones en sensibilización, imágenes materiales, con estados afectivos correspondientes. [264] La conciencia de vigilia no ilumina, habitualmente, más que lo que aparece en él.[265]

Por lo que hace a la Cruz elemental, +, corresponde a la zona media del organismo con centro en el corazón, el cual, equivale, pues, al centro de dicha cruz, y por ello, a la Quintaesencia, al Cielo secreto, al Agua de Vida y a todos los demás símbolos referidos al principio del "Espíritu". De modo especial está ligado a esta zona el elemento "vida" en sentido restringido, como vida vibrante, vida-ritmo en comunicación con los ritmos de las fuerzas cósmicas, que se expresan de diversas maneras en el cuerpo físico, sobre todo en el sistema respiratorio y en el circulatorio. De esta región está ya excluída la conciencia común; los procesos que en ella se desarrollan, no los conoce sino a través de "señales" dadas en función de la zona superior (imágenes-emociones).[266] Así pues, esencialmente, el contenido

---

[264] En propiedad, a la luna ☾ le correspondería el aspecto "imágenes"., y al sol ☉ el aspecto "emociones" de la vida de vigilia.

[265] *Cf.* BÖHME, *Morgenröte*, XXV, 109: "El cerebro se halla ciertamente bajo el régimen corporal de este mundo, del que el sentido y el instinto son estados generados... Pero el Espíritu santo y verdadero en el hombre es generado en el cielo Secreto, en el Agua de Vida".

[266] De aquí procede otra variante del simbolismo (*cf.*, por ejemplo, PERNETY, *Dict.*, 322), según la cual la sede central y el corazón se corresponden con el Sol, cuya luz se refleja en la Luna, es decir, en las facultades reflexivas del cerebro y en las repercusiones emocionales. La Luna entonces se convierte en un símbolo

de dicha región está constituído por *traducciones* de procesos que antes se producen inmaterialmente en la región media, manifestando fuerzas aún más profundas.[267]

Así lo atestiguan la enseñanza tradicional, tanto oriental como occidental, acerca de la relación entre el corazón y el intelecto: la dependencia del cerebro respecto al corazón no es la del "sentimiento" (la relación entre corazón y "sentimiento" tiene un carácter profano), sino de formas más "nobles" de las facultades intelectivas, que preceden jerárquicamente a su sensibilización a través del cerebro. Por eso Geber dice: "La inteligencia tiene su sede en el corazón, puesto que es la que preside todos los demás órganos;[268] supervisa todo aquello que llega al cerebro del hombre. Sin ella el cerebro nunca se habría despertado".[269]

A través del centro de la Cruz, que equivale al punto central e inmóvil por el cual se sale de la "rueda de los elementos", se desemboca en la tercera región, la inferior, en correspondencia con ♈. Se trata del lugar de las fuerzas creativas y no humanas, que en el conjunto corporal afloran sobre todo a través del poder de la generación sexual, cuyos órganos se sitúan precisamente en el centro de aquello que corporalmente corresponde a dicha región. Es el fondo, la raíz primera donde nace todo aquello que pasa al acto a través de procesos elementales y que luego se

---

complejo de todas las formas "vulgares" de las facultades. *Cf.* ZOHAR, III, 233 *b*. "El cerebro es el emblema del Agua (= Luna) y el corazón el del Fuego".

[267] *Cf.* BÖHME, *ibid.*, XXV, 101-102: "El cerebro que está en la cabeza es una potencia del corazón: porque todas las potencias van del corazón al cerebro. El cerebro en la cabeza tiene su origen en el corazón".

[268] Se sigue de esto que se trata de la inteligencia profunda, de la que preside los propios procesos del organismo, de los que la consciencia cerebral de vigilia no sabe nada por experiencia directa. Esta fue intuida por Nietzsche, cuando habló de "la gran inteligencia del cuerpo" por oposición a las facultades meramente individuales.

[269] GEBER, *Libro delle Billancie*, CMA, III, 140.

manifiesta en las energías y en las formas internas y externas de la conciencia diferenciada. Es el "mundo tenebroso" de que se habla en una tabla de Gichtel, la "raíz de las almas en el centro de la Naturaleza";[270] tenebroso ya que precede jerárquicamente a toda manifestación (luz). Allí se detendrá el *visita interiora terrae rectificando*.[271]

Hemos creído oportuno añadir a las cuaternarias estas correspondencias ternarias, porque ayudan a comprender algunos aspectos especiales y técnicamente importantes de la enseñanza hermético-alquímica.

---

[270] También en los grabados de FLUDD (Hist. *utr. Cosm. cit.*) en los genitales aparece la inscripción *Centrum*. En otros grabados de la misma obra (*Givry*, tt. 200, 201, 203), donde el hombre aparece inscrito en círculos que destacan sus correspondencias macrocósmicas, el centro de tales círculos queda también en aquellos órganos. *Cf.* AGRIPPA, *De Occ. Phil.*, II, 27, fig. II y III. Según la enseñanza esotérica hindú la sede de la fuerza radical –*kudalini*–, llamada *muladhara*, cae en la misma región.

[271] En el De *Pharmaco*, III, 17, una de las consecuencias del "visita" es el conocimiento de la génesis de los metales, y "el ver y experimentar y la manera de distribuir lo perecedero y huidizo de lo imperecedero y permanente". Se trata precisamente del conocimiento de los procesos profundos que contienen como realidad lo que luego aparece como contingente y fenoménico ante la conciencia exterior.

22. El campo y la semilla

Finalmente y como último escalón antes de pasar a la parte práctica, trataremos de los símbolos herméticos referidos a la Semilla, al Campo y al Florecimiento.

El *Campo*, como *Tierra*, representa generalmente el conjunto de estados y principios contenidos en la corporeidad, es decir, la corporeidad entendida en sentido general. La *Semilla* es, sobre todo, el Oro vulgar, que "separado de la Mina (Vida universal) está como muerto": pero que arrojado a la tierra, o Campo, después de pudrirse, renace, y realiza el principio cuya potencialidad contenía: de donde se deriva un simbolismo posterior extraído del reino vegetal, que nace y surge de las "profundidades" de la Tierra: árboles, flores, jardines, etcétera.

Sobre esta base se nos aparece, ante todo, el sentido interno de la relación entre Saturno y el cultivo de la Tierra y de los Campos, de los que él era el Dios, establecida en los antiguos mitos itálicos: sentido que, el contexto de tradiciones análogas, no puede menos que confirmar.[272] Acerca del símbolo en general podemos citar el *Triunfo Hermético*: "La Piedra es un Campo que el Sabio cultiva, en el cual la Naturaleza y el Arte han puesto la semilla que debe producir su fruto".[273] También podemos considerar la clave octava de Basilio Valentino, en la que se ve un

---

[272] Este simbolismo se encuentra también en las *Leyes de Manu* (XII, 12 y ss.) y en el *Bhagavad-Gîtâ* (XIII, 1—2) se aclara en los siguientes términos: "Este cuerpo, o Kaunteya, se llama el Campo... La sabiduría acerca del Campo y el conocedor del Campo creo que es la sabiduría verdadera". En la tradición cabalística los iniciados "aquellos a los que únicamente se confían los misterios", se denominan "los cultivadores de los campos" (ZOHAR, III, 141 *b*, 147 *b*, etc.), No es necesario recordar aquí el símbolo evangélico, ni mucho menos el eleusino del rito en el cual la resurrección se expresaba por medio de una espiga.

[273] *Cit.* 285, 287.

sembrador, un cadáver tendido sobre las espigas, y un hombre que surge del sepulcro; la leyenda dice: "Una criatura celeste muere, y luego se pudre. Luego los astros, por medio de los elementos, darán de nuevo la vida a este cuerpo putrefacto, para que de él salga un cuerpo celeste... Una vez hecho esto, veréis que el terrestre es completamente consumido por el celeste, y el cuerpo terrestre siempre en corona celestial de honor y gloria".[274]

Junto con la expresión de Böhme: "El azufre es el cuerpo material *al que debemos volver*", porque "todo aquello que tiene cuerpo, tanto material como espiritual, consiste en una propiedad sulfúrea", hay que relacionar estas otras: "El grano de trigo no germina si no se arroja a la tierra", y "Allí donde la semilla, que es vuestra alma, es sembrada, en esa misma región el cuerpo se exaltará".[275] Flamel,[276] tras decir que la "Tierra de los filósofos es su cuerpo imperfecto, y se denomina la Madre, porque contiene y comprende todos los Elementos", habla igualmente de una siembra de Oro en la Tierra bien arada.[277]

Tras la siembra viene el crecimiento, al que se aplica el símbolo de las estaciones: al *negro* invierno sucede la primavera *clara*, el *rojo* verano y el *dorado* otoño, en el cual el fruto está maduro y puede recogerse. Son los cuatro colores tradicionales herméticos utilizados para designar las fases de la Obra Magna. Los tres últimos corresponden respectivamente a la resurrección de los estados de conciencia de entes no-terrestres (☿, ♀ y ☉) contenidos en la Tierra humana, y a su vez dicha resurrección equivale al retroceso *sub specie interioritatis* a través de las tres eras que precedieron a la Edad del Hierro, hasta llegar a áurea de Saturno.

---

[274] *Dodici chiavi, cit.* 55. El mismo símbolo en la octava llave de Michele Mayer.

[275] BÖHME, *De Signatura*, X, 56, VIII, 1, X, 50. *Morgenröte*, XXI, 49.

[276] *Désir désiré*, BPC, II, 317, 315.

[277] La tierra blanca arada corresponde propiamente al cuerpo en el estado de 2. Ver más adelante, Segunda parte, cap. 16.

Para que la semilla dé fruto, como hemos visto, debe morir, romperse y *abrirse*. En relación con este momento de crisis, el proceso se articula en diferentes aspectos, a los que nos referiremos a continuación, a título de esquema teórico-simbólico de lo que, a este respecto, digamos en la parte dedicada a la práctica.

23. La espada y la rosa

Ya sabemos que "semilla" y "Oro vulgar" expresan el principio de la personalidad común, "Rey que no es Rey", porque su "sostenerse sobre los pies" es precario respecto a las fuerzas profundas de la corporeidad sobre la cual -tras la ensimismación y la caída-actúa la ley de los herméticos "Rectores del Destino". Tal principio, también llamado "Azufre *exterior*", continúa, sin embargo, expresando a su modo el principio de la virilidad; en términos de Böhme, es la "propiedad de Marte" que se une al "furor sulfúreo" en el "cuerpo elemental" (terrestre). A esto podemos referir el Hierro (= Marte) de la última de las edades hesiódicas y el ideograma general de la virilidad y de la posición erecta, constituido por la verticalidad del trazo.

Pero en el estado de caída hay que considerar también la fuerza instintiva y ardiente de la virilidad animal, transfusa en la misma alma: es uno de los sentidos del León Rojo, o Dragón de Fuego, con frecuencia asociado precisamente al Hombre terrestre. El hermético "Mata al vivo" hay que referirlo lo mismo a esta fuerza que al elemento Marte, y al Oro contenido en la prisión de los sentidos impuesto por el cuerpo. A ello hay que añadir la metáfora del abatimiento, del golpear, del hacer caer; y el fuego del Arte que actúa en esta fase recibe como símbolo cualquier instrumento apto para producir una herida: *espada*, lanza, tijeras, martillo, hoz, etcétera.

De la condición de actividad propia al común estado de vigilia se pasa entonces a una condición de pasividad: el macho, |, queda abatido en —, que es también uno de los signos de las Aguas ("disolución"). Esta es la siembra del germen y su "morir" en la Tierra. Podemos también hacer notar que la vertical, que representa el estado anterior, forma una cruz +, cosa que no carece de relación con el hecho de que algunos autores herméticos hayan podido tomar como símbolo de la Obra la propia crucifixión cristiana. Y esto con tanta más razón cuanto que, en ésta, figura un *lanzazo* en el costado, o sea, en el lugar donde, según Gichtel, la serpiente del *"spiritus Mundi'* encierra en su anillo al Sol (principio del Yo); y cuanto que del costado herido surjan agua *blanca* y sangre *roja*, que herméticamente designan las dos fases sucesivas de la Obra; así como que, ya antes de su crucifixión, Cristo, según la tradición, sufrió injurias vestido con una *púrpura burlesca*,[278] que, luego, Herodes hizo sustituir por una túnica *blanca*; y, finalmente, por el hecho de que la crucifixión siguió el "descenso a los infiernos", al seno de la Tierra, y luego la resurrección y la ascensión.

De la condición negativa - el principio de la virilidad resurge en una tercera fase bajo la forma de una actividad pura y trascendente, capaz de inducir el renacimiento de todos los elementos: metáfora de la exaltación, de la elevación, del ponerse en pie, que puede expresarse con una vuelta a la verticalidad |. Esta misma es la dirección ascendente de las fuerzas de crecimiento en el reino vegetal, las cuales, *rota* la Tierra, se elevan hacia el Sol en forma de hierbas y plantas.[279] En el *Aire* se produce la *Flor* y en las otras "estaciones filosofales" después del *negro* invierno. El fruto maduro de otoño significará la *fijación* del principio solar resurgido.

---

[278] Conviene traer aquí a colación la alegoría alquímica de Bernardo Trevisano, de un Rey que se cubre con la "púrpura de una falsa realeza"; y la de ZÓSIMO (CAG, II, 112, 116, 207) del Hombre igualmente revestido de rojo que sufre el baño en una solución negra, junto con "el ardor de la sangre y de los huesos del dragón". El rojo en este caso es el color del Oro vulgar humano.

[279] Sobre esto *cf.* A. REGHINI, *Le Parole Sacre e di Passo*, pp. 85-92; J. J. BACHOFEN, *Urreligion und antike Symbole cit.*, I, pp. 279, 372, etc. Destaquemos, de pasada, que los mitos de la emasculación pueden considerarse también desde otro punto de vista, cuando las partes viriles significan el Marte vulgar, el aspecto material de la fuerza. Cortadas, y caídas a tierra o al mar, producen, como el semen, una planta (la almendra de Atis) o una diosa –Venus– bajo cuyos pasos por la Tierra, surgen de nuevo las flores. Asimismo, la Tierra produce una vegetación al contacto con la sangre del toro muerto por Mitra...

El símbolo rosacruciano de la Rosa que se abre en el centro de la cruz (transformación de la interferencia de los dos principios | y — en punto de caída, y de neutralización en punto vivo y radiante en el centro de los cuatro elementos) revela así todo su sentido. Por otra parte, pertenece también al hermetismo: la "Puerta Hermética" de Roma conduce exactamente al *"Ad Rosam per Crucem"*,[280] y la Rosa y la Flor, símbolo común en otras tradiciones esotéricas, [281] se encuentra en los textos técnicos de alquimia.[282]

Sin salir del simbolismo vegetal, la apertura iniciática tuvo una expresión característica en el *Loto*, flor cuya corola O se abre sobre un rallo vertical | que atraviesa y supera el nivel de las aguas —, mientras que sus raíces han crecido del limo abisal de la Tierra Húmeda. Así, en el conjunto, se obtiene el jeroglífico ⚥ que en el hermetismo egipcio significó "llave de la vida", "viviente", "vivir", con referencia a la resurrección y a la inmortalización: en un bajorrelieve de la XII dinastía la entrega de la "llave de la vida" a un rey por parte de una diosa, va acompañada de las siguientes

---

[280] P. BORNIA, *La Porta Magica*, Roma, 1915, p. 31.

[281] En Apuleyo, por medio de una rosa el que había degenerado en animal se reintegra a su estado original: en el catolicismo, Maria, *Janua Coeli*, es llamada la Rosa Mística; en un poema medieval. *Il Fiore* (*cf.* VALL, *Il Lenguaggio Segreto dei Fideli d'Amore*, Roma, 1928, p. 49, 119) se menciona un beso a la rosa dado con los brazos en cruz. En esta obra de Valli, p. 249, *cf.* el dibujo de Francisco de Barberino. donde entre los personajes que en parejas (macho y hembra) figuran los siete grados que conducen al Andrógino, los primeros se representan atravesados de flechas mientras que los últimos llevan rosas. Y "Amor" que levanta el vuelo en correspondencia con el Andrógino, lleva también rosas. *Cf.* el libro *El misterio del Grial.* v también L. CHARBONNEAU-LASSAY, *Le Symbolisme de la Rose* en "Regnabit", nº 10. 1926.

[282] *Cf.*, por ejemplo, TREVISANO. *Phil. Nat. Mét.*, 428; ZACARÍAS. *Phil. Nat. Mét.* 536, 537: *Libro di Cratès*, *CMA.* III. 56; BÖHME. *De Signatura*, VIII. 52; VII, 36; XV. 35. "El Cuerpo exterior no es más que un espinoso zarzal, en el cual no es posible encontrar rosas"; "...rosas que florecerán después del invierno"; "Del mismo modo que la flor surge de la tierra, la imagen de luz surge tras la muerte"; "Subyuga el Yo y prospera como una flor en el espíritu divino"; etc.

palabras: "Yo te entrego la vida, la estabilidad, la pureza, como Ra (el dios solar), eternamente".[283]

Por otro lado, podemos citar, en la obra hermética, textos alquímicos árabes acerca de esta virtud del *tallo*. En ellos se habla de una cosa "verde, llamada mirto, que sale en gemas de una base, llamada *tallo* del mirto", y se dice: "Mezclad el tallo con la Piedra... Este tallo quemará su alma y consumirá las imperfecciones combustibles de la Piedra. La libera de todos los principios que la corrompen; *devuelven la vida al Muerto*; pero el Fuego no tiene poder sobre él".[284]

Citemos a Böhme; "La cualidad-liberación pasa a través de la cualidad astringente (por asimilarse al estrechamiento de la dura Tierra), lacera el cuerpo y se marcha fuera del cuerpo, fuera y por sobre la Tierra y avanza así, tenazmente, hasta que despunta un largo *tallo*... Las cualidades se inflaman sobre el tallo y lo atraviesan:[285] dan lugar en él a colores, según el modo de su cualidad". Sobre el tallo florece luego "un capullo, *que es un nuevo (estado) del cuerpo, semejante a aquel que, primitivamente, hundía su raíz en la Tierra, pero que ahora posee una forma más sutil'*[286]

Y para la asociación, más general, entre flores, resurrección, primavera alquímica, nos limitaremos a reproducir las sugestivas palabras de Ostano acerca del "Misterio extraño y terrible":

---

[283] En el conocidísimo *mantra* hindú: "Om mani padme -Om, la gema en el loto", la gema es un símbolo mineral que se puede asimilar al de la Piedra de los Filósofos. *Cf.* también *Brhad-haranyaka-Upanishad*, II, iu, 6: "El aspecto del espíritu incorpóreo es como de una lengua de fuego, o de una flor de loto, o de un súbito relámpago".

[284] Tratado sobre el Mercurio Occidental, CMA, III, 215.

[285] A notar la correspondencia con la enseñanza esotérica hindú acerca del florecimiento de los *lotos (sphota)*, o sea de los centros de vida (*cf.* p. 70 y ss.) en vertical a medida que le alcanza la corriente de regeneración ascendente (el tallo). *Cf.* J. EVOLA, *Lo Yoga de la Potenza cit.*, parte II.

[286] *Morgenröte*, VIII, 48, 52, 56.

"Cuando lo más alto desciende a lo más bajo, y lo más bajo se eleve a lo más alto; cuando las aguas benditas desciendan para visitar a los muertos tendidos, encadenados, arrojados a las *tinieblas* y a la *sombra* del Hades; cuando el Fármaco de Vida los alcance y los *despierte*, sacándolos del *sueño*, en su propio lugar; cuando penetren las *Aguas nuevas...*, surgidas en medio del Fuego... Las aguas, al llegar, despiertan los cuerpos y los espíritus encadenados e impotentes..., poco a poco éstos se desarrollan, ascienden, y se visten de colores vivos y gloriosos, como las *Flores en la Primavera*".[287]

Son variantes de un simbolismo primordial ligado a la vegetación, en el que aparece también el *Árbol*, entendido de un modo diferente. Primordial, porque en la tradición hiperbórea y nórdico-atlántica el signo Y, "Hombre-cósmico-con-los-brazos-elevados" (véase pág. 29): el Hermes de Cillene) -que tuvo también el valor de "resurrección", "boca que se abre", "sol naciente", "Luz de los *Campos*"- es ideográficamente equivalente al signo del "Árbol" que nace de la Piedra o "Roca" y en una de sus variantes da lugar al jeroglífico que en egipcio significa el "doble", es decir, los estados sutiles de la corporeidad, jeroglífico constituido por dos brazos alzados.[288] La convergencia entre estos elementos que se ordenan en un conocimiento único se han transmitido a través de los siglos, hasta el hermetismo, es perfecta.[289]

---

[287] CAG, I1, 292-293; *cf.* ZÓSIMO, *ibid.*, 122-123.

[288] *Cf.* H. WIRTH, *Der Aufgang der Menschheit* cit., pp. 99, 206, etc.

[289] Notemos de pasada que el simbolismo de la vegetación del Árbol puede extenderse al jardín y al bosque. El primero, cuya importancia en las escrituras bíblica y coránica a nadie se le escapa, se encuentra con frecuencia en el hermetismo como "jardín de los Filósofos" y "jardín de las Hespérides", sobre el cual, entre otros podemos citar a D´ESPAGNET y PERNETY (*Dict.*, 207 y *Arc. Herm. Philos. Opus*, 52-53), por las importantes referencias al dragón, que le guarda, a los simbólicos colores de las flores que hará nacer el "Fuego de la Naturaleza" secundado por el del Arte, y, finalmente ya una Fuente de aguas limpísimas, que nace de siete caños. En el Corán (II, 23), el jardín, bajo el cual corren arroyos, tiene frutos que "son aquellos de los que se alimentaba en el principio", y los elegidos

24. El Tallo, el Virus y el Hierro

En los alquimistas griegos hay un término técnico que expresa la potencia del "tallo": se trata de "ios" e "iosis", por consiguiente, será aquello que se deriva de la acción del "ios". El "ios", en sí mismo, tiene el mismo sentido que *virus*, y la *iosis* es el estado de *virulencia*, entendido como la propiedad activa y específica que se desarrolla en algunos metales al oxidarse. Por otra parte, la oxidación, por lo general, va acompañada de un *herrumbramiento* de los metales, de manera que a través del color *rojizo* de la herrumbre se obtiene una alusión a la naturaleza viril y solar de la nueva fuerza que se manifiesta en el metal.[290] Esa es la razón de que a la iosis se le dé el sentido de la purificación por medio de la "separación",[291] es decir, de energía que reintegra el propio poder separándose de las amalgamas corporales. Al aspecto violento de fuerza trascendente que emerge en el momento de la separación es, luego, referido al valor de "veneno" o de "ácido disolvente" que a veces asume el propio término *ios*. Ya que hemos aludido a la herrumbre y a la oxidación vamos a referirnos también a una variante del simbolismo vegetal: al oxidarse, al experimentar la iosis, se producen en los metales unas *flores*: es la equivalencia de las corolas simbólicas que se abren en el *tallo*.

En este sentido la iosis es una virulencia que es virilidad. Notemos, por otro lado, que si "ios" equivale a *virus*, la raíz vir

---

que en él morarán eternamente encontrarán en él "esposas inmaculadas", cuyo significado se entenderá si nos remontamos, por ejemplo, a las "mujeres" por las cuales cayeron los ángeles.

[290] El símbolo de la herrumbre se conservó en toda la literatura alquímica y, especialmente, se interpreta desde la perspectiva de su color rojizo.

[291] *Cf.* CAG, II, pp. 176, 196, 197, 198.

(véase *vis, virtus*) es idéntica a la del sánscrito *vîrya*, término técnico de la doctrina hindú de la regeneración, cuyo sentido corresponde por entero al que se oculta tras la iosis alquímica. En realidad, *vîrya*, en la doctrina hindú, y especialmente en el budismo, es aquella energía puramente espiritual que, una vez aislada, es capaz de reaccionar sobre el modo habitual de los elementos, desarrollando una acción que ya no forma parte de la naturaleza, y que podría asimilarse con la ejercida por el "Fuego innatural" y el "Fuego contra Natura", de los cuales explicaremos el sentido que les atribuyen los textos herméticos. Para aislar la *vîrya* es necesaria la energía, que permite la renuncia del deseo (*canda rîddhipâdah*), tras encaminarla hacia la consecución del poder espiritualmente viril capaz de llevar los elementos del ser a un estado que ya no pertenece al flujo (*vîrya rîddipâdah*).[292] El surgir del tallo sobre las Aguas y la Tierra, y su posterior apertura en flores, alumbran herméticamente estos amplios sentidos.

El carácter viril del poder puesto al servicio de las resurrecciones (*virus, virtus, vîrya, vis, vir*) ha hecho que en el hermetismo los elementos que, aun en su estado vulgar, muerto o terrestre, constituyen una aproximación o una trasposición suya, hayan sido considerados con frecuencia como los más aptos para la preparación del Oro filosófico. Por eso se dice que Marte (el dios del hierro y de la guerra) es un metal de cuyo "tinte" -si se consigue su extracción (es decir, el elemento viril-guerrero del hombre si se consigue separarlo de su condición corpórea)- se podría obtener Oro.[293] El Braccesco vuelve una y otra vez sobre el hierro: "El Hierro se llama hombre (*vir*), porque tiene el alma flexible y el espíritu sano, porque su raíz es pura: es joven y fuerte porque es duro y fuerte". De Marte -dice- "depende la perfección del Elixir", puesto que posee "la potencia

---

[292] *Cf.* T. STCHERBATSKY, *The central Conception of the Buddhism*, Londres, 1923, p. 50; C. PUINI, *Intr. al Nahaparinirvanasutra*, Lanciano, 1919, pp. 11-13.

[293] BÖHME, *De Signatura*, VII, 32.

más próxima a convertirse en Elixir"; es un "Azufre fijo";[294] su propiedad no se encuentra en ninguna otra sustancia, "ya que aquél, en su cal, *supera al Fuego, y no es superado por él*, sino que, admirablemente, se recrea en él, alegrándose de él".

Como Senior, también él hace hablar al simbólico Hierro: "Yo el Hierro, yo el fuerte, todo bien viene por mí; y la *Luz*, el secreto de los secretos, por mí se genera". Por poseer la voluntad más fuerte que los demás cuerpos, ha sido elegido por los Sabios.[295]

Naturalmente, tal y como se encuentra en el hombre, el Marte tiene partes impuras, se deja "inflamar", se resiste demasiado a la "fusión" y "carece de brillo" (Francis Bacon, Geber): tendrá que ser lavado y "sutilmente triturado". Sin embargo, el poder heroico, la virtud espiritualmente guerrera, que se oculta bajo el símbolo de este metal y de este dios, se reconoce como uno de los mejores principios y de las mejores "materias primas" para la Obra; no puede menos que confirmar el espíritu de la tradición a la cual pertenece esta misma obra y sobre la que ya hemos hablado repetidamente.

Para terminar añadiremos que, en épocas más recientes, ha vuelto el simbolismo de los filósofos a una dureza y a una infrangibilidad obtenida del hierro mediante su tratamiento con *Agua y Hierro*; nos referimos al *acero*. El Cosmopolita compara el acero de los Sabios a la simbólica virtud del Imán, que aquí se entiende como la dureza trascendente del Espíritu dominador y del Azufre incombustible que somete y atrae a las fuerzas mercuriales en estado libre, como la hembra al macho. Y el Filaletes dice: "Nuestro acero es, pues, la clave de la Obra, sin el cual es completamente inútil encender la lámpara y el hornillo filosofal. Es la fuente del Oro, es el espíritu más puro de todos, es un fuego infernal y secreto, y es, también, en su género,

---

[294] Para el sentido de esta expresión, véase pp. 66-67.

[295] BRACCESCO, *Espositione*, pp. 65 *a*, 58 b, 59 *a*, cf. 63 *a*.

extraordinariamente volátil. Es, finalmente, el milagro del mundo y el conjunto de las virtudes superiores en los seres inferiores".[296]

Ya sólo nos resta conocer concretamente las operaciones que sobre la base de tal fuerza hay que realizar para alcanzar aquella existencia prodigiosa que, tras los enigmas y las alegorías, nos prometen los Maestros herméticos, "herederos de la sabiduría de los siglos".

---

[296] *Introitus Apertus*, § III.

SEGUNDA PARTE
"Arte Regia" hermética

Introducción:
Realidad de la Palingenesia

Antes de que comencemos a tratar concretamente del "Arte Regia" conviene insistir en los términos más claros en su carácter de *realidad*.

Estaría muy lejos de comprender la esencia de este arte quien, confundido por la analogía con expresiones místicas y religiosas, como "muerte y resurrección", "renacer", "mortificación", etc., creyera que todo se reduce a algo "moral", vagamente espiritualista o, acaso, "místico".

Y, de hecho, atraído por tales expresiones, casi todo el mundo tiende a situarse en un punto de vista semejante. Pero desde el principio ya hemos observado que el mismo hecho de que la doctrina hermética se haya disfrazado siempre e ininterrumpidamente, incluso en un período en que hablar de palingenesia en tal sentido "místico" no constituía una "herejía", indica que en realidad se trataba de algo muy diferente: era algo que por sí mismo exigía esa ley del *silencio*, observada ya rigurosamente desde los Misterios paganos.

Y basta nuestra afirmación (véase págs. 11 y 12) del origen de la tradición hermética en una rama "regia" y "heroica" del tronco primordial para comprender sin reservas su ocultamiento. Pero es que hay además otro argumento que podríamos sintetizar en la máxima siguiente: "El Sabio no debe turbar, con su Sabiduría, la mente de los ignorantes"; máxima que debió de observarse más rigurosamente aún en un período en el cual el número de "ignorantes" había llegado a ser casi la totalidad.

Para explicarnos, nos referiremos a una enseñanza tradicional fundamental ya citada: la concerniente a las *dos naturalezas*.

Existe la naturaleza de los inmortales y la naturaleza de los mortales; la región superior de "lo que es" y la región inferior del "devenir". La idea de que ambas ramas pudieron haber sido en el origen una misma cosa (según el pensamiento de Hesíodo, para el cual "uno es el linaje de los dioses, uno el de los hombres, ambos procedentes de una sola madre") y de que la dualidad proceda de una caída de los unos, o de la ascensión de los otros (según la concepción hermético-heraclítea del dios como "hombre inmortal" y del hombre como "dios mortal"), no excluía que la diferenciación existiera de hecho, y que las naturalezas fueran efectivamente *dos*.

Se consideraba posible el paso de una a otra, pero sólo a título excepcional y condicionada a una transformación esencial efectiva, positiva, de un modo de ser a otro modo de ser. Dicha transformación se conseguía por medio de la *iniciación*, en el sentido más restringido del término. Mediante la iniciación algunos hombres escapaban de una naturaleza y alcanzaban la otra, dejando así de ser hombres. Su aparición, en otra forma de existencia, constituía, en el plano de ésta, un acontecimiento rigurosamente equivalente al de la generación y el nacimiento físico.

Así pues, aquellos hombres renacían, eran re-generados: así como el nacimiento físico implica la pérdida de la conciencia del estado superior, así la muerte significa la pérdida de la conciencia del inferior. De ahí que, en la medida en que se pierde toda conciencia del estado superior (o sea, y según los términos que ya conocemos, en la medida en que sobreviene la "identificación", la ensimismación), en esa misma medida la pérdida de la conciencia del estado inferior (la humana), provocada por la muerte y por la desintegración del sostén de tal conciencia (del cuerpo), equivale a la pérdida de *toda* conciencia en sentido personal. Al sueño eterno, a la existencia larval del Hades, a la disolución pensada como destino de todos aquellos para quienes esta vida y sus formas constituyen el principio y el fin; a todo ello, no escaparán sino aquellos que ya en vida supieron orientar su conciencia hacia el mundo superior. Los

Iniciados, los Adeptos, se hallan al final de ese camino. Conseguido el "recuerdo", según la expresión de Plutarco, se hacen libres, se desligan de sus ataduras, y, coronados, celebran los "misterios" y contemplan cómo sobre la tierra la masa de los que no son iniciados ni son "puros" se hunden y perecen en el fango y en las tinieblas.[297]

En realidad, la enseñanza tradicional ha subrayado siempre la diferencia existente entre supervivencia e inmortalidad. Pueden concebirse varias formas de supervivencia, más o menos contingentes, de supervivencia por tal o cual principio o complejo del ser humano. Pero eso no tiene nada que ver con la inmortalidad, la cual solo puede pensarse como inmortalidad "olímpica", un "convertirse en dios". Tal concepción permaneció en Occidente hasta la Antigüedad helénica. Precisamente de la doctrina de las *dos naturalezas* procedía el conocimiento del destino de una muerte, o de una supervivencia larval y precaria para unos, y de una inmortalidad condicionada (condicionada por la iniciación) para otros.

La vulgarización y la abusiva generalización de la verdad válida exclusivamente para los iniciados (vulgarización que se inició en algunas formas degeneradas del orfismo y que luego tuvo amplio desarrollo) fue la que dio nacimiento a la idea de la "inmortalidad del alma", la misma para todas las almas y libre de todo condicionamiento. Desde ese momento hasta hoy, esa ilusión se ha perpetuado en las diversas formas del pensamiento

---

[297] En STOB., *Flor.*, IV, 107. Según el *Corpus Herm.* (XXII, 3) el hombre tiene la *esperanza* de inmortalidad; ya hemos dicho que no todas las almas humanas son inmortales, sino sólo aquellas que se convierten en "daimons" (X, 7, 19). Lo decisivo, en este caso, es su grado de identificación con ellos. Pitágoras, al parecer, admitía que "el alma en algunos casos puede hacerse mortal, cuando se deja dominar por las Erinias, es decir, por las pasiones, y hacerse de nuevo inmortal cuando se libera de las mismas, que son siempre las pasiones" (*apud,* HIPÓLITO, *Philos.*, VI, 26).

religioso y "espiritual": el alma de un mortal es inmortal; la inmortalidad es una *certeza*, no una posibilidad problemática.[298]

Una vez establecido el equívoco, pervertida la verdad en tal sentido, la iniciación no podía presentarse ya como necesaria: desde ese momento dejaba de ser admisible su valor de operación real y efectiva. Se olvidó paulatinamente toda posibilidad verdaderamente trascendente, y cuando se hablaba ya de "renacimiento", su sentido se agotaba como mucho en un hecho sentimental, en un significado moral y religioso, en un estado más o menos indeterminado y "místico".

Desde entonces hubiera sido inútil tratar de hacer comprender, durante los siglos dominados por tal error, que era posible *algo diferente*, que aquello que algunos consideraban como una conquista segura y otros como una esperanza gratuita es un privilegio, ligado a un arte secreto y sagrado; y habría sido inútil querer hacer entender que, del mismo modo que en el mundo de los determinismos de la materia y de la energía, también en las operaciones de este arte, la moral, la fe y las devociones y todo lo demás son elementos ineficaces respecto a la caducidad humana ("como los dioses hay que ser, no como los hombres de bien: no de hallarse exento de pecado, sino de convertirse en dios se trata", había dicho ya Plotino);[299] o declarar la relatividad de todo aquello que es especulación y moral humana para revelar el punto de vista de la *realidad* en su trascendencia respecto a toda construcción mortal;[300] hablar de

---

[298] Por lo que se refiere al cristianismo, esto representó en sus orígenes un aspecto de *doctrina trágica de la salvación* es la idea -llevada a su clímax luego por Lutero y Calvino- de que el hombre terrenal se halla en una encrucijada entre salvación eterna y perdición eterna.

[299] *Enneadas*, I, II, 7; I, II, 6.

[300] Desde el punto de vista de las disciplinas profanas se expresa así en un texto alquímico árabe: "El que conoce esta (nuestra) ciencia, aunque sólo sea superficialmente, y merezca ser uno de sus adeptos, es superior a cualquiera de los demás espíritus que más se hayan distinguido en todas las demás ciencias. De hecho cada hombre instruido en una ciencia cualquiera, y que no haya

Dios como de un símbolo para *el otro* estado de conciencia; de la espera del Mesías como de la *melior spes* alimentada por quien buscaba la iniciación; o hablar de la "resurrección de la carne" como de otro símbolo para la regeneración en los principios mismos del organismo que puede realizarse ya en vida...

¿Y cómo hubiera sido posible evitar el más triste de los equívocos utilizando las mismas palabras y los mismos símbolos primordiales? Mucho mejor era hablar de Mercurio y de Azufre, de metales y de cosas desconcertantes y de operaciones imposibles, óptimas para atraer la atención ávida y la curiosidad de aquellos "sopladores" y de aquellos "quemadores de carbón" de los que luego habría de nacer la química moderna, e inmejorable igualmente para no dejar sospechar a los demás que, tras las raras y enigmáticas alusiones, se trataba, en esencia, de un simbolismo metalúrgico referido a cosas del espíritu, para hacer creer, por el contrario (como todavía hoy creen los espíritus positivos que hacen la historia de la ciencia), que se trataba una alegoría mística referida a cosas metalúrgicas y realizaciones de una ciencia natural y profana por oposición al terreno sobrenatural de la fe y del dogma.

Por lo que toca a lo que íbamos diciendo, sobre esta base se comprende la oportunidad de la ocultación, hasta el punto de deplorar que ésta no haya sido tan completa como para impedir en nuestros días determinadas interpretaciones "espiritualistas"

---

consagrado una parte de su tiempo al estudio de alguno de los principios de la Obra, en teoría o en la práctica, posee una cultura intelectual absolutamente inferior. Lo más que puede hacer es alinear palabras, construir frases y concreciones de su imaginación, e investigar cosas que no tienen una existencia propia y que sin embargo él cree que existen fuera de él". (Tratado sobre el Mercurio occidental, CMA, III, 214.) El mismo Aristóteles, a pesar de ser considerado como el "más brillante de los seres no luminosos", no podría compararse con los seres que han alcanzado el estado incorpóreo (CMA, textos sirios, II, 264). Y en el *Corp. Herm.*, XVI, 2, se dice: "Los griegos, oh Rey, poseen formas nuevas de lenguaje para producir argumentos, y su filosofía es sólo un rumor de palabras. Pero nosotros no utilizamos palabras, *sino la gran voz de las cosas*.

de la alquimia, que, al no sustraerla a la incomprensión inofensiva de los historiadores de la ciencia, sino para llevarla al plano místico-moralista e incluso al psicoanalista,[301] no han hecho más que salir de la sartén para caer en las brasas.

Por el contrario (y quizá cuanto hemos dicho ya a propósito de las facultades o metales "vulgares" lo haya hecho presagiar), quizá quien desde una actitud positivista considere que toda facultad psíquica y espiritual se halla condicionada y determinada por factores empíricos (orgánicos, de herencia, ambientales, etc.) y quien desde el nihilismo nietzscheano haya llegado a la idea de la relatividad de todos los Valores y a la gran renuncia, a la "renuncia a creer", es quien se encuentra mejor situado hoy para comprender el alcance efectivo del trabajo hermético e iniciático.

Aquí el "renacimiento" no es un sentimiento o una alegoría, sino un hecho concreto que no podrá comprender quien no haya pasado a través del Misterio. Su verdadero sentido -como señala justamente Macchioro-[302] se lo podría vislumbrar, acaso hoy, abandonando las concepciones espiritualistas-religiosas y acudiendo a lo que queda en los pueblos primitivos, como residuos en degeneración de una enseñanza superior primordial. "Para ellos -escribe Macchioro- la palingenesia no es una alegoría, sino una realidad, tan real, que con frecuencia se la considera como un hecho físico y material. El misterio no tiene como finalidad enseñar, pero renueva al individuo. No hay ninguna razón que justifique o imponga esta renovación la palingenesia ocurre y eso es todo".[303]

Y del mismo modo que si se hallan presentes las circunstancias necesarias para que se produzca un fenómeno

---

[301] Es lo que ha hecho de manera sistemática el psicoanalista C. G. JUNG en su obra *Psicología y Alquimia*, a base de "inconsciente", de "proyecciones del inconsciente" y demás.

[302] V. MACHIORO, *Heráclito*, Bari, 1922, pp. 119-120.

[303] Ibid.

físico, éste se produce de manera segura; así, cuando se dan las circunstancias necesarias para que se produzca la iniciación, el renacimiento se produce de un modo igualmente seguro e igualmente independiente, de todo posible merecimiento. Por eso en Eleusis, se podía afirmar, coherentemente, que un bandido, si era un iniciado, participaba de la inmortalidad, mientras que un Agesilao o un Epaminondas, si no eran iniciados, no habrían tenido después de la muerte un destino mejor que el de cualquier otro mortal. Si ya en aquel tiempo Diógenes pudo escandalizarse ante semejante punto de vista, cuántos más estarían hoy en condiciones de imitarlo.

Pero, por el contrario, quien haya abandonado la concepción irrealista acerca de aquello que no es corporal y haya sido capaz de considerar también al espíritu como una fuerza objetiva - fuerza agente, reaccionante, necesitante, determinada y determinante-, no hallaré que la cosa sea más contra natura de lo que lo sea el hecho de que, si a un bandido, a Agesilao y a Epaminondas los sometiéramos hoy a un circuito de alta tensión, la corriente no perdonaría ciertamente a Epaminondas y Agesilao, por su *virtud*, para fulminar, por el contrario, al bandido a causa de sus culpas.

Como a cualquier otra forma de método iniciático, oriental u occidental, al Arte Hermético le es propio separar al individuo de los "valores humanos" para plantearle, por el contrario, el problema del espíritu en términos de *realidad*. Pero entonces el individuo se encuentra ante su cuerpo, que es el nudo fundamental de todas las condiciones de su estado. La consideración de la relación entre el principio-yo, en su doble forma de conocimiento y de acción, y la corporeidad (en el sentido total de este término), y la *transformación* de dicha relación por medio de operaciones o actos muy concretos, eficaces y necesarios, por esencialmente interiores, constituye la esencia del Arte regio de los maestros herméticos. Que se dirigirá en primer lugar a conquistar el principio de la inmortalidad, y luego a trasponer a la naturaleza estable, no ya caducos, los elementos y las funciones sobre los cuales se fundamentaba la aparición humana en la región del devenir. Flamel dice: "Nuestra Obra es la conversión y el cambio de un ser en otro ser, como de una cosa en otra cosa, de la debilidad en fuerza..., de la corporeidad en espiritualidad".[304] Y Hermes agrega: "Convierte y cambia las naturalezas, y encontrarás lo que buscas".[305]

Sólo nos quedan por estudiar las operaciones concretas técnicamente comprendidas en esta Gran Obra.

---

[304] FLAMEL, *Dés. désiré*, § VI.

[305] Ibid.

1. La Separación

Según opinión común de los textos, la operación inicial del Arte Hermético es la *separación*. En el lenguaje cifrado se designa con diversidad de expresiones, a veces para confundir al profano y otras para indicar los diversos aspectos que comprende. Tendremos oportunidad de ver por qué son equivalentes a este respecto los términos separación, disolución, extracción, preparación del Mercurio de los sabios, preparación de las Aguas corrosivas, muerte, reducción a la Materia prima, ablución, conjunción, desnudamiento, etcétera.

Plantearemos el problema técnico en los términos de Sendivogio, según el cual el arcano de la Obra se contiene en el Azufre de los Filósofos, el cual, sin embargo, se halla en una "tenebrosísima cárcel", cuyas llaves guarda Mercurio. [306] Mercurio, a su vez, se halla bajo la custodia de Saturno. Para entenderlo no hay más que relacionar tales símbolos con los significados que se refieren a los diversos entes del hombre.

Se trata de emancipar la forma sutil de vida (Mercurio), que une Alma y Cuerpo, de Saturno, que es el mismo cuerpo físico, el cual en estado de ensimismamiento atrae y *fija* en sí al Mercurio del modo específico indicado por ☿ (en oposición a ☿). Entre los diversos significados de la alegoría hermética de Saturno que amputa los pies a Mercurio (se la encuentra, por ejemplo, en el Abraham el judío), uno es éste precisamente. El Mercurio se convierte así en un Mercurio personalizado, no libre respecto a su propia individualidad, vinculado y apeado de la posibilidad de asumir cualquier otra forma que no sea la que le es propia como

---

[306] SENDIVOGIO, *De Sulphure, cit.,* 157, 171, 196, 219.

vida, una vida dada y concreta. En ese sentido Mercurio se encuentra bajo la custodia de Saturno.

El vínculo de ☿ se transmite a ☿, y así la actividad que ya manifiesta el influjo de un principio superior ♈ permanece encauzada en las vías del cuerpo y sometida a condiciones que éste dicta. Así es como incluso el principio Yo, o Azufre, queda también sometido, hasta el punto de permanecer condicionado en la forma de una individualidad dada, que es la individualidad de aquel cuerpo concreto. Las llaves de tal prisión las posee también Mercurio, sometido a Saturno.[307]

Herméticamente, separar quiere decir extraer el Mercurio del cuerpo; una vez suspendida la acción del organismo animal sobre la fuerza vital, quedan también libres virtualmente los demás principios. Por eso se dice que Mercurio es la única llave "capaz de abrir el palacio del rey, que está cerrado", o como dice también Filaletes, "de romper las barreras del Oro".[308] Gracias a la separación, el Mercurio vuelve a ser libre, al estado de posibilidad vital indeterminada (es lo que se conoce por "conversión de la Materia Prima"), y así el Azufre interno encuentra abiertas las vías de toda acción trascendente y de toda transformación.

Este es el esquema. Ahora queremos encontrarlo en cualquier texto. Ahora comprendemos mejor lo que quiere decir "purificación y animación del Mercurio común". Con términos

---

[307] *Cf.* el pasaje ya citado de DELLA RIVIERA (*Mondo Magico*, 19) donde se dice que la divina virtud, al infundirse en los individuos, "pierde en ese mismo momento su naturaleza universal..., por lo cual es vano buscarla fuera del Centro contenido en el Centro (humano). Este Centro ha sido llamado Antro de Mercurio; y el espíritu no es otra cosa que el don devuelto a su interior: y es finalmente el propio Mercurio hijo de Maia, identificada en la antigua teología como la tierra misma". *Cf.* J. BÖHME, *De Signatura*, VIII, 34: "El artista debe conocer bien el Azufre, que es la base de sus operaciones, y debe liberarle a él y al Mercurio, prisioneros de Saturno. Sólo entonces el Niño se podrá manifestar".

[308] SALMON, *Intr. alla BPC*, p. cxvu.

semejantes a los de Sendivogio, Pernety nos habla de un fuego escondido en el Fuego natural (es el estado profundo de la fuerza-Yo) que hay que reanimar, liberándolo de la prisión en la que se halla encerrado: "El cuerpo es el principio de la fijación y priva a los otros dos principios (Espíritu y Alma) de la volatilidad (la posibilidad libre propia de todos los estados no corpóreos); el espíritu (o sea, el Mercurio) proporciona la *entrada* abriendo el cuerpo; y el agua, por medio del Espíritu (por Agua hay que entender aquí aquello que "al liberar" al espíritu lo eleva al estado de libertad) saca al Fuego de su prisión, y es el Alma".[309] El mismo autor especifica:

"Todo el secreto de la Filosofía hermética consiste en tener el Mercurio puro (es decir), en el estado en que se encontraba antes de ser mezclado con otro metal (antes de especializarse como vida ligada necesariamente a un ser individuado). Éste es el Mercurio-principio, que hay que distinguir del Mercurio vulgar, que se halla como muerto cuando está fuera de la mina (de la posibilidad universal al ser coagulado por Saturno), porque su fuego interior se halla dormido y no puede actuar (de manera supranormal) y no es puesto en acción por el Mercurio-principio".[310]

Ya hemos visto que el *deseo* es lo que ha ligado la vida a un cuerpo en una dirección de *caída*. Y también hemos dicho algo acerca de la relación tradicionalmente establecida entre el principio del deseo y uno de los sentidos del símbolo de las Aguas. Ahora estamos en condiciones de comprender lo que Flamel quiere decir cuando nos exhorta a *enjugar* el Agua (el Mercurio): significa que hemos de eliminar aquella simbólica *humedad* que representa la fuerza- deseo; "hasta que ésta haya tomado como sede la raíz del propio Elemento (reintegración de su estado original por suspensión del deseo)".[311] Así como lo que

---

[309] PERNETY, *Dict.*, 403.

[310] *Ibid.*, 294; *cf.* 296.

[311] FLAMEL., *Dés. désiré*, *cit.* 313. Podemos citar ahora también a D'ESPAGNET

otros autores tratan de decir cuando hablan de un régimen preliminar del Fuego, dirigido a destruir la "humedad superflua" y a desecar y "calcinar" completamente la sustancia. "Entonces el Agua será espiritual y con poder de transformar las Naturalezas en otras Naturalezas".[312]

Encontramos de nuevo aquí, con toda exactitud, nuestro esquema del Filaletes, que habla de un "Azufre pasivo, que se halla en el Mercurio (es la fuerza-Yo dejada inane por el estado del principio vital fijado por el Cuerpo) y que debería ser activo y agente... Por ello es evidente que es necesario introducirle un principio de vida -pero de la misma naturaleza- que resucite la vida oculta en él y como muerta en su interior". Para ello, los "Magos mezclaron la vida con la Vida (o sea, separando el principio vital, lo unieron a su tronco originario), humedecieron lo seco, resucitaron lo pasivo con lo activo y resucitaron, finalmente, la vida por medio de la muerte".[313]

En el parágrafo siguiente aclararemos el significado propio de esta "muerte". Pero conviene fijar la atención ahora ya en el símbolo complementario de "humedecer lo seco", opuesto sólo aparentemente al de enjugar la Materia. Se trata siempre del principio del deseo que en un caso está considerado bajo el aspecto simbólico de Agua, de Caos, de "Naturaleza que goza de sí misma" y que se halla "fascinada por sus propios elementos"; y en el otro, por el contrario, está tomado como la aridez intrínseca a la *sed*, como la desecación y la contracción que el Fuego impuro y devorador produce en el principio de Vida. De ahí que se prescriba igualmente "la irrigación de la Tierra reseca

---

(*Arc. Herm. Phil. Ap.*, § 50 y ss.) que dice que el Mercurio tiene dos manchas originarias, dada una por su terrestridad que se le mezcló con la congelación (o sea, con la individuación), y la otra por la hidropesía, por un Agua impura y cruda (o sea, todavía en estado primario de caos y de sed) que se le introdujo entre las carnes.

[312] FLAMEL, *ibid.*, 314.

[313] FILALETES, *Introitus Apertus*, § XI.

por la acción del Fuego por medio de un Agua de la misma naturaleza (que es ni más ni menos que la purificada que se obtiene con la *separación*)". Así se abren los poros de esta simbólica 'Tierra, y "el Ladrón se verá obligado a huir con sus artificios de iniquidad". El Ladrón significa aquí el "espíritu contrahecho" de los gnósticos, el "YO de los elementos", aquel Yo que es una criatura del cuerpo. "El Agua quedará así purificada de su *lepra* o de su humor hidrópico y superfluo (es el exceso del principio húmedo sobre el áureo, exceso que constituye el estado que consume -la lepra- de deseo) añadiéndole el verdadero Azufre. Así obtendréis la Fuente del conde Bernardo Trevisano."[314]

Volveremos a referirnos a esta fuente: en ella puede reconocerse la *fons perennis* de los misterios clásicos, la fuente de aquel agua que, evangélicamente, apaga la sed y da la *vida eterna*. Pero aquí se percibe ya el simbolismo de las Aguas, correspondientes a las dos regiones, a la del ser y a la del devenir: es la fuerza de Vida según aparezca bajo una condición o bajo la otra. La separación, dice Arnaldo de Vilanova, [315] produce el "agua divina e inmutable" (o "permanente", o "eterna", por oposición a la ley de la región inferior de los cambios): operación que al propio tiempo se relaciona con el retorno del hielo al estado fluido del agua, es decir, con la "solución" alquímica.

He aquí pues como se aclara la convergencia de los diversos símbolos: separar del cuerpo significa hacer pasar al estado no individuado el principio-vida (Agua o Mercurio); paso de "fijo" a "no fijo" es "solución"; liberar aquello que el cuerpo encerraba es "extracción"; retorno al estado originario es "conversión en la materia prima" y "confección del Mercurio de los Sabios";[316] y,

---

[314] *Ibid.*, § VI.

[315] A. DE VILANOVA, *Semita Semitae, cit.*, 18. *Cf.* FLAME1., *Dés. désiré*, § I.

[316] *Cf. Trionfo Ermetico*, 141: "El Mercurio se denomina Espíritu de los Filósofos, porque sólo los sabios conocen el secreto para convertirlo en espíritu *liberándolo de la prisión del cuerpo, en la cual lo había encerrado la naturaleza*".

finalmente, es "unión" cuando se hipostatizan los dos estados y en la transformación se impide la reunión efectiva de la vida especializada con la vida inmutable, la cual, sin embargo, no le es exterior, sino que se halla como desfallecida y ebria en su propia raíz.

2. La Muerte. La Obra al Negro

Una vez suspendida la acción del cuerpo físico sobre ☿, queda suspendida también la acción de éste sobre los demás principios del hombre, que tienen su base en ☿, tanto psíquicos como mentales. Entonces se manifiesta aquella crisis a la que nos referíamos cuando hablábamos del simbolismo de la semilla, la cual "debe morir en la Tierra, para que pueda fructificar". Todas las facultades comunes -incluso el propio sentido del Yo-quedan afectadas por ella. De ahí los símbolos que ya conocemos, del Mercurio como arma que hiere, que amortece, que mata; como agua disolvente, veneno, vinagre filosofal, víbora. Y sobreviene la *nigredo*, el color "más negro que el negro", de la putrefacción o "mortificación" hermética, signo del primer cambio efectivo en el conjunto de la sustancia simbólica, que pasa a la posición horizontal - , propia de quien ha sido abatido.

Para aclarar esta experiencia en términos generales, y sin hacer referencia a enseñanzas esotéricas, basta el puro dato factual de que, cuando se reducen las actividades de la conciencia externa de vigilia, también se reduce en el hombre común esta otra conciencia. Dicha reducción, en sus grados sucesivos, es paralela a la progresiva separación del principio Mercurio, el cual, al separarse, deja de percibir las imágenes del mundo exterior. Cuando el hombre normal puede orientarse incluso sin el apoyo directo de ellas, se encuentra en estado de ensueño, en el que la dinamización de la actividad fantástica disociada de los sentidos externos va acompañada, además, de una reducción y de un vaciado de la conciencia de sí. Cuando ese alejamiento aumenta sobreviene el sueño, y entonces la conciencia es abolida. Más allá sobreviene el trance, la letargia o el estado cataléptico. Más aún, cuando la separación es completa, se halla en estado de muerte aparente, y finalmente en el estado de disociación del organismo, desintegrado por el alejamiento de la fuerza vital que lo mantenía unido: o sea la muerte.

Tal es la fenomenología de la separación y de la disolución, cuando se presenta de manera espontánea, pasiva y negativa, en la noche normal y en la gran noche del hombre, o bien cuando es provocada por sustancias especiales, como drogas, anestésicos y tóxicos. Son estados y condiciones reales del ser.

Ahora bien, todo el secreto de la primera fase de la Obra hermética consiste en esto: en hacer de tal modo que la conciencia no quede reducida y luego suspendida ya en el umbral del sueño, sino que, por el contrario, pueda seguir en todas sus fases la realización de este proceso, hasta una situación equivalente a la muerte. La "disolución" se convierte entonces en una experiencia vivida, indeleble, y ésta es la muerte alquímica, el "más negro que el negro", la entrada en la "tumba de Osiris", el conocimiento de la oscura Tierra, el régimen de Saturno de que hablan los textos.

El sentido no es diferente del de la operación secreta que en la iniciación de los misterios clásicos aseguraba el cambio de naturaleza y la inmortalidad.

"El alma del hombre -dice Plutarco- [317] experimenta la misma pasión que aquellos que han sido iniciados en los Grandes Misterios; y la palabra corresponde a la palabra, y el hecho al hecho." "La iniciación se celebraba como una muerte voluntaria y como una salvación gratuita", cuenta Apuleyo.[318] Böhme dirá: "La muerte es el único medio mediante el cual el espíritu puede cambiar de forma", especificando que por medio de un espíritu *volitivo* puede atravesarse la "muerte ígnea".[319] La diferencia está en que la "muerte filosofal"-*mors philosophorum*- es *activa*. no

---

[317] En STOB., *Flor.*, IV, 107. *Cf.* PORFIRIO, *Sententiae*, IX.

[318] APULEYO, *Metam.*, XI, 21.

[319] J. BÖHME, *De Signatura*, XVI, 73; XV, 51.

se trata del cuerpo que, al desintegrarse, pierde al alma, sino del alma que, concentrada en su poder, se deshace del cuerpo. Porfirio lo dice en los más claros términos, y añade que no es verdad en absoluto que a una muerte le siga la otra; es decir, que de la muerte común se siga la liberación y la transfiguración, (hipótesis "espiritualista"), ni de que a la muerte iniciática deba seguirse la física.[320]

Todo esto no tiene nada que ver con estados místicos-sentimentales y tampoco con la "mortificación" en sentido ascético-religioso. Se trata de un estado del espíritu, pero no separable de una modificación real de los lazos entre los diversos elementos de la unidad humana.

Ahora bien, la aventura no está exenta de riesgos. Puede suceder que cualquier alteración, cuyo proceso no se domine completamente, determinada, por ejemplo, por una reacción intempestiva del Yo, establezca entre dichos elementos relaciones anormales o incompletas, a las cuales -si no se supera la prueba- no pueden menos que corresponder formas disminuidas o anormales de las facultades de vigilia. Artefio dice que con la "solución" y el "color negro" se produce "la discontinuidad de las partes". Y en efecto, se provoca la desintegración del "compuesto" o "mixto" de sus elementos: de ahí que quien afronta la experiencia y durante todo el tiempo que dure, se sitúa en un constante peligro de muerte, o por lo menos de todos aquellos trastornos (paresia, amnesia, estupefacción, atonía, epilepsia) que puedan derivarse de la disociación no reducida entre las energías vitales y los órganos y las funciones corporales a las que corresponden.[321]

---

[320] El texto latino de PORFIRIO (*cit.*) es: "Mors duplex: altera quidem aeque omnibus nota, ubi corpus solvitur ab anima; altera vero philosophorum, quum anima solvitur a corpore: nec semper altera alteram sequitur".

[321] Cf., en la *Introduzione alla Magia*, vol. II, pp. 305-314: Algunos efectos de la disciplina mágica: la disociación de los "mixtos".

Cuando, sin embargo, se consiguen y se mantienen todos los cambios de estado sin problemas, al realizar la separación, entonces se ha conseguido el principio del nuevo nacimiento. "La generación (iniciática) se realiza cuando la Materia está en una completa disolución, que (los Filósofos) denominan putrefacción o negro negrísimo."[322]

Antes de seguir adelante y a propósito de la "mortificación" queremos citar aquí las palabras de la tabla V del *Azoth* de Basilio Valentino, tabla donde se ve a un viejo en descomposición encerrado con un cuervo (símbolo técnico alquímico de este estado) dentro del "huevo filosófico" rodeado por el Fuego, en actitud de exhalar dos espíritus (los principios sutiles Espíritu y Alma): "Mi sobrenombre es Dragón. Soy el siervo fugitivo, y me han encerrado en una fosa para que luego se me recompense con la corona real y pueda enriquecer a mi familia... Mi alma y mi Espíritu me abandonan (son los dos espíritus exhalados, las dos nubes, una blanca y la otra roja, que hay que extraer de la Piedra). Que ellos no me dejen nunca luego, para que vea de nuevo la Luz del Día, y que este Héroe de la Paz [323] que el mundo espera pueda salir de mí".[324]

"La disociación -explica Flamel- [325] se llama muerte, destrucción y perdición porque las naturalezas cambian de

---

[322] PERNETY, *Dict.*, 181.

[323] *Pax*, en el sentido de cese de la guerra simbólica emprendida pon el héroe.

[324] En MANGET, *Bibl. Chem.*, II, 214. Para esta fase se emplea con frecuencia el símbolo del "sepulcro". El negro, con relación a Saturno, al Plomo y al Caos, se denomina ""Tumba de la cual debe salir el espíritu para glorificar su cuerpo" (*Intr. alla* BPC, p. xv). En el *Viatorum Spagiricum* se ve un ataúd en el que se hallan el Rey y la Reina (las formas vulgares de ☉ y ☽) con un esqueleto y Mercurio al lado, y volvemos a encontrarlo en la *Margarita Pretiosa*, y en la edición del *Rosarium* contenida en el *Artis Auri-ferae*, de FLAMEL, etc. Es característica la expresión: "Aquí hay una tumba que no contiene un cadáver y un cadáver que no se halla en su sepulcro. *El cadáver y el sepulcro son la misma cosa*" (en *Theatr. Chem.*, 111, 774).

[325] Fig. Gerogl., 213.

forma: calcinación y desnudamiento." Otros autores hablan de un gran eclipse de Sol ☉ y de Luna ☾, tras el cual se obtiene el caos,[326] especificando que el color negro y oscuro expresa el estado del cuerpo cuando se le ha arrebatado el alma, debiendo irrumpir en el lugar de ésta un "humo blanco" (estado incorpóreo aéreo) que modifica sus Aguas.[327] Para el aspecto "experiencia" citemos ahora a Böhme: "El ser se libera de la muerte con una agonía que se realiza en la gran angustia de la impresión, la cual es la vida mercurial (vivida en estado libre); y, en este dolor, el terror salitroso (terror "que procede del Mercurio o angustia de la muerte"; el Salitre está relacionado con el principio de la individuación) brilla como un relámpago. Luego la libertad vuelve a sí misma y el ser se sumerge en la angustia austera y tenebrosa",[328] correspondiente al color negro, acerca del cual, por otra parte, Sinesio el alquimista dice: "La tierra negra o cabeza de cuervo, se denomina *sombra* oscura: sobre ella, como sobre un tronco, se fundamenta el resto del Magisterio".[329]

En esta fase podemos decir pues que se evoca el mismo poder agente que en el fenómeno de la muerte. Está claramente expresado en un texto árabe: "el Dragón, que luego produce los diversos *colores* (símbolos de las diversas fases de la Obra), es aquel que hubiera sido fatal para tu existencia y *que habría separado tu Alma de tu Cuerpo*".[330] Lo que se complementa, por otro lado, con la enseñanza esotérica hindú: *Aum* es el *mantra*[331]

---

[326] FILALETES, *Introitus*, § XX.

[327] MORIENO, *Colloquio*, cit., 110.

[328] *De Signatura*, III, 19, 20.

[329] *Libro de Sinesio*, 186.

[330] CMA III, 74.

[331] Los *mantras*, según la tradición hindú, son fórmulas que, pronunciadas en condiciones de espíritu concretas y supranormales, tendrían el poder de evocar y hacer actuar fuerzas suprasensibles. *Cf.* EVOLA, *Lo Yoga della Potenza, cit.*, p. 200 y ss.

del poder serpentino (*kundaliní*) utilizado por los yoguis para abrir el "umbral del Brahmán" y para que florezcan los "centros de vida" en la regeneración -y es también el *mantra* de Mrtyu, el dios de la muerte. "Estad atentos al Mercurio -nos advierte el *Libro de El Habir*-, porque es un veneno ígneo que todo lo disuelve."[332] "El Mercurio quema y mata todo", se repite en otros.[333] Pero luego se prescribe "mezclar los metales en su proporción debida con el Mercurio y operar hasta que el producto se convierta en un veneno ígneo".[334]

E incluso: "Los Filósofos han denominado Azufre a este tinte, y también Azufres, Fuego que consume, *rayo* que ciega, piedra de honda que *destroza* y destruye la Piedra, que deja una huella eterna de fractura".[335]

---

[332] CMA, III, 102.

[333] En MANGET, I, 458.

[334] *Libro di Cratès*, CMA, III, 54; *cf.*, 67.

[335] *Libro del Fuoco della Pietra*, CMA, III, 216.

3. La prueba del vacío

La "separación", según los autores alquímicos, es "algo dificilísimo, un trabajo de Hércules", comparado con lo cual las demás operaciones se consideran como "trabajo de mujeres" y "juego de niños": hasta tal punto es tenaz el vínculo que mantiene unidos los elementos del "mixto" humano. Los autores exhortan pues a la tenacidad, a la constancia, a la paciencia; desaconsejan la prisa, y repiten que "toda precipitación procede del diablo"; hay que trabajar, según ellos, sin descorazonarse, con ardor, pero sin dejarse transportar de algún modo, so pena de la ruina de la Obra comenzada.[336]

La dificultad está sobre todo en romper y abrir el Oro, o sea el cierre de la personalidad, pues se ha dicho que es más difícil deshacer el Oro que hacerlo;[337] está también en conservar a pesar de todo, en dicho estado de destrucción, una "quintaesencia", un principio activo, sutil y esencial de este mismo Oro. El Oro común se encuentra y se conserva sobre todo en *naturalezas fijas*: es bastante difícil reducirlo a un estado de

---

[336] *Cf.*, por ejemplo, PERNETY, *Dict.*, 360; *Libro de El Habîr*, CMA, III, 103; PARACELSO, *Thesaurus Thesaur. Alch.* cit., 86; *Turba Philos.*, 22, *Dialogo di Maria e Aros*, BPC, I, 80; GEBER, *Summa*, 521; *Filet d'Ariadne*, 84; SENDIVOGIO, *De Sulph.*, 157. En la expresión de GEBER (*Libro della Clemenza*, CMA, III, 136): "Os recomiendo actuar con precaución y con pausa, no tener prisa y seguir el ejemplo de la naturaleza"; tal ejemplo puede también interpretarse como atención a aquellos procesos en los que la separación se produce por vías naturales (sucio, etc.; ver más adelante).

[337] *De Pharmaco Cath.*, XI, 8. Más adelante (XII, 2, 3) se habla del alma y del espíritu cósmico encerrados en el Oro como un centro en su círculo ⊙ y se dice: "Los elementos mágicos abren el cuerpo sólido del Sol, y hacen posible la extracción del alma y del cuerpo clarificado".

"disolución" sin que se pierda su propio principio interior y oculto, o Alma.

Dejando aparte la metáfora: mientras predomina la conciencia externa ligada al cerebro y a la sólida individualidad orgánica nos sentimos persona, "Yo", pero estamos cerrados a todos los demás estados del ser profundo. Cuando se rompe el Oro -se lo "degüella", se lo "machaca", "tritura" o "corta en láminas", etcétera (expresiones equivalentes del lenguaje cifrado)- y se pasa a estos estados incorpóreos y "fluidos", entonces se encuentra una condición negativa para el sentido del "Yo". Así, apenas éstos se presentan, a través de la experiencia interior casi de un sentirse sin tierra bajo los pies, sobreviene una reacción instintiva, irresistible, una forma orgánica de terror que de golpe hace volver al estado de partida -al "fijo", al "cuerpo" o "Tierra"-, y las puertas vuelven a cerrarse.[338]

Hay que avanzar pues pacientemente, tenaz y sutilmente, aprendiendo la simbólica ciencia "de las balanzas" o de las "dosis", o sea, la cantidad de actividad y de pasividad que hay que reunir y equilibrar; *limando* poco a poco el Hierro[339] para evitar los saltos atrás dichos, que arrastrarían el proceso de separación, pero al propio tiempo cuidando que quede una cantidad suficiente de elemento ☉, con el fin de no acabar en formas de conciencia disminuidas, las cuales conducirían, en lugar de a la realización hermética, a estados negativos de trance, mediúmnicos o de sonambulismo.

---

[338] Quizá no haya lector que no conozca aquellos bruscos sobresaltos que se experimentan en el momento de adormilarse, casi como si de pronto faltara la tierra bajo nosotros. Se trata de una reacción de esta clase la que cada noche se produce espontáneamente en el comienzo de la separación que es el sueño.

[339] Esto aclara hasta cierto punto de qué se habla cuando en los textos aparecen *recipientes* en los que se depositan "limaduras de hierro". Las cantidades de las sustancias, con sus dosis, etc., se refieren, por lo general a la ciencia interior de la combinación de estados espirituales figurados por los metales u otras sustancias.

Así se puede presentir de qué se habla en la literatura mistérica,[340] cuando nos cuenta aventuras de peregrinaciones y carreras afanosas en las tinieblas, con terrores y escalofríos, sudores y sustos, antes de llegar a contemplar la Luz; y suponer lo que puede ser el paso a través de los elementos, una vez alcanzado el confín de la muerte y atravesado el umbral de Proserpina,[341] y que pueda ser aquel análogo disolverse de la Tierra en Agua, del Agua en Fuego, del Fuego en Aire, de que se habla en un texto tibetano como experiencia que acaece inmediatamente después de la muerte. [342] Se trata de las sucesivas faltas de apoyo sólido (la Tierra, o sea el Cuerpo), que distinguen las fases de la separación: perder el sentido de la Tierra, y sentirse de golpe en el vacío -precipitarse o profundizar- encontrarse como disuelto en un gran mar o en una vertiginosa dilatación del Aire.[343] Y el León Rojo, es decir, el irresistible y salvaje instinto de auto-conservación del Yo animal tiene que ser "reducido hasta la debilidad extrema", para poder superar tales pruebas y pueda llevarse hasta el final el proceso de "mortificación" y de "separación".[344]

Lo dicho hasta ahora permite comprender muchos símbolos y alegorías alquímicas que ocultan experiencias semejantes:

---

[340] En STOB., *Flor.*, IV, 107; *cf.* ARÍSTIDES, *Eleusis*, 256.

[341] APULEYO, *Metam.*, XI, 23.

[342] *Bardo Tödol*, trad. por lama K. D. Samdup, Londres, 1927.

[343] *Cf.* R. STEINER, *Das Initiaten-Bewusstsein*, Dornach, 1927, pp. 64-69, 114-118, etc. Un misterioso corresponsal de Agrippa, a propósito de un neófito que quería "también él explorar su abismo", da este consejo: "Lánzalo para probarlo al espacio; y, llevado por las alas de Mercurio, vuela desde las regiones del Austro a las de Aquilón" (*cit.* en la introducción a la traducción italiana de A. REGHINI del *De Occ. Phil.*, t. I, p. XXVI).

[344] FILALETES (*Introitus*, XXV) habla del régimen "orientado a despojar al rey de sus vestidos dorados (se trata del Oro vulgar) y a constreñir al León con un combate tal que lo reduzca a la extrema debi1idad... Aparece entonces el régimen de Saturno... No hay más señal de vida en el compuesto. Este triste espectáculo y esta imagen de muerte eterna es tanto más agradable para el Artista".

pájaros con alas que llevan consigo a otros que no las tienen y que hacen lo posible para no "perder tierra"; mares, en medio de los cuales se es traído y llevado; corrientes, que se está obligado a hacer frente; caídas, arrebatos aéreos, etc. Dejamos a la sagacidad del lector que encontrará todo esto en los textos, tras poner *sub specie interioritatis* y comprender.

4. El vuelo del dragón

Pero además de la dificultad de "abrir" conservando la conciencia y conteniendo las reacciones que harían volver de nuevo al cuerpo animal, existe la de dejarse vencer por la experiencia misma, de no conseguir su dominio haciendo uso de la "semilla" o "espíritu sutil" del Oro, que debe haberse sabido extraer y conservar. Es como el resquebrajamiento de una presa.[345] Todo aquello que se hallaba en estado de esclavitud y de contención como Mercurio y vida fijada o encerrada en el cuerpo, queda en absoluta libertad con la separación. Pero esta libertad interviene como una experiencia necesaria, y se trata de observar hasta qué punto la conciencia sabe soportar el inesperado cambio de estado y transformarse activamente, de modo que se mantenga una continuidad, y de asimilarlo precisamente como una liberación. Quien tras haber vivido siempre en un ambiente oscuro, fuera sometido de golpe a la luz más brillante, podría quedar ciego: del mismo modo el poder íntegro y liberado de la vida podría resultar mortal para quien sólo conoce la vida a través de las tinieblas de la muerte y del sueño.

Tal es el peligro, cuya consideración ha inducido a los alquimistas a permanecer atentos para que lo "sutil" no escape de su "vaso" disolviéndose en el Aire.[346] Bernardo Trevisano lo

---

[345] Ideográficamente, esto es la Tierra ♁ que se desata y se libera de aquello que la retenía y así se obtiene ∇, las Aguas.

[346] *Cf.* CAG, II, 151: "El operador necesita un entendimiento *sutil para reconocer el espíritu salido del cuerpo*, para que pueda hacer uso de él y, para que, atento al que lo custodia, pueda alcanzar su objetivo; o sea que, *el cuerpo, al ser destruído, no arrastre consigo en su destrucción también al espíritu*. El operador ha consumado su tarea no si es destruído, sino cuando penetra en las profundidades del Metal".

indica con claras palabras: "Esta Fuente tiene un poder terrible... Su naturaleza es tan pavorosa que si se encendiese de ira lo penetraría todo. Y si desapareciera, estaríamos perdidos".[347] Es necesario poseer la dignidad de aquel "Rey del País" al cual, según el mismo autor, está únicamente reservada la Fuente y que, en caso afirmativo, con ella se hace tan fuerte que "nadie puede vencerlo". Así pues, el ya difícil juego de cerrar los ojos y dejarse caer sin miedo se complica con otra sutil e igualmente necesaria condición: la de *matar* al propio tiempo que uno se hace matar, es decir, la de "fijar" lo que transporta.

Flamel, al comentar la octava de sus imágenes jeroglíficas, en la que se ve a un Hombre rojo que apoya su pie sobre un León alado que quiere raptarlo y devorarlo, dice que se trata del "León que devora toda naturaleza metálica (toda naturaleza individualizada) y la trasmuta en su propia sustancia (no individualizada, en estado libre)", y que puede transportar gloriosamente al Hombre Rojo fuera de las aguas de Egipto, es decir, lejos de las Aguas de la corrupción y del olvido.[348] Se trata de suscitar la fuerza y no dejarse derribar. La figuración característica de tal habilidad se halla dramatizada en el mito de Mitra que aferra al toro por los cuernos y no suelta su presa a pesar de que el animal se entrega a una carrera desenfrenada: hasta que el toro, exhausto, cede y se deja llevar de regreso a la "caverna" (los textos alquímicos hablan concreta y frecuentemente de la *caverna* de Mercurio), donde Mitra le da muerte. A lo cual sigue el simbólico surgir de las vegetaciones de la Tierra, que brotan de la sangre del animal sacrificado.

Basilio Valentino no dice otra cosa, con una simbología un tanto más complicada: "Quien desee saber lo que es eso de "Todo-en-todo" (indicado como meta del Arte) que tome la Tierra de las grandes Alas (equivalencia del vuelo del Dragón, de

---

[347] B. TREVISANO, *Phil. nat. des Mét.*, 388-389.

[348] FLAMEL, *Fig. ger.*, cit. 259. Las aguas de Egipto se relacionan también con "los pensamientos ordinarios de los mortales".

la carrera del Toro, del despertar de la Serpiente, etc.), y la apremie hasta hacerla elevarse y volar por encima de las montañas, hasta el firmamento; que entonces le corte las alas por medio del fuego, de manera que caiga en el Mar Rojo (Fuego y Mar Rojo, símbolos de la intervención del principio de afirmación), y se ahogue en él".[349]

Pero en su respectivo e intercambiable matar y ser muerta, ambas Naturalezas se sustituyen una a la otra, hasta compenetrarse por completo. De ahí que se hable a veces de *conjunción* y de *separación* como de dos sinónimos.[350] Nos hallamos ahora en una primera fase de la formación del Andrógino hermético, compuesto, de Azufre y Mercurio. Los "dos enemigos" se abrazan.

Las dos serpientes del Caduceo se entrelazan (el macho con la hembra) alrededor de la verga de Hermes. En el agua divina o Mercurio de los sabios comienza el *estado de unidad*, que es la Materia prima y la verdadera de la que pueden obtenerse todos los elementos y los regímenes de la Gran Obra. Pero el trabajo es duro: "Hay que comprender que nos hallamos en medio de un terrible trabajo, que consiste nada menos que en tratar de reducir

---

[349] B. VALENTINO, *Dodici Chiavi, cit.*, 21, Pelagio (CAG, II, 206) dice que "la disolución en el agua divina se llama iosis", porque el *ios* - veneno, fuerza activa, *virus*- reside en ella en potencia, y luego pasa al acto (despertar y vuelo del dragón).

[350] Es *matrimonio* la acción del dragón sin alas que transporta consigo a quien no tiene alas, y lo que a su vez lo devuelve a la Tierra (PERNETY, *Dict.*, 219), R. LLULL dice que el "negro" está hecho de Sol y Luna: indica una unión tan indisoluble de los dos que luego ya no podrán separarse jamás. Acerca del dragón (aquí concebido sobre todo con rasgos reales y celestes) y su vuelo, puede hacerse notar que constituye un símbolo bastante frecuente en el esoterismo chino. Y existen además singulares concordancias entre la alegoría del toro mitraico y la de tablas bastante conocidas del budismo Zen (*cf.* EVOLA, *Dottrina del Risveglio*, cit.).

a una esencia común (es decir, a desposar) las Naturalezas (lo activo y lo pasivo, lo individual y lo universal)".[351]

La Tierra se conoce, cuando el "negro" haya sido llevado hasta el final, cuando la inmovilidad sea completa, y cuando el todo aparezca carente de vida y de sonido como en el caos y en el "Tártaro". Pero he aquí que en este desierto de muerte y de tinieblas se anuncia un resplandor: es el comienzo del segundo Régimen, el de Júpiter que destrona al Negro Saturno y que preludia la Luna blanca. Alborea la "Luz de la Naturaleza". El Agua de muerte adquiere la forma de Agua de Resurrección. Una vez disuelto el cuerpo, disipada la oscuridad que -según el ya citado texto del Cosmopolita- el cuerpo representa para el ojo humano, abiertos los "poros", la Naturaleza comienza a operar y el Espíritu a manifestarse en el cuerpo metálico y "congelado".[352] Es la "Obra al Blanco".

---

[351] ZÓSIMO, texto en CAG, II, 217.

[352] Expresiones del COSMOPOLITA, *Nov. Lum. Chem., cit.,* X. 50.

5. Vía seca y vía húmeda

Antes de pasar al examen de los símbolos herméticos relativos al *árbol*, hay que reafirmarse en los métodos para conseguir esta experiencia, que corresponden esencialmente a una doble posibilidad:

1) Puede actuarse provocando directamente la separación, de modo que *como consecuencia* queden suspendidas las facultades individuales condicionadas por el cuerpo y por el cerebro, y así quede superado el obstáculo que ellas constituyen; o

2) Puede partirse de dichas facultades, sometiéndolas a una acción tal que, *como consecuencia*, quede asegurada virtualmente la posibilidad de la separación y de la resurrección en la Vida.[353]

En el primer caso, la fuerza que actúa es sobre todo la de las aguas actuando en plena libertad; en el segundo, sin embargo, será la del Fuego o Yo, que actúa sobre sí mismo. Podemos denominar a ambas vías respectivamente, *vía húmeda y vía seca*. En términos de lenguaje secreto hermético, en una se quema con Agua y en la otra se lava con fuego; en una se nos libera de la servidumbre al liberar el principio de vida ("nuestro Mercurio"); en la otra se libera el principio de vida mediante la liberación de la servidumbre con las propias fuerzas. Entre los diversos significados posibles de las dos vías herméticas, *seca y húmeda*, predominan los citados.[354]

---

[353] No carece esto de relación con el dicho del *Libro della Misericordia* (CMA, III, 182), según el cual "para la sutilización unos emplean procedimientos exteriores, y otros procedimientos penetrantes".

[354] Entre los métodos indicados por los alquimistas griegos para obtener el

Barchusen, en el *Liber singularis de Alchimia*, dice que la vía seca se caracteriza, entre otras cosas, por la acción del fuego al desnudo y por la ausencia del "negro", que expresa la mortificación. Esto se relaciona además con el método que actúa con el llamado *Mercurio doble*, andrógino o equilibrado. "Unos -cuenta Salomón-[355] utilizan un Mercurio simple (vía húmeda); otros, como el Trevisano, un Mercurio doble más activo, obtenido por animación, añadiendo un Espíritu que lo vivifica, un Oro preparado artificialmente."

Dejando aparte los símbolos, la ausencia del "negro" de que habla Barchusen, alude a la posibilidad de operar de tal manera que se eviten las crisis, los saltos, las alteraciones bruscas, obteniendo así un proceso de transformación continuo al máximo posible, de modo que a causa del uso de un principio que no es sólo Mercurio fuerza vital, sino un Mercurio que, hallándose animado por un cierto grado de pureza (esta es su preparación "artificial"), ya participa positivamente de la doble naturaleza que es el objetivo de la Obra.

Ideográficamente no se obtendría la sucesión |, — y |, sino la gradación de una "sustancia doble" + en la que predomina el principio activo con punto de partida en la conciencia de vigilia (☉). El centro de acción no es entonces ☿, demasiado lejano del límite que puede alcanzar la conciencia común para poder alcanzarlo directamente, sino ☿; y con este Mercurio, que ya contiene el Fuego, se puede proceder sutilizando y purificando, no llegando *antes* al "negro" y *luego* al "blanco", sino

---

Mercurio, los que proceden por desulfuración del cinabrio (sulfuro de mercurio, cuyo color rojo expresa aquí, por el ya conocido simbolismo, las cualidades intelectuales y activas de la personalidad común) -o por calentamiento de los metales con vinagre (disolvente)-, se relacionan con la vía húmeda; aquellos que, por el contrario, recurren a preparados de nitro, se refieren a la otra vía. El poder purificador del nitro ⊕ se encuentra ya indicado en JEREMÍAS (II, 22).

[355] *Intr. alla* BPC, p. 111. *Cf.* PERNETY, *Dict.*, 34. Equivalente al Mercurio doble, el *assem* de los árabes, aleación simbólica de Oro y Plata, es de donde hay quien recomienda partir.

obteniendo desde el principio un grado de luminosidad y una cierta condición sobre la que se puede trabajar sin las fases de separación ascenso y descenso, manteniéndose por el contrario siempre en plena y activa consciencia en el interior del cuerpo y de los sistemas corpóreos a que corresponden los diversos poderes.

La dificultad por la vía seca consiste en superar la barrera constituída por las facultades comunes sin más ayuda que esas mismas facultades, lo cual -no puede ocultarse- implica una calificación especial, una especie de "dignidad" natural, o una iniciación preliminar. Por vía húmeda, sobre todo cuando los medios utilizados son violentos y externos, la dificultad se encuentra precisamente en conservar la conciencia, que se ve bruscamente privada del apoyo del "Fijo", o cuerpo. La dificultad en la vía seca es tanto mayor cuanto más desarrollado se halla el sentido de la individualidad, con el consiguiente predominio de las facultades cerebrales, característico en el hombre occidental moderno.

Para el hombre antiguo, para el oriental y, en general, para todo aquel cuya conciencia permanezca todavía abierta o casi abierta al mundo no corpóreo debido a una relativa independencia de los circuitos orgánicos más profundos respecto a los controles y las traducciones cerebrales, la vía húmeda ofreció y ofrece más inmediatas posibilidades, en cambio, en este caso debe hacerse un esfuerzo superior para evitar que la realización adquiera un carácter activo y no caiga en estados místicos-estáticos.[356]

En la vía seca se trata de destruir, ante todo, por medio de una adecuada disciplina interior, todas las infecciones que la unión con el cuerpo haya determinado y estabilizado en los principios sutiles de vida, y mediante los cuales el cuerpo ejerce su poder sobre la naturaleza superior. Se trata de ascesis y

---

[356] Cf. *Introduzione alla Magia*, vol. II, p. 352 y ss.; vol. III, p. 16 y siguientes.

purificación, pero según un espíritu análogo a aquel de quien reúne cuidadosamente las condiciones necesarias con el fin de provocar la aparición de un fenómeno físico. La ascesis en este caso equivale a ejercicio y a *técnica*: pueden proponerse también algunas reglas de vida que, al seguirlas seriamente, conduzcan de modo indirecto (pasando por ☿) a ciertas modificaciones en los elementos sutiles del ser humano, que son propicias o indispensables para la Obra.[357]

Así, un maestro hermético no dirá que alimentar la disposición, por ejemplo, a la concupiscencia o al odio, sea algo "malo" (cada uno es libre de obrar como quiera), sino que es contradictorio que una persona quiera emplear esa libertad, y que simultáneamente aspire a todo aquello que la orientación de las energías determinada por la concupiscencia y por el odio, ha hecho imposible.

Un hermetista solo exigirá que se sepa bien lo que se desea y las implicaciones de ese deseo. Por otra parte, en una disciplina aparentemente moral se mantienen la plena conciencia de vigilia y la acción directa del Yo: y cuando ciertas condiciones y cualidades del Alma se estabilizan y quedan reducidas a un *habitus* en virtud de la práctica constante, de ☿ a ♀ , se transmiten las modificaciones correspondientes: y entonces, si se ha seguido el camino adecuado, se llega a determinar de la mejor manera posible todo aquello que ocurre como disposición favorable para la "separación".

---

[357] Las correspondencias, establecidas en la enseñanza esotérica hindú, entre las siete virtudes y las siete pasiones y los siete centros de vida; así como las establecidas entre los demás grupos de cualidades morales, positives y negativas, y las corrientes (*nadi*) que parten de cada uno de aquéllos, proporcionan una base para los desarrollos prácticos de este proyecto.

6. La ascesis hermética

En la alquimia griega encontramos como condiciones generales la pureza tanto de corazón como corporal, la rectitud, el desinterés, la ausencia de avidez, de envidia y de egoísmo. Quien realiza estas condiciones -dice Lippman-[358] es digno, y sólo el digno se hace partícipe de la gracia del alto, que en el más profundo recogimiento del alma, en sueños verídicos y visiones le abre el intelecto a la comprensión del "Magno Misterio de los Sacerdotes Egipcios"..., comunicado por éstos sólo oralmente o de un modo enigmático que "burla a los demonios" y le hace el "Arte sagrado" tan fácil como un "juego de niños". Y Zósimo: "Reposa el cuerpo, calma las pasiones: si te controlas así a ti mismo, atraerás al ser divino hacia ti".[359] Y un texto sirio enseña: "Sé puro de mujer, y purificado de todo defecto espiritual y corporal y haz voto de buena voluntad".[360]

Otros exigen un genio penetrante y sabio, un cuerpo al que nada le falte para poder operar, un juicio sano y un espíritu sutil, aunque natural, recto y sin tortuosidades, descargado de todo impedimento.[361] En un papiro alejandrino se pone en guardia sobre el demonio Ofioco, que "obstaculiza nuestra busca..., produciendo a veces la negligencia, a veces el temor, a veces lo imprevisto, y en otros casos aflicciones y castigos, con el fin de

---

[358] E. O. LIPPMAN, *Entstehung u. Ausbreitung der Alchemie*, Berlin, 1919, p. 34.

[359] CAG, II, 84.

[360] CMA, II, 1.

[361] ARNALDO DE VILLANOVA *Rosarium*, I, 5; R. LLULL, *Theor. Test.*, c. XXXI.

hacernos abandonar la Obra".[362] Según Geber,[363] los obstáculos proceden o bien de la impotencia natural de quien opera debida a los órganos, o bien al hecho de que el "espíritu está lleno de fantasías y pasa fácilmente de una opinión a otra a veces contraria; o bien porque no sabe bien lo que quiere ni a qué atenerse". A través del lenguaje cifrado químico se expresa también con frecuencia la tarea de crear un equilibrio perfecto entre todos los principios del ser, purificados y reforzados ("rectificación"); equilibrio que permite llegar al *centro* de sí, y sólo partiendo del cual ser eficaz la operación.[364] En los autores modernos podemos encontrar condiciones análogas: un gran equilibrio físico e intelectual; el estado de *neutralidad* perfecta propiciado por tal equilibrio; ser sano de cuerpo, sin apetitos o deseos, hallarse en paz consigo mismo, con los demás y con las cosas de alrededor; hacerse dueño absoluto de la envoltura animal hasta el punto de hacer de ella un siervo obediente a la autoridad psicodinámica que debe purificarnos de cualquier obstáculo; liberarse de cualquier necesidad; así expone Kremmerz la preparación hermética.[365]

Éliphas Levi advierte que se trata de un ejercicio de cada hora y de cada momento, y repite: hurtar la voluntad de cualquier dependencia y habituarla a dominar; hacerse dueño absoluto de sí, saber vencer la llamada del placer, el hambre y el sueño, hacerse insensible al éxito como al fracaso. La vida debe ser voluntad dirigida por un pensamiento y servida por la naturaleza entera para *someter al espíritu a todos los órganos* y, por simpatía, a todas las fuerzas universales que corresponden a ellos. Todas las facultades y todos los sentidos deben participar

---

[362] Papiro X de Leiden, en BERTHELOT, *Introd. à l'étude etc.*, cit., p. 19

[363] GEBER, *Summa*, Manget, I, 520 y BPC, 1, 90.

[364] GEBER, *Libro delle Bilancie*, CMA, II, 147: "El equilibrio de las naturalezas es indispensable en la ciencia de los equilibrios y en la práctica de la Obra".

[365] G. KREMMERZ, *La Porta Ermetica*, Roma, 1905; *Avviamento alla Scienza dei Magi*, Spoleto, 1929; "Commentarium", n.º 45-6-7 de 1921.

en la Obra; nada debe permanecer inactivo. El propio espíritu debe haberse afirmado contra todos los peligros de la alucinación y del terror, y así hallarnos purificados interior y exteriormente.[366]

Los alquimistas enseñan que las impurezas, además de a la tierra (el cuerpo), se deben al Fuego, y que hay que quitar de las sustancias sus *partes combustibles*, además de las terrosas.[367] Se trata de los elementos instintivos e impulsivos de la personalidad: la animosidad, la irascibilidad, el fuego pasional, todas ellas formas de Azufre vulgar e impuro, determinadas en relación a la naturaleza corporal.[368] Hemos visto, en efecto, que la forma sutil humana, cuerpo- vida mediador entre Alma y Cuerpo, consta de dos elementos, uno sujeto a las influencias telúricas ☿, y el otro a las influencias sulfúreas ☿; la purificación exige la neutralización de ambas influencias, y por ello es necesaria una preparación que reduzca tanto la terrestridad como la combustibilidad. Para ampliar tales ideas, podríamos referirnos a Geber y a Alberto Magno, que las han expuesto con amplitud, aunque siempre con el acostumbrado lenguaje cifrado tan exasperante.[369]

---

[366] E. LEVI, *Dogma e Rituale dell'Alta Magia*, 1921, pp. 243-245, 264, 279-280.

[367] GEBER, *Summa*, I, IV, Proem.: "Lo que se quita de los cuerpos imperfectos, y sin lo cual no podrían recibir la perfección, es... el Azufre inútil y la terrestridad impura".

[368] *Cf.* PERNETY, *Dict.*, 245-246: "El Azufre exterior cauterizable y separable de la sustancia verdadera de los metales (se trata del Yo vulgar) sofoca al interior y le priva de su actividad; y mezclando las impurezas propias con las del Mercurio (como 2) produce los metales imperfectos".

[369] GEBER, *Summa*, III, § I, II (Manget, 540, 541): "El Azufre, o Arsénico (recuérdese siempre la homonimia por la cual arsénico significa virilidad) que se le parece, tienen en sí mismo dos causas de corrupción y de impureza, que son una la sustancia inflamable, y otra las heces o impurezas terrestres". Las heces –añade– impiden la fusión y la penetración (o sea la solución del fijo, para realizar aquello para lo cual el fijo constituye un impedimento); la sustancia inflamable no puede sostener el Fuego (las emociones, los ímpetus y los transportes procedentes de lo profundo) y en consecuencia dar la fijeza (que es mantener el dominio del yo como *Azufre incorruptible*). El Mercurio tiene también dos formas de impureza:

Por lo general se distinguen dos clases de impurezas, o "lepras", o enfermedades de los "metales": una llamada original, sólo curable con la separación efectiva (de la condición del cuerpo), y la otra elemental o cuatripartita, objetivo inmediato del esfuerzo por vía seca. Se trata de cualidades negativas establecidas en el espíritu con analogía a los elementos; y como tratamiento se prescribe una especie de conversión total de unas en otras. El agua superflua será desecada y puesta en movimiento por el Fuego; el Fuego (vulgar) se degradará hasta el punto de ser incapaz de combustión y a los "saltos de víbora", de modo que cualquier cambio de estado que se realice debe quedar como congelado y luego devuelto a la virtud sutil y corrosiva del Agua; [370] la calidad Tierra, hecha "porosa" y sutilizada, debe convertirse en Aire; la cualidad Aire, finalmente, inasible, difusa y móvil debe coagularse y fijarse en una propiedad compacta como la manifestada por la Tierra.

Geber indica sobre esta base los procedimientos concretos a emplear como "medicina" para cada uno de los siete metales.[371] Se trata de toda una serie de sugerencias que indican

una sustancia terrestre impura (el cuerpo) y una humedad o acuosidad superflua y volátil (deseo o inestabilidad) que se evapora en el Fuego, pero sin inflamarse (es la disolución en sentido negativo con el acto de la separación, donde por el contrario debería intervenir una cualidad activa = inflamarse). ALBERTO MAGNO (*Comp. de Compositis*, c. I) habla de los modos de ser del Azufre, dos de los cuales constituyen impurezas (combustible y acuoso), mientras que el tercero se separa de los otros y se conserva: *rectificado* por disolución no da más que *una sustancia pura que contiene la fuerza activa*, perfectible y próxima al metal". Se trata de la denudación del núcleo central, 0 o E, del operador.

[370] Cf. *Libro de El Habîr* (cit., 105): "¿Cómo podría el débil obligar al fuerte? Esto es posible porque el débil sólo es tal en apariencia, pero al hacer la prueba se demuestra por el contrario fuerte, más fuerte que todo aquello que parece fuerte... Lo que se resiste al Fuego sólo es fuerte en apariencia, mientras que lo otro, o sea lo volátil, que parece débil, es en realidad más fuerte". Podríamos recordar aquí lo que decía Lao-tsé acerca de la analogía con la virtud sutil e invencible del agua.

[371] GEBER, *Summa*, 1, III, § V, IX, X, XII. Los siete metales pueden interpretarse también como símbolos de tipos humanos característicos, a cada uno de los

adaptaciones, descomposiciones, readaptaciones y transformaciones de fuerzas psíquicas y actos que consecuentemente debe realizar el espíritu sobre sí mismo. La disciplina se aplica a la sensibilidad, a la voluntad, al pensamiento, de arriba abajo por vía seca.

La ascesis interna y externa simplifica y fortifica el principio Yo; esta mayor fuerza que procede del centro reacciona sobre el pensamiento y la imaginación subyugándolos, controlándolos en todas las influencias que sufren a través del umbral inferior de la conciencia. Este dominio mental reacciona a su vez sobre las pasiones y los afectos, serena el ser íntimo, y diluye, aclara y sutiliza la sensibilidad. Así, a través de ☿, se abre al Yo ☉ el camino hasta ♀. Al no encontrar más ataduras y obstáculos en la mente, en el corazón o en la sensibilidad, al haber sido destruida toda causa de trastorno o alteración, su acción puede ampliarse hasta el Mercurio o principio-vida inmediatamente al contacto con el cuerpo ♀, y a través del aislamiento de la sensibilidad periférica tratar de obtener la separación y la extracción. Entonces, y tras la progresión de que ya hemos hablado de estados equivalentes en el hombre común, al sueño, la ensoñación y la letargia, se manifestará la Luz.

---

cuales se adapta, según su propia naturaleza, una medicina determinada y un método adecuado.

7. La vía del Soplo y la vía de la Sangre

Podríamos recordar algunas de las prácticas utilizadas en las escuelas iniciáticas como puntos de apoyo para hacer que la separación virtual se convierta en actual. Pero nos abstenemos porque no podríamos hacerla derivar directamente de los textos hermético-alquímicos, que hablan sobre todo del régimen del Fuego, que es la graduación y la conducta interior de la fuerza espiritual en acción; y, sin embargo, callan acerca de las circunstancias del ejercicio de esta última. En cualquier caso, en magia han servido el espejo u otros objetos como un apoyo para fijar o neutralizar a través de la vista, la conciencia y la sensibilidad exterior y realizar la separación y el contacto con la luz etérea.[372] En el yoga hindú se utilizan formas especiales de concentración mental, a veces apoyadas en símbolos o fórmulas mágicas adecuadas. Otras escuelas utilizan otros métodos diferentes, pero hay que tener presente que se trata siempre de simples apoyos o estímulos para un acto del espíritu.

El hecho de que ☿ sea el punto de partida en vía seca, y que por lo tanto ☿ se manifiesta en el organismo a través del sistema respiratorio y el sanguíneo, bastaría, en cualquier caso, para que sea posible entrever dos claves y dos puntos de apoyo a todo aquel que esté atento. Por otro lado, ya se conoce la importancia que la respiración (más directamente controlable por el Yo que la circulación sanguínea) tiene en el esoterismo hindú, como la tuvo en el antiguo Egipto: la concentración sobre la fuerza sutil escondida en el soplo (el *prâna*), según la enseñanza yóguica,

---

[372] Sobre la técnica del "espejo" ver *Intr. alla Magia*, vol. I, p. 85 y ss.

constituye un método para alcanzar y "purificar" el ☿ . Pero en la alquimia misma no faltan alusiones a esta posibilidad. El *De Pharmaco Catholico*, por ejemplo, nos enseña que concretamente el Mercurio se apoya en los pulmones por medio del elemento Aire, que "recorre y penetra, como espíritu, los otros dos principios, la Sal y el Azufre, o sea, el Cuerpo y el Alma, y que a ambos une y a ambos ciñe mediante el calor natural";[373] tras lo cual no es difícil comprender sobre qué tiene que actuar el Fuego" en aquel que desee deshacer y transformar dicha unión.

Pasando a la segunda clave (que en ciertos métodos es un desarrollo de la primera), tenemos que ésta viene dada por la concentración sobre la *sangre*, alcanzable a través de la sensación del calor corporal. A este respecto, las alusiones herméticas son más frecuentes, en expresiones que hay que considerar en un sentido al mismo tiempo real y simbólico.

Ya los autores árabes hablaban de una "descomposición que mediante el Fuego suave transforma la naturaleza en una *sangre*".[374] Y Morieno dice: "La perfección del Magisterio consiste en tomar los cuerpos que estén unidos... Ahora bien, la sangre es lo que principal y más sólidamente los une, porque los vivifica y los identifica".[375] Y Pernety: "La solución, disolución y resolución son propiamente la misma cosa que la sutilización. El medio para alcanzarla, según el Arte es un misterio que los Filósofos revelan sólo a aquellos que a su parecer están calificados para ser iniciados. No *puede realizarse* -dicen- *sino en la propia sangre*"; sangre que el mismo autor relaciona luego con el "Agua nuestra, de la cual se halla compuesto nuestro propio

[373] *De Pharm. Cath.*, V, 1. *Cf. Ibid.*, III, 11. Aún más explícito PERNETY, *Dict.*, 6; *Fables*, I, 96.

[374] CMA, III, 110.

[375] *Colloquio col re Kalid*, cit., 97.

cuerpo".[376] "En las tres soluciones de las que os hablo -dice el *Triunfo Hermético*-,[377] el Macho y la Hembra, el Cuerpo y el Alma, no son otra cosa que el Cuerpo y *la Sangre*... La solución del (sentido del) cuerpo en su propia *sangre* es la solución del Macho por medio de la Hembra y la solución del Cuerpo por medio de su espíritu... Trataréis en vano de realizar la solución perfecta del mismo cuerpo, *si no reiteráis sobre él el aflujo de su propia sangre*, que es su menstruo natural, su Mujer y su Espíritu al propio tiempo, con el cual se une tan íntimamente que no constituye más que una y la misma sustancia." Dorn[378] dice: "Del cuerpo empalidecido se separa, con la *sangre*, aquella Alma, que para nosotros supone un premio tal, que consideramos viles todos los cuerpos"; y Braccesco considera que la Materia incorruptible y quintaesenciada que hay que extraer de los elementos caducos se encuentra en la *sangre humana*;[379] y en el *Gran Libro de la Naturuleza*, tinctura microcosmi magistere se explica como *"sangre humana para hacer la lámpara de la vida"*.[380] Finalmente, en Artefio, el "Agua que cambia los Cuerpos en Espíritus, desnudándolos de su grosera corporalidad" la "Piedra *Sanguinaria*" y la "fuerza de la *Sangre Espiritual*, sin la cual no se hace nada", van asociados.[381]

---

[376] PERNETY, *Dict.*, 467.

[377] *Trionfo Erm.*, 283.

[378] G. DORN, *Clavis Philos. Chem.*, III, 14.

[379] BRACCESCO, *Espositione*, f. 77 *b*.

[380] Trad. cit., p. 120, *cf.* 117. Aquí hay que tener presente el símbolo tradicional iniciático de la luz como vida del cuerpo.

[381] *Libro de Artefio*, 128. Al leer que ésta es también "el Agua viva que riega la tierra para hacerla germinar", es inevitable recordar a propósito de esa sangre espiritual, aquella otra del toro muerto por Mitra, que al caer a la tierra produce el mismo efecto. *Cf. Libro de El Habîr*, CMA, III, 92: "Conviene que conozcáis la fuerza del agua eterna... porque su fuerza es la de la sangre espiritual. Cuando la introducís en el cuerpo... ésta lo transforma en espíritu al mezclarse con él, y ambas cosas forman entonces una sola... El cuerpo que ha dado nacimiento al espíritu se hace espiritual y adquiere el color de sangre". *Cf.*, también, DELLA

El símbolo de la travesía del *Mar Rojo* utilizado por el mismo hermetismo, [382] podría formar parte de este mismo orden de alusiones: especialmente si recordamos que en algunas escuelas gnósticas, de cuyos símbolos hemos destacado ya, en varias ocasiones la convergencia con los herméticos, se enseñaba que "salir de Egipto quiere decir salir del Cuerpo" y "atravesar el Mar Rojo es atravesar las Aguas de la corrupción, Aguas que no son otra cosa que Cronos", explicando que "aquello que Moisés llama Mar Rojo es la *Sangre*", y declarando perentoriamente que "en la sangre está la espada de llama ondulante que cierra el paso hasta el Árbol de la Vida". [383]

Llegamos así a la idea de una operación y transformación que se realiza en el principio sutil de la sangre en virtud del Arte, cuyo sentido una vez más aparece como una repetición de la aventura "heroica". Böhme, tras declarar que el Fuego de la vida humana reside en la sangre, habla de una segunda sangre que debe introducirse en la sangre humana colérica y en el fuego de la muerte (determinada por la "caída") para ahogarla; [384] lo que hay que relacionar con el "León Rojo" que hay que vencer; o con aquel *ios* o *virus* que es una *herrumbre* roja, en sentido negativo, que hay que quitar al cobre; o con el nacimiento del Hijo que en

---

RIVIERA, *Il Mondo Magico, cit.*, 60-61: "Y como la sangre es la sede de los espíritus vitales, por ello contiene en sí la vida espiritual de todo. De esta misma sangre trató y entendió Orfeo en el *Lapidario*, cuando dice que la sangre de Saturno caída a tierra, se congeló en piedra: queriendo decir que en sí contiene, y abraza perfectamente ambas magias naturales, es decir la especulativa y la práctica al mismo tiempo... Con razón, cabalísticamente leemos, que la sangre mágica nos proporciona la salud de los espíritus vitales; puesto que contiene dicha quintaesencia... E igualmente se habla de esta sangre como de leche de la Virgen, entendiéndose por la Virgen la Luna".

[382] BERNARDO TREVISANO, en su Sueño verde, habla luego de un mar, rojo por ser de sangre. En él se halla una isla que comprende siete reinos, donde el autor es transportado por un torbellino.

[383] *Apud* HIPÓLITO, *Philos.*, V; 16; VI, 15, 17...

[384] BÖHME, *De Signatura*, XI, 10.

poco tiempo adquiere forma y se hace mejor que el Padre (que el operador que lo ha producido), quebrantando la esencia ígnea que es la cabeza de la Serpiente, y pasando a través de la muerte del fuego;[385] con la liberación del "espíritu tenebroso" lleno de vanidad y de pereza que, "cuando domina sobre los cuerpos, les impide recibir el blanco";[386] con la avidez del Mercurio que hay que destruir y del que se ha dicho: "La limpieza es un apetito que se apodera de sí mismo... y produce en los cuatro Elementos (del hombre) un *espíritu análogo,* con el hervor salitroso cuyo principio es el elemento húmedo".[387]

---

[385] *Ibid.,* IV, 24.

[386] COMARIO, texto en CAG, II, 296.

[387] BÖHME, *De Signatura,* XIII, 34; XIV, 47. Cuando se dice que toda vida vegetativa, o sea ♀ consiste en deseo (*ibid.,* VI, 1) se refiere a esa infección transmitida por el principio lunar, donde se determina la avidez elemental y el instinto ciego de conservación del ser animal. Puede recordarse también, a este propósito, el *eros* que según Plotino (*Enn.,* III, V, 7) se engendra ante el reflejo del bien en este mundo, confundido con el bien en sí.

8. El Corazón y la Luz

Lo mismo que en fisiología, así también herméticamente *corazón* y sangre están relacionados entre sí y la transformación y la apertura que se realiza en la sangre se centraliza en el corazón. Al ser centro de la Cruz elemental y del Cuerpo, el corazón es el lugar en el que, en el "blanco", se produce la "vivificadora luz de la Quintaesencia".

Atendamos a Gichtel: "La operación se produce en el *corazón* y en él la puerta de los cielos (de los estados ocultos) es violentamente golpeada. El alma trata de retirar la propia voluntad de la constelación exterior para dirigirse a Dios en su centro; abandonando todo lo sensible y pasando por la octava forma del Fuego (la que se halla más allá del septenario inferior y que por ello constituye el límite entre el mundo natural exterior y el mundo inteligible interior), lo cual requiere un esfuerzo encarnizado, sudor de sangre (el "esfuerzo de Hércules" de la "separación"), porque entonces el alma debe luchar contra Dios (para mantenerse y no "disolverse" en la Luz) y contra los hombres (para superar al propio tiempo la condición humana)".[388]

El mismo autor dice que "la vida del alma surge del fuego eterno interior" que tiene su centro en el *corazón* y es semejante al dragón ígneo; habla de una Vida-Santa-de-Luz oculta, inactiva e insensible en el hombre natural que, reavivada, anula el Fuego tenebroso, produciendo en el corazón una claridad tal que es capaz de romper el vínculo creado por el Dragón antiguo en torno al principio Sol.[389] Esta Luz, según Gichtel, se relaciona a su

---

[388] G. GICHTEL, *Theosophia Práctica*, II (5); Imr., § 8; I, 53.

[389] *Op. cit.*, II, 6, 12, 13, 51, 54. *Cf.* BÖHME, *Morgenröte*, XXV, 98; XI, 68, 70: "El cielo se halla oculto en el corazón"; "La puerta del cielo se abre en mi espíritu; puesto

vez con el Agua y la Mujer (la Virgen, Sophia = sabiduría), la cual "arrastra por completo al alma fuera del cuerpo y la hace atravesar un mar de agua ígnea",[390] cuya correspondencia con el Mar de Sangre del Trevisano, y con el símbolo del Mar Rojo, es evidente.

También para el Cosmopolita, el Agua se halla en el centro del corazón de los simbólicos metales.[391] En el *Libro de la Clemencia* la voz interior que se manifiesta en una visión reveladora declara "Soy la luz de tu corazón puro y fulgente".[392] Y en el *Corpus Hermeticum* se exhorta a ser sobrio y a "abrir los ojos del corazón",[393] lo cual se relaciona con el renacimiento intelectual, que equivale al renacimiento por el Agua o por la Virgen y se realiza con el despertar de la conciencia propia de la "parte media".

Sea como fuere, la concordancia de la enseñanza hermética con la de otras tradiciones iniciáticas en este punto es evidente. En los Upanishads, por ejemplo, se dice que la unión de ambos - el dios de derecha, que es la llama, y la diosa de izquierda, que es la luz- en un andrógino se realiza en un "espacio etéreo del

---

que el espíritu ve al ser divino y celestial, no fuera del cuerpo, sino que el relámpago se libera en la fuente bullente del corazón, en la sensibilización del cerebro, en la que el espíritu contempla... Detenido el relámpago en el corazón, sale en el cerebro, por las siete fuentes-espíritu, como una aurora, y en ella se encuentra el objetivo y el conocimiento".

[390] *Ibid.*, IV, § 98, 99. Gichtel, al referir la experiencia, dice: "De pronto recibió mi espíritu un impacto y caí a tierra" (III, 50), cosa que sería interesante comparar con las expresiones acerca de la muerte del corazón que figuran en el lenguaje secreto de los llamados Fieles de Amor: en la *Vita Nuova*, Amore despierta a la "Donna" que duerme y le da a comer el corazón de Dante; y, en Lapo Gianni, al aparecer la Mujer que le dirige el saludo, "el corazón que vivía, murió" (*cf.* L. VALLI, *op. cit.*, pp. 159, 277); *cf.* con el hermético: "Mata al vivo, resucita al muerto".

[391] *Novum Lumen Chem.*, IV, 24. DANTE (*Vita Nuova*, II) habla de "el espíritu... que mora en la cámara más secreta del corazón".

[392] CMA, III, 135.

[393] *Corp. Herm.*, IV, 11; VII, 1.

corazón"; que "el espíritu hecho de conocimiento, todo luz, todo inmortalidad", "el vidente no visto, el conocedor no conocido", brilla en el hombre en el interior del corazón, por ser el corazón su morada, cuando al desvincularse de toda cosa corporal en el estado de sueño se convierte en luz de sí mismo.[394] El *purusha*, el "Hombre interior", vigila sobre los durmientes (la "vigilia perenne", la "naturaleza inteligible sin sueño") es la verdadera luz y la ambrosía: el que ha salido del cuerpo como un puñal de su vaina, tiene su "morada permanente en el corazón".[395]

La referencia de la sede del corazón al Dominador y al "dique que contiene a los mundos dentro de ciertos límites, donde no recaigan en el caos",[396] se repite en la expresión cabalística:

"El corazón en el organismo como un rey en guerra".[397] Por otro lado, la asociación que en la cábala, así como en algunos escritos cristianos medievales, se halla entre el corazón y "palacios" o "templos" simbólicos,[398] puede arrojar luz allí donde encontremos estos mismos símbolos usados en la tradición hermética.

---

[394] *Bradaranyaka-Upanishad*, IV, 11, 2-3; II, v, 10; IV, m, 7-9; II, 1, 15. En el último pasaje, el espíritu que ha pasado al estado correspondiente al sueño que es denominado "Gran Rey Soma de la túnica *cándida*", puede suponerse una correspondencia de la *blancura* hermética.

[395] *Kathaka-Upanishad*, II, v, 8; II, V1, 17. *Cf. Bhagavad-Gîttâ*, XV, 15; XIII, 17.

[396] *Brhadaranyaka*, IV, IV, 22.

[397] *Cf.*, por ejemplo, BUENAVENTURA, *Vitis Mystica*, c. III; GIOV. CRIS., *Omelie*, 84, IX; *Zohar*, I, 65 *a*, así como las expresiones de MILAREPA (*Vie de M.*, traducida por J. BACOT, París, 1925, pp. 141, 173, 226): "Me arrodillo... en el monasterio montano que es mi cuerpo, en el templo de mi pecho, al sonido del triángulo de mi corazón"; "En la gruta del desierto (*cf.* la "caverna del Mercurio" y el espacio "cavernoso" del corazón), transformaré la transmigración en liberación. En el monasterio de tu cuerpo; tu alma fuerte será el templo donde se reunirán los dioses juntos en la iluminación"; "...el santo palacio que es la región de la idea pura"; *cf.* con el "palacio del rey" de Filaletes.

[398] *Sepher Jetsirah*, c. VII.

Podemos referirnos, también, a la doctrina general tradicional, según la cual en el momento de la muerte, o de un peligro mortal, o de un momento de terror, toda la energía vital difusa por el cuerpo afluye al corazón, cuyo vértice comienza a brillar con una luz suprasensible, a través de la cual el espíritu "sale".[399] Dicho esto, basta recordar que, en abstracto, el proceso de la iniciación es el mismo proceso que en los demás produce la muerte, para tener una nueva confirmación de la relación existente entre la sede del corazón y el lugar del acontecimiento, en el cual el iniciado alcanza la "muerte triunfal", conquistando la inmortalidad y recuperando la posesión del "Árbol" y de la "Mujer". Una vez disuelto el vínculo del corazón que "impide que los no-regenerados vean la luz", establecido el contacto con aquello de lo cual el corazón es una simbólica correspondencia en el organismo físico, se produce un desarraigo, una sutilización, una apertura, una iluminación en la sensación de la sangre por la cual se obtiene esa *sangre espiritual* sin la cual, según dice Artefio nada es posible; es el Mercurio Andrógino por excelencia que, en la vía seca, tiene el poder del "Agua viva que riega la tierra y la hace germinar".

---

[399] *Cf.* AGRIPPA, *De Occ. Philos.*, III, 37; *Brhadaranyaka*, IV, 38; IV, 1-2.

9. Desnudamientos y eclipses

En cierto modo, el trabajo de ascesis y de purificación es también una condición para la "vía húmeda", como *preparación*. Así resulta que todo elemento psíquico subsistente tras la "separación" adquiere la capacidad de un transformador de los poderes más profundos que se manifiestan, los cuales, al enfrentarse con él, se polarizan según su cualidad. Así, si una oportuna preparación no elimina la escoria de las pasiones, sensaciones, inclinaciones y constelaciones irracionales tenazmente arraigadas en la penumbra de la conciencia, el resultado será la potenciación desmesurada de todos estos elementos, los cuales se transformarán en otros tantos cauces por los que se precipitarán con vehemencia antes ignorada las energías elementales. De ahí el dicho: "El Fuego acrecienta la virtud del sabio y la corrupción del perverso".[400] En el campo del conocimiento toda visión resultará así deformada, oscurecida o incluso falsificada, cuando no suplantada, por simples proyecciones alucinatorias de impulsos y complejos subjetivos y de repercusiones de funciones orgánicas. En el terreno dinámico se presentarán por regla general todos los peligros que puede producir la inserción de un alto potencial en circuitos cuya resistencia y capacidad de transformación es limitada.

Todo esto es lo que puede suceder cuando la "mortificación" no haya sido rigurosa. Por eso los alquimistas exhortan a protegerse de los colores rosáceos o amarillos que puedan aparecer *después* del negro, pero *antes* que el blanco: serían una señal de que existen residuos de calidad *Yo* (en sentido negativo, como Yo humano del cuerpo animal), que podrían alterar la experiencia siguiente; el verdadero color rojo

---

[400] *Libro della Clemenza*, CMA, III, 136.

(la reafirmación activa) debe aparecer *después* del blanco, ya que sólo en el blanco se alcanza la nueva condición de existencia.[401]

A este propósito, Della Riviera dice que podría suceder que, una vez el Buitre de la Tierra[402] árida y seca haya obtenido una parte de "la leche virginal reservada para nutrir el delicado infante recién nacido", se presenten maravillas y asombros: "Eclipses, nuevas tinieblas, vendavales furiosos, huracanes y hálitos venenosos, de donde habría que deducir que todo eso no fuera infusión del Alma e iluminación del Cuerpo, sino muerte y destrucción para ambos". Sólo después que el cielo vuelve a serenarse, la tierra sale de la noche, verdegueante y florida, y el simbólico niño, desnudo de los variopintos hábitos, asume otro de sumo candor, "símbolo de su pureza celestial" -la *blancura*, a la que seguirán la púrpura real y el cetro imperial.[403] Andreae habla también de un viento desencadenado y del oscurecimiento de la Luna,[404] y Filaletes señala la malignidad del Aire (del estado ya no terrenal) y la formación de nubes tenebrosas que se aclaran con las Aguas (purificadas) hasta la blancura lunar.[405]

Los alquimistas griegos mencionan los conjuros mágicos que hay que utilizar para detener a los demonios que quieran

---

[401] R. BACON, *Speculum Alchimiae*, § VI; ALBERTO MAGNO, *Campos. De Comp.*, § V: "Blanquead la tierra negra antes de añadirle el fermento (el principio activo, o rojo)... Sembrad vuestro Oro en la Tierra (hecha) blanca".

[402] Este *buitre*, oculto en la tierra, o sea en el cuerpo, puede ser referido al mito prometeico: es el fuego robado, o infinito (en hermetismo el alma es llamada unas veces Prometeo y otras *infinito*), convertido en principio de la *sed* que consume al hombre en su caída, cuando se halla encadenado a la roca, o Piedra, o sea fijado al cuerpo y privado del Agua Viva. El "Buitre que grita en la montaña" es una alegoría frecuente en los textos alquímicos, la montaña, simbólicamente, expresa el estado más alto que se puede conseguir mientras se permanece en la "tierra", y el Buitre de la montaña aspira a volar sobre el aire y promete el premio supremo a quien se lo permita y le restituya el "licor" (D'ESPAGNET).

[403] DELLA RIVIERA, *Il Mondo Magico degli Heroi*, 90-92.

[404] J. V. ANDREAE, *Chemische Hochzeit*, c. V.

[405] FILALETES, *Introitus*, c. VI.

impedir que el Agua divina trasmute el Cobre en Oro; [406] demonios que, al margen de eventuales referencias a efectivas operaciones de magia ceremonial, tienen el mismo valor simbólico que la aparición de animales inmundos para beber la sangre del Toro herido por Mitra, sólo ahuyentando los cuales continúa el milagro de la vegetación que dicha sangre hace brotar de la Tierra. [407] En la interpretación hermética de los mitos clásicos, esta fase corresponde al trabajo que Hércules debe realizar para matar a las Arpías, pájaros negros descubiertos por la separación, "espíritus rapaces descubiertos en el mundo mágico";[408] o también la exterminación hasta el último de los soldados armados que, en el mito jasónico, nacen en el campo de Marte, donde han sido sembrados los dientes arrancados del dragón. [409]

En términos místicos, finalmente, Gichtel habla del peligro que aparece en el momento de trasfundirse la virtud de la Virgen al "Alma ígnea", porque esta última puede todavía salir de la humildad y de la ecuanimidad para caer en el amor de sí misma, convirtiéndose en un demonio orgulloso y egoísta: ni la Virgen puede ayudarla porque su esposo (el Alma) ni se libera ni se disuelve, sino que cada vez se hace más ígneo y exaltado, y rechaza todo aquello que no es ígneo: de modo que Sophia se retira a su principio de Luz y apaga el fuego del alma que de ese modo cae en el estado de "pecado". [410]

---

[406] CAG, II, 397.

[407] F. CUMONT, *Les Mystères de Mithra, cit.*, pp. 137-138.

[408] DELLA RIVIERA., *op. cit.*, 105. *Cf. Filum Ariadnae*, c. XXVI.

[409] *Cf.* PERNETY, *Fables, cit.*, pp. 457-479. El mito indica también el remedio: hay que hacer de modo que tales soldados se combatan y destruyan entre sí, *sin que nosotros intervengamos para nada en el combate. Cf.*, EVOLA, *Lo Yoga della Potenza, cit.*, pp. 117, 122-123, 198- 199.

[410] GICHTEL, *Theosophia Practica*, II, 66-67, 70; cf. VI, 45-46.

Se trata, pues, de alusiones a aquello que puede derivarse de las escorias o elementos no reducidos a "cenizas" (de modo que no puedan "encenderse" ya) dejadas como restos cuando las fuerzas más profundas afloran de la vida ♀ , energizando y multiplicando -y no pudiendo dejar de energizar y multiplicar- todo lo que encuentran. Por la vía húmeda, la separación debería realizarse, pues, únicamente cuando, en el momento de ser investido y transportado, no quede detrás más que el puro principio Yo; por la vía seca, cuando este mismo principio haya reducido la propia naturaleza a una "quintaesencia" de todas las facultades superiores ☿ , oportunamente equilibradas y purificadas.

Podríamos, a este propósito, referir todo esto a la desconcertante advertencia que Andreae hace acerca de la "prueba de la balanza", aquella que indica precisamente en qué sentido se produciría la polarización del poder, en virtud del mayor "peso": "Has de saber que, sea cual fuere la vía que hayas elegido, en virtud de un destino inmutable, no podrás abandonar tu decisión y volverte atrás sin correr el mayor peligro para tu vida... Si no te has purificado por completo, las nupcias serán para mal". Y en el momento de la prueba advierte: "Si, por otra parte, alguno del grupo no está totalmente seguro de sí, que se vaya... Porque mejor es huir que emprender aquello que es superior a las propias fuerzas".[411]

En tal sentido, independientemente del método escogido, los textos están de acuerdo en la necesidad de una preparación de las sustancias. En la Obra se utilizarán no las sustancias como son, sino las sustancias preparadas (desbastadas). Un tema que aparece una y otra vez en la alquimia es el de *desembarazarlas de las partes: heterogéneas* de todo aquello que no sea ellas mismas o que sea interferencia irracional de una facultad con la otra.

---

[411] ANDREAE, *Chem. Hochz.*, I, 4; II, 15.

Un segundo tema es el del *desnudamiento*, que extrae y aísla los elementos útiles. El uso iniciático del símbolo de la "desnudez", por otra parte, es tradicional.[412] Debemos, sin embargo, destacar dos acepciones diferentes en el hermetismo de los "hábitos" y de los "desnudamientos": la primera se refiere precisamente a la preparación ascética, a la simplificación íntima del Alma que, aun manteniendo las condiciones generales del estado humano de existencia, es devuelta a sí misma; la segunda se refiere a un plano de *realidad* y corresponde a la separación, y entendida como un poner en acto la conciencia y la potencia ya dispuestas fuera de sus vestidos, que en ese caso representan las condiciones de la misma corporeidad humana general.

---

[412] Por ejemplo FILÓN DE ALEJANDRÍA (*Leg. Alleg.*, § XV) llama los "desnudos" a aquellos que, "abandonando la vida de muerte y participando en la inmortalidad, son los únicos que contemplan los, inefables misterios". La renuncia a la posesión de los "vestidos" y "ornamentos" puede equivaler al precepto de la *pobreza*, que entonces se eleva a un sentido iniciático. En un testimonio gnóstico se encuentra una importante relación entre desnudez y virilidad espiritual -*ios o virya*- relativamente a la "Puerta del Cielo", "reservada, sólo a los hombres neumáticos": "Al entrar, arrojan los vestidos y se convierten en esposos, una vez obtenida la virilidad del espíritu virgen", en el que es fácilmente reconocible el Mercurio al "blanco" (*apud* HIPÓLITO, *Philos.*, V, 8). *Cf.*, también, PLOTINO, *Enn.*, I, VI, 7: "Aquellos que ascienden por las gradas de los sagrados misterios se purifican y deponen los vestidos con que se cubrían, y marchan desnudos".

10. La sed de Dios y las "aguas corrosivas"

Al margen de la preparación y el desbastado, hemos dicho que la esencia de la vía húmeda consiste en provocar directamente, de manera artificial y violenta, la separación, de modo que no sea el Yo (el Oro) el que libere a la Vida (el Mercurio), sino la vida quien libere el Yo y lo rescate de sus lepras.

Para ello puede emplearse el método de elevar a una intensidad anormal las fuerzas del propio deseo, orientadas de otro modo. El supuesto, en este caso es el que enuncia Böhme, y que dice que el *apetito* es el principio tanto del nacimiento creatural como del renacimiento, lo que impulsa hacia el cuerpo y lo que impulsa hacia la eternidad.[413]

Y Gichtel dice: "Todo se reduce a convertir nuestra Alma, a dirigir nuestro *deseo* interiormente y desear a Dios y no cesar de desearlo hasta que Sophia con el Espíritu Santo encuentre al deseo... El *apetito* perpetuo del viejo cuerpo hace el oficio de abono: agota todo hasta el hartazgo y la angustia, y obliga al alma a volverse hacia el padre".[414] Y continúa con algunos conceptos técnicos interesantes: "El deseo mágico o magnético de la voluntad anímica es el creador y el generador de lo que el alma ha concebido en su imaginación, o sea, de la noble y suave Luz de Dios...[415] Bajo el poderoso deseo de la plegaria, el Alma se

---

[413] BÖHME, *De Signatura*, XV, 51.

[414] GICHTEL, *Theos. Pract.*, I, 25; III, 26.

[415] Más técnicamente BÖHME, *De Signatura*, VIII, 6: "La cualidad oleosa sólo ejerce su facultad vivificadora cuando se halla sometida a la angustia de la muerte, la cual la conmueve y exalta. Cuando se trata de ahuyentarla, se evade y crea así la vida vegetativa", o sea el crecimiento simbólico de ☿, equivalente a Sophia y a

inflama en una clara luz, de la cual se eleva triunfante la Virgen celestial... El Fuego (interior del hombre que desea) engulle esta celestial presencia de la Luz, que el Alma *imagina con ansia*, atrae hacia sí y hace presente, luego quema claramente y produce en el corazón una hermosa y clara Luz".[416] Aquí las imágenes hacen el oficio de "transformadores", en un sentido de trascendencia, en relación a estados de profunda emoción que se concentran en él partiendo del fuego del deseo.

Y en el *Libro de Ostano*: "Cuando el amor por la Magna Obra penetró en mi corazón y las preocupaciones que tenía por ella hacían huir el sueño de mis ojos; cuando me impedían comer y beber hasta el punto de que el cuerpo adelgazaba y acabé por tener un aspecto alarmante, me entregué a la plegaria y al ayuno", a lo cual siguió, bajo forma de visión, la primera serie de experiencias: se habla de un ser que conduce al alquimista ante *siete* puertas, del mismo modo que Gichtel dice que Dios introdujo su espíritu en los *siete* centros.[417]

Cyliani habla del estado en el que "se ha perdido todo y ya no queda esperanza" y "la vida es un oprobio y la muerte un deber",[418] al igual que el *sui juris non esse* el disgusto por, el mundo, la muerte a la propia voluntad, el impulso de renuncia, de dejamiento integral, de fe, de que se habla en los místicos pueden considerarse como elementos útiles para la Obra cuando no se posea la fuerza de una separación activa (vía seca), pero se anhele teniendo el centro de sí en las "Aguas", en el "Alma viscosa", en aquello mismo que se deja.[419]

---

la "Luz".

[416] GICHTEL, *op. cit.*, IV, 42; 8.

[417] GICHTEL, *ibid.*, VI, 43; III, 66; IV, 8.

[418] CYLIANI, *Hermès Dévoilé*, reed. Chacornac, París, 1925, p. 23.

[419] Así, si el asunto marcha, puede comprenderse que la siguiente mutación de estado pueda ser considerado como *gracia* de los místicos.

Por otra parte, ya se sabe que todo esto está herméticamente justificado según los efectos reales que puedan seguirse iniciáticamente, y no según valores morales y religiosos: así, a igualdad de efectos, pueden justificarse igualmente otros medios, que a los ojos de un profano adquieren otro carácter muy distinto.

Tales podrían ser las formas violentas de un estatismo orgiástico de tipo dionisíaco, cibélico y monádico, en que las fuerzas elementales son evocadas, y bajo ciertas condiciones, llevadas a la autosuperación y a la violencia sobre sí mismas.[420] Herméticamente, puede hacerse referencia además a las llamadas *aguas corrosivas* o "venenos", en el sentido especial de sustancias capaces de provocar artificialmente la disociación entre los diversos elementos del compuesto humano. Los textos, sin embargo, desaconsejan el uso de estas aguas y de estos Fuegos violentos, o recomiendan la máxima precaución, porque, dicen, más que lavar, arden; disuelven los cuerpos, pero pueden no conservar los espíritus; no operan con el "Fuego lento de naturaleza", sino con la "precipitación que procede del diablo". Su acción es repentina y discontinua, de donde se deduce que la dificultad para mantenerse activos en el cambio de estado es tanto mayor.

En este orden de cosas, ya en los textos griegos encontramos indicado el uso de hierbas mágicas. Por lo general, hay que referirse a las antiguas tradiciones concernientes a las "bebidas sagradas" o "de inmortalidad" como el Soma védico, el Haoma iraní, el hidromiel de los Eddas y el propio vino.

En el origen se trataba de símbolos: la bebida sagrada era el mismo éter de vida, como principio de exaltación y de regeneración interior: En los orígenes, ponerse en contacto con

---

[420] En la literatura mistérica clásica se habla continuamente de "orgías sagradas", para designar, por lo general, los estados de entusiasmo sagrado, e incluso de frenesí, que conducen y facilitan un determinado tipo de iniciaciones.

el cual era, para el hombre, una posibilidad mucho mas próxima que en tiempos posteriores.

La tradición, sin embargo, quiere que en un momento dado, una determinada bebida dejara de ser "conocida" y fuera sustituida por otra, por lo que dejó de ser un símbolo para convertirse en una bebida real compuesta con sustancias adecuadas para producir un estado psicofísico que constituye una condición favorable para que el espíritu pueda producir el *verdadero* e inmaterial Soma, Haoma, etc. En el uso hermético de las *"hierbas mágicas"* se trata, probablemente, de alguno de estos medios artificiales para alcanzar una exaltación o una ebriedad, asumidas como medios para llegar al éxtasis activo.

Lo mismo puede decirse de aquello que, con una jerga desconcertante, se denomina en algunos textos alquímicos como *urina vini*, equivalente a "orina de ebrio".[421] *Urina* se explica mediante la raíz *ur*, que en caldeo designa el fuego (*urere* = arder) y con el anagrama *UR Inferioris NAturae*,[422] que es precisamente el Fuego húmedo agente en estos métodos.

Especificando, "orina de ebrio" alude al estado de exaltación, de "ebriedad" o de "entusiasmo" a la que va ligada una de las manifestaciones de tal fuego: mientras que cuando otros añaden que las orinas deben ser de "infante" y de "impúber", se alude a la condición de simplicidad y de pureza (o de elementariedad, de "estado naciente") que debe mantenerse en dicha "combustión", para la cual se exige ese "movimiento o ímpetu del espíritu" y esa "inspiración" que sólo ellas -y no el razonamiento, la lectura o el estudio- permiten, al decir de Geber, descubrir el secreto.

Hagamos mención, a este propósito, de las frecuentes referencias al vino en los textos más recientes, a partir de Ramón Llull, y repitamos que unas veces se trata de un símbolo y otras

---

[421] *Gran Libro della Natura*, cit., 120.

[422] DELLA RIVIERA, *Mondo Magico*, 196.

de una realidad, o de ambas cosas a la vez. Citaremos un solo texto: "Es admirable, y para el vulgo increíble, que el espíritu del vino -extraído y separado por completo de su cuerpo- (se trata de recoger el aspecto sutil de la experiencia proporcionada por el vino), valga, por su continuo movimiento de circulación, para extraer... cualesquiera otros espíritus de sus cuerpos: sean vegetales (♀), minerales (☉) o animales (☿)... La *Quinta-virtus-essentia-prima* del *Vinum* atrae las *vires* (los poderes, la virilidad) de todos los seres infusos en ella: desasiéndolos de los elementos por disolución del vínculo natural: consiguiendo los espíritus, por apetencia y reacción, elevarse por encima de las resistencias pasivas".[423]

Por otro lado, ¿no ce significativo que el término *aguardiente* (*Agua Ardiente*) apunte tan directamente a las experiencias de los alquimistas, y que otra antigua designación sea *Agua de Vida o Aqua vitae*?

---

[423] G. DORN, *Clavis Philos. Chem.*, I, 233, 239. *Cf.* R. LLULL, *Teatro Químico*, IV, 334; A. DE VILANOVA, *Opera Omnia*, Basilea, 1585, 1699; *De Pharm. Cath.*, XVII, 1. Para la convergencia de otras tradiciones en este tema podemos recordar que la viña en asirio era llamada *karana*, o sea, "árbol de la bebida de vida" (D'ALVIELLA, *Migr. Symb., cit.*, 184), y que el vino empleado en los rituales orgiásticos tántricos (*pancatattva*-pûjâ) en relación con el despertar de la conciencia bajo la forma del principio Aire, recibe el nombre de "salvador en forma líquida" (*dravamayi-tara*), pero también de "semen o fuerza de Siva", nombre dado por la alquimia hindú también al Mercurio (EVOLA, *Lo Yoga de la Potenza*, pp. 177, 193). Acerca de la técnica de las aguas corrosivas, véase *Intr. a la Magia*, vol; II, p. 140 y ss.

11. La vía de Venus y la vía radical

Siempre dentro de la vía húmeda, en el hermetismo es muy frecuente la repetición de símbolos sexuales, hasta el punto de dar un cierto fundamento a la suposición de que esta tradición debía de poseer también conocimientos de otra clase de "Aguas corrosivas" relacionadas con el poder disgregador que la *mujer* ejerce sobre el hombre cuando se une con él en el amor y en el acto sexual. Al igual que para el Soma, podría decirse a este respecto que la Mujer de los Filósofos (símbolo de la fuerza de vida) en cierto momento dejó de ser "conocida": entonces la mujer terrestre fue utilizada como un medio para alcanzarla de nuevo, gracias al vértigo y al éxtasis que el *eros* puede producir entre los seres de los dos sexos.

De ahí el sentido de algunas "operaciones a dos vasos", a que se alude enigmáticamente en alquimia; los dos vasos serían los cuerpos de dos personas de sexo opuesto, que contendrían separadamente los dos principios herméticos que en las otras prácticas se preparan y combinan en un solo ser: el activo y el pasivo, la fuerza áurea y la fuerza húmeda cautivadora y simpática, que hace de "solvente" en la "clausura" propia de la primera. De este modo podríamos dar una interpretación real, además de la simbólica, a expresiones como: "Nuestro oro corporal es como muerto antes de unirse a su esposa. Sólo entonces el Azufre interior y secreto se desarrolla",[424] y: "Con azufre de Venus se mejora, revaloriza y reintegra de raíz el Azufre interior del hombre".[425]

---

[424] FILALETES, *Introitus*, c. I.

[425] *De Pharmaco*, XIII, 1, 5. BRACCESCO (*Esposit.*, 56 *b*, 63 *a*) habla también de dos azufres, uno de Venus y otro de Marte. El lector deberá haber adquirido ya una cierta práctica en la trasposición de símbolos. También se refiere a Venus (la

En este plano, las fases del rapto producido por la extracción, tras la detención y la fijación, ya consideradas bajo los símbolos de cortar las alas al dragón que ha levantado el vuelo en el éter, y de abatir el toro al final de su furiosa carrera, podrían reconocerse tras las expresiones de un texto alquímico-cabalístico, donde se habla del lanzazo de Fineo (*Números*, XXV) que "traspasó juntos en el momento de su unión e *in locis genitalibus*, al Israelita solar ☉ y a la Madianita lunar ☾ Realizando el diente o la Fuerza del Hierro sobre la Materia, la purga de todas las impurezas. El ☉ israelita no es aquí otro que ♀ el Azufre masculino (en estado vulgar); y por ☾ Madianita hay que entender ▽ el Agua seca (se alude quizás al enjugamiento de las *humedades superfluas* que la mujer debe haber realizado en su sensibilidad y en su facultad de sensaciones, mediante la oportuna preparación) debidamente mezclada con la mina o pirita *roja*. La lanza de Fineo no sólo degüella al ♀ Azufre masculino, sino que mata también a ☾, su mujer; y ambos mueren mezclando su *sangre* en una misma generación (sobrenatural en lugar de física). Entonces comienzan a manifestarse los prodigios de Fineo (el cual simboliza el operador)".[426]

En *De Pharmaco* se habla también de extracción del cálido Mercurio solar de la Mina de Venus mediante Tártaro (que

---

Hembra) un azufre, por ser un vaso (cuerpo) *a se*. FILALETES (*Introitus*, XIX) habla de otra vía, además de aquella en que opera sólo el calor interno, en los siguientes términos: "La otra Obra se hace con Oro ordinario y con nuestro Mercurio, *mantenidos por largo tiempo sobre un fuego ardiente*, que sirve para cocerlos a ambos, por medio de Venus, que de ambos salga una sustancia que llamamos jugo lunar (es el ☿). Hay que limpiarlos de impurezas y tomar la parte más pura". Mediante tal procedimiento se obtendría el verdadero Azufre, que hay que unir al Mercurio (fijación del blanco, véase p. 193 y ss.), y luego "a la sangre que le es propia" (obra al rojo).

[426] *Asch. Mezarph*, c. V (citado por ELIPHAS LEVI). La Cábala contiene más de una referencia al esoterismo sexual. *Cf.*, por ejemplo, *Zohar*, I, 55 *b*, "el Santo -bendito sea- no elige residencia allí donde el macho y la hembra no se ayuntan", por cuanto la cópula ilumina veladamente la forma del andrógino espiritual destruido por el pecado (separación del Árbol, o sea de la Mujer).

equivale al caos, al poder disolvente de tales combustiones simbólicas) y la Sal amoniacal, cuya virtud contractiva, en contraste con el primero, podría tener el mismo significado que el anteriormente dicho "lanzazo".[427] Y si en los textos herméticos se habla con frecuencia de una muerte que es consecuencia de la *conjunctio*, del "ayuntamiento", quizá se refiera también al trauma que puede presentarse en el ápice del abrazo y del orgasmo, si la pareja se somete a determinado régimen.

En realidad, en la fuerza de generación se oculta, sobre todo, la misma fuerza de la Vida, y se trata en este caso de sorprenderla, detenerla y apoderarse de ella en el momento en que, al dirigirse a la generación de otro ser, aparece por así decir, al desnudo, en un estado no-individuado: ya que no puede transmitirse de un ser a otro si, por un instante, no pasa por el estado indiferenciado y libre. Pero este estado, en sí mismo, es el aspecto "veneno" del Mercurio, el estado que mata. Así es posible encontrar en el acto sexual una condición análoga a aquella en que, a modo de una muerte activa, se realiza en la iniciación. De ahí el sentido del doble aspecto de Amor y de Muerte de ciertas deidades antiguas: Venus, como Libitima, es también una diosa de la muerte; en una inscripción romana dedicada a Priapo se lee: *mortis et vitae locus*.[428]

La convergencia de los diversos significados es más completa finalmente en la noción hindú de *kundalinî*, que es, al mismo tiempo, la Diosa y el "poder serpentino", la fuerza que ha producido la organización corporal y que sigue siendo su sostén,

---

[427] *Cf.* también la receta del *Gran Libro della Natura* (*cit.*, 128): "Para disolver un metal, enmohecerlo y luego sumergirlo en agua". PLOTINO (III, V, 8), en un texto desgraciadamente confuso, hace una sugerencia acerca del tema, entendiendo la ambrosía como una fuerza-ebriedad que gira sobre sí misma sin verter en otro. Cuando el poder de parada (golpe de lanza) actuando sobre el deseo produce aquello, el *amor* (*eros*) se transforma en *a-mors* (*no-muerte, ambrosía*), para utilizar la misma asimilación fonética tan empleada en el esoterismo trovadoresco.

[428] BACHOFEN, *Urreligion, cit.*, I, 263.

haciendo, sin embargo, en el sexo una manifestación precipua, la fuerza de la muerte o de la separación, y el poder utilizado por los yoguis para forzar "el umbral de Brahmán" y para irrumpir en la "Vía Regia".[429]

En los textos alquímicos podríamos encontrar otras alusiones al uso del poder que en el hombre se manifiesta como sexualidad: sobre todo en las referencias, más o menos directas, al Azufre Saturnal y Amoniacal que duerme en la sede inferior ♈, y que corresponde al "Padre" (Gichtel); Nitro infernal Φ que es una "ígnea clave mágica", un poder adversativo y destructor para el otro Azufre, el exterior (*De Pharmaco Catholico*). Pero cuando semejante poder se halla íntegramente en obra, ya no se trata de vía húmeda, ya que aun conservando en cierta medida la manera de ésta, es una vía que, por el contrario, podría llamarse *ultraseca*, por cuanto conduciría directamente a la última fase del "rojo", saltando toda fase intermedia, golpeando directamente la Materia con el fulgor ígneo contenido en el interior del ser telúrico y saturnal, el mismo con que fueron abatidos los titanes.

Es una vía peligrosísima. Geber la llama la "balanza del Fuego", y la considera "extraordinariamente difícil y peligrosa", "operación regia pronta y rápida", pero que los Sabios reservan únicamente para los Príncipes, con lo que se alude al presupuesto de una excepcional cualificación y dignidad natural.[430] Entre cuatro vías de que se nos habla en Andreae, ésta es aquella a través de la cual "ningún hombre alcanza el palacio del Rey", que

---

[429] La expresión hermética "via regia" se vuelve a encontrar del mismo modo en tales tradiciones. *Cf. Hatayopradipika*, III, 2-3 (comm.): "Pranasya cunya padavi tatha rajapa thayate".

[430] GEBER, *Libro de la realeza*, CMA, III, 126, 131. Se aconseja, por el contrario, aquel "equilibrio" constituído por la síntesis del Agua y del Fuego; p. 132: "Si se une el equilibrio del Fuego y el del Agua, la cosa saldrá en su forma más completa, aunque también el del Fuego por sí sólo puede conducir a la perfección".

es "imposible porque consume y sólo puede convenir a los cuerpos incorruptibles".[431]

Quizá sea la misma cosa que el despertar directo e *ígneo* de *kundalinî*, según el hathayoga tántrico, no precedido más que de una sola preparación "heroica" -*vîra-krama*- sin "mortificación ni "solución al blanco", es decir, sin pasar por la parte media del pecho (véase pág. 113). El peligro genérico de *muerte* -muerte no simplemente como hecho físico— con el que se enfrenta el iniciado es máximo en este caso.[432]

Como una atenuación de este método puede indicarse, finalmente, otra vía más, en cierto modo "andrógina", seca y húmeda, que se refiere a las iniciaciones *heroicas* en sentido estricto, referido al antiguo sentido sagrado de la guerra, a la antigua asimilación del héroe con el iniciado, a la *mors triunfalis* como "vía al cielo", etc. Se hace referencia también a una fuerza transparente y violenta, un *eros* semejante a las formas frenéticas u orgiásticas de la vía húmeda, pero directamente asumido en la calidad de Hierro o Marte.

El impulso heroico ofrece, técnicamente, las mismas posibilidades que el impulso místico, que el éxtasis orgiástico y que la mortificación sutil de la ascesis hermética, pero siempre y cuando el elemento Marte, por eliminación de las escorias terrosas, acuáticas y combustibles esté preparado hasta el punto de hallarse próximo a la cualidad Oro o Sol, y siempre y cuando el impulso mismo sea tan intenso que pueda llevar al otro lado de la clausura constituída por la dureza viril y más allá del mismo límite individual.

---

[431] *Chem. Hochz.*; II, 15.

[432] *Cf.* EVOLA, *Lo Yoga de la Potenza, cit.*, parte II. Para el aspecto práctico de los métodos sexuales, véase *Intr. alla Magia*, vol. I, pp. 238 y ss.; II, pp. 329 y ss. Para una exposición de las técnicas relativas al empleo mágico, iniciático y estático en las diversas tradiciones, *cf.* EVOLA, *Metafísica del Sexo*, 2.ª ed., Roma, 1969.

También por esta vía, sin embargo, puede llegarse a "suprimir el encantamiento que ataba al cuerpo del Oro y le impedía ejercer sus funciones de Macho": sin tener que seguir el método según el cual "el Fuego trabajado es suavísimo y atemperado desde el principio al final", sino siguiendo aquel otro en que se hace necesario un "Fuego violento semejante al Fuego que se usa para las multiplicaciones".[433]

---

[433] FILALETES, *Introitus*, XVIII y también GERBER, *Summa*, Manget, 530. Sobre la vía heroica, la iniciación guerrera y la muerte triunfal, *cf.* EVOLA, *Revuelta contra el Mundo Moderno, cit.*, I, caps. 18, 19, donde se alude también al aspecto técnico de evocación del doble o Mercurio mediante los estados provocados en una perspectiva guerrera.

12. Los fuegos herméticos

Para terminar estas aproximaciones a la técnica y seguir adelante, diremos también algo acerca de los *Fuegos* empleados en la Obra por los maestros herméticos.

"Sin el fuego -se dice- la Materia es algo inútil y el Mercurio Filosófico es una quimera que sólo vive en la imaginación. Todo depende del régimen de Fuego." [434] No es necesario hacer hincapié en que aquí no se trata del fuego vulgar, físico.

Crassellame se burla y llama "mariposas ahumadas" a quienes "velan noche y día junto a estúpidos Fuegos de carbón", y añade: "¿A qué obstinarse en las llamas? No carbón violento, sino hayas encendidas, usan los Sabios para la hermética Piedra".[435] Otros muchos autores repiten las ironías contra los "quemadores de carbón" y los "sopladores" -Pernety quisiera poseer "voz estentórea" para denunciarlos-, y dicen que su fuego es un fuego que no quema, un fuego *mágico*, un fuego *interior*, *sutil* y oculto. "La Obra no se realiza ni con el Fuego (vulgar) ni con las manos, sino sólo con el calor interior",[436] como un "calor de fiebre envolvente", revela al iniciado la *Turba Philosophorum*.

Por otra parte, los filósofos herméticos conocen diversos fuegos, que hay que combinar en la Obra de modo que uno ayude y apoye al otro. La distinción principal es la que se establece entre *Fuego natural* y *Fuego contra natura*. El Fuego contra natura es el del Arte en cuanto tal: y se refiere a aquel aspecto de la "cosa una" en virtud del cual ésta es "naturaleza que se domina a sí misma", que "acaba consigo misma" teniendo

---

[434] *Filum Ariadnae*, 75.

[435] CRASSELLAME, *Ode Alchemica, cit.*, III, I, 1-2.

[436] PERNETY, *Dict.*, 397, *Fables*, I, 125.

por ello capacidad para reaccionar contra la condición de hecho de un ser, para infundir en él una influencia superior mediante toda disciplina que sostenga las naturalezas que caen y vagan, "rectificándolas".[437] Tras lo cual, los dos fuegos -el del Arte, dirigido por la voluntad operativa, y el de la Naturaleza, que es el fuego vital, fuego psicofísico, por así decir, y que quizás otra vez podamos relacionar con el calor del corazón y de la sangre (en ☿); se unen y, como ya hemos dicho, uno acrecienta, fortifica y desarrolla en el interior la acción del otro. Además de ese fuego, llamado medio, innatural y compuesto, se habla de un tercero, el "Fuego que mata", que recuerda las fijaciones primordiales, es decir, la absoluta individuación de la fuerza.

Por lo que hace a los primeros, así como no se trata de fuego de leña, tampoco se trata de un simple hecho de sentimiento, sino de un "entusiasmo" del espíritu intensamente vitalizado, que se concentra y se reúne en sí mismo, como un envolver, un cobijar, un nutrir, un cocer y un "amar", y en un momento dado desemboca en la percepción de un estado especial y sutil de caloricidad difusa por el cuerpo...

En Oriente se habla precisamente de un calor interior sobre el que se concentra la meditación, calor que no es ni solamente físico ni solamente psíquico, provocado por prácticas especiales, por ejemplo, la del soplo, que produce efectos especiales y favorece el estado de contemplación y el despertar del poder contenido en fórmulas y símbolos iniciáticos.[438]

Todo lo que antecede se propone como guía para la interpretación de las expresiones que se suelen encontrar con

---

[437] Hay otro sentido de los dos símbolos: el Fuego natural es el especializado y personalizado, el Fuego contra natura es por el contrario el poder creador no individualizado, y, como tal, antitético al primero: por lo cual a veces se refiere a éste el Mercurio en estado libre, o sea el "veneno". *Cf.* D'ESPAGNET, *Arc. herm. Philos.* Op., § 54; "El Fuego contra natura se contiene en el menstruo fétido, que transforma nuestra piedra en un cierto dragón venenoso, poderoso y voraz".

[438] Cf. A. DAVID-NEEL, *Mystiques et Magiciens du Tibet*, París, 1930, passim.

gran abundancia en los textos. Por nuestra parte nos limitaremos a citar a Pernety, para quien "el Fuego filosófico es aquel con el cual los filósofos lavan la materia, es decir, purifican el Mercurio"; y el "Fuego innatural", o "medio", es "el resultado de la unión del fuego natural y del fuego contra natura de los filósofos". Este fuego innatural es la causa de la putrefacción y muerte del compuesto y de la perfecta y verdadera solución filosófica, quedando para el "fuego contra natura" la tarea de "reanimar el Fuego oculto en el otro, liberándolo de la prisión en la que estaba encerrado".[439]

También *De Pharmaco* habla de los tres fuegos "herméticos" o "mágicos", sin los cuales no se puede conseguir la "solución", indicando por medio de símbolos la función de cada uno; el texto llama "simpático" a uno de ellos (simpatía con el otro fuego, el profundo y primordial del ente telúrico), y dice que éste se multiplica al encender precisamente la igneidad de los metales, y que hay que poner atención en hacer el alma corpórea en el preciso momento en que comienza a actuar, para impedir que bajo la acción de ese fuego (que lleva al momento indiferenciado de los diversos poderes) se disuelva ésta en el aire.[440]

También Artefio habla de los tres fuegos, y llama al primero Fuego de Lámpara -es decir, Fuego-Luz, fuego *iluminado*-, "continuo, húmedo, aéreo, proporcionado"; el segundo es "Fuego de cenizas", o sea, un fuego que se cobija en el *interior*, análogo al llamado Fuego natural sobre el que pone el atanor;

[439] PERNETY, *Dict.*, 49, 163, 165, 402-403. *Cf.* GEBER, *Summa*, 530-531. D'ESPAGNET, *op. cit.*, § 80: "El Fuego innato de nuestra Piedra es, el Arjeo de la Naturaleza, el "Hijo y vicario del Sol": mueve, hace madurar y realiza todo, cuando es dejado en libertad". G. LENSELT, *Les apparences de verités et vraye pratique de l'Alchimie* (ms. 3012, Bibl. Arsén., *apud* Givry, 413): "El Fuego de los sabios es el único instrumento que puede operar esta sublimación: *ningún Filósofo ha revelado nunca claramente este Fuego secreto*; quien no lo entienda debe detenerse aquí y rogar a Dios que lo ilumine".

[440] *De Pharmaco*, III. 1. 2, 4;

finalmente se considera el fuego contra natura de "nuestra Agua", que está relacionado con la Fuente, y destruye, disuelve, calcina.[441] Pero, por lo general, estos tres fuegos se suelen utilizar en los textos como símbolos de las tres fases de la Obra.

Los operadores llaman luego la atención especialmente sobre el Régimen del Fuego que "debe mantenerse constantemente en su grado y no cesar nunca". La naturaleza misma indicará a la mente iluminada la intensidad del Fuego oculto.[442] Las prescripciones, a lo sumo, son de este tipo: "No forcéis el Fuego, al comienzo de la Obra, sobre el Mercurio, porque se volatilizaría.

Pero una vez realizada la fijación, entonces el Mercurio resiste el fuego (o sea, puede hacerse intervenir el elemento activo "Yo", sin correr el riesgo de que se desvanezca el estado de conciencia "Mercurio", y se vuelva a las condicionalidades del cuerpo), y lo resiste, tanto más cuanto mayor haya sido su combinación con Azufre".[443] A través de un lento y paciente recalentamiento, con un calor continuo y suave, debe operarse hasta obtener el "espíritu oculto del Mundo" encerrado dentro de la simbólica Piedra.[444]

Nos abstenemos de otras referencias porque nos conducirían a los más tortuosos meandros del lenguaje cifrado alquímico. Quien posea ya un cierto hilo de Ariadna, podrá aventurarse por sí mismo en otros textos.[445] La prescripción

---

[441] *Libro de Artefio*, 148-9, 150-1. Cada uno de los siguientes atributos del Fuego, dados por Trevisano (*Phil. Nat. Mét.*), para el que entienda, contiene una orientación: "Haced Fuego evaporador, digerente, continuo, no violento, sutil, *envolvente*, airoso, cerrado, incomburente, alterante". Artefio había dicho de "nuestro" Fuego: "destruye, disuelve, congela, calcina; es alterante, penetrante, sutil, aéreo, no violento..., *envolvente, continente* y único".

[442] *Libro de El Habîr*, CMA, III, 93, 109, 110.

[443] *Ibid.*, 79.

[444] *Chymica Vannus*, p. 259.

[445] Remitimos especialmente a FILALETES, *Epist. Ripley*, LVI, LVII, LIV; *Filum*

general es siempre la de no utilizar los fuegos violentos al comienzo, porque la finalidad es despertar no el fuego exterior e impuro (el Rojo que aparece en este momento), sino el profundo, que es a la vez Oro y Sol, que se halla contenido en el cuerpo "y no se despierta si el (sentido del) Cuerpo no se ha disuelto antes": de ahí la conveniencia de obtener antes Agua y el renacimiento del Agua; y el Agua se sustrae y huye ante los Fuegos violentos, que necesariamente son enemigos del elemento impuro y terrestre de la persona. El fuego lento, sutil e iluminado, que "cuece" [446] poco a poco, es aquel que se requiere hasta la mortificación y la revelación de la Luz, a no ser que se hayan elegido los métodos especiales de la vía húmeda, sobre los que ya hemos hablado, y que con tanta frecuencia presentan la dificultad de elevar lo mismo los principios sutiles que los residuos de partes "terrestres" y "combustibles".

Ariadnae, 82-83, 84, 89, 105; *Turba Philos*. etc.

[446] El simbolismo del "cocer" se refiere precisamente a la acción específica del fuego, que poco a poco "madura" las sustancias crudas y brutas. Por ello se dice en la *Turba*: "Entendedlo todo según Naturaleza y según Orden. Y creedme sin buscar tanto. Yo os ordeno únicamente cocer; coced al principio, coced en medio y coced al final, sin hacer otra cosa que cocer, porque la Naturaleza os llevará al objetivo".

13. La Obra al Blanco.
El Renacimiento

El Blanco -luz, primavera, resurrección, vida, florecimiento, nacimiento, etc.- expresa herméticamente el estado de éxtasis activo que suspende la condición humana, regenera, sustituye el recuerdo, reintegra la personalidad al estado incorpóreo. "¿Qué más puedo decirte, hijo mío? -leemos en el *Corpus Hermeticum*-. Sólo esto: una visión simple se ha producido en mí... He salido de mí mismo y me he revestido con un cuerpo que no muere. Ya no soy el mismo, porque he renacido intelectualmente... Ya no tengo color, ni soy tangible y mensurable. Todo eso me es ahora extraño... y ya no se me puede ver con los ojos físicos."[447] Estas ideas son las que hay que tener siempre presentes cuando se consideren las expresiones del lenguaje cifrado referidas a la experiencia del Mercurio o agua divina, y, asimismo, a la *blancura*.

"Luz mágica vivificadora" que se obtiene del centro de la "Cruz elemental" (sede del corazón; véase pág. 113), la "muy luminosa agua" o Mercurio, es -según Della Riviera el "espíritu del alma del mundo" y en ella "se hallan comprendidas todas las cosas seminalmente"; el autor explica luego que en este "Cielo" no "hay reunión de alma y cuerpo"; sino que "el cuerpo va incluido en la naturaleza del alma y es casi el alma misma, extensa, visible..., luz sin materia ni dimensiones". Y repite: "este Mercurio celestial es espíritu en acto lucidísimo..., naturaleza en sí misma brillante y transparente, casi diáfano, y de luz... no sometida a mezcla ajena alguna ni a ninguna pasión; *acto de pura*

---

[447] *Corpus Herm.* XIII, 3. *Cf.* 13-14, donde se dice que el renacimiento es "no ver ya los cuerpos y las tres dimensiones". *Cf.* PLOTINO, *Enn.*, V, III, 7, VI, IX, 9.

inteligencia, y con luz invisible e incorpórea, que es causa esta luz visible".[448]

La trasposición a tal principio es ni más ni menos que la trasmutación (la primera de las trasmutaciones alquímicas) y resurrección. "Cuando el Blanco sobreviene en la materia de la Gran Obra, la vida ha vencido a la muerte, su rey ha sido resucitado, la Tierra y el Agua se han convertido en Aire, es el Régimen de la Luna y su Hijo ha nacido... Entonces la materia ha adquirido tal grado de fijación que el Fuego ya no puede destruirla (se trata de la "estabilidad iniciática", invencible por la muerte)." "Cuando el artista ve la blancura perfecta, los Filósofos (herméticos) dicen que ha llegado el momento de quemar los libros porque entonces éstos ya son inútiles."[449]

Un texto árabe se pregunta: ¿Qué es combustión, transformación, desaparición de las tinieblas y producción del compuesto incombustible? Todos estos términos se aplican al compuesto en el momento de volverse blanco".[450]

Artefio habla de "lo que es claro, puro, espiritual, y que se eleva por el Aire", más adelante habla de una "transformación en Aire",[451] y luego de un hacerse vivo con la Vida y hacerse por completo incorruptible, como sentido de la "sublimación, conjunción y elevación, en que todo el compuesto se hace blanco".[452] "Puro, sutil, reluciente, claro como agua de rocío, diáfano como el cristal sin manchas", son asimismo, para Basilio

---

[448] DELLA RIVIERA, *Mondo Magico, cit.*, p. 20, 47-8.

[449] PERNETY, *Dict.*, 58.

[450] *Libro di Cratès*, CMA, III, 69.

[451] AGRIPPA, *De Occ. Philos.*, II, 26: "El aire es el cuerpo de la vida del espíritu sensitivo nuestro y no tiene la naturaleza de ningún objeto sensible, sino la de una virtud espiritual y elevada. No obstante, conviene que el alma sensitiva vivifique al aire que lleva consigo, y que sienta la forma de los objetos que actúan sobre ella en un aire vivificado y unido al espíritu, o sea, en el Aire vivo".

[452] *Libro de Artefio*, 139.

Valentino, cualidades de "nuestra Plata viva", extraída del mejor metal con Arte espagírica, o sea, separatoria. Los textos sirios se refieren a ello, como a "materia que vuelve blanco el Cobre, nube blanca, Agua de Azufre aclarada, transparencia, misterio desvelado".[453]

"Por medio del agua divina -nos dice Ostano- ven los ojos de los ciegos, oyen las orejas de los sordos, y la lengua torpe pronuncia palabras claras." Y continúa: "Esta agua divina resucita los muertos y hace morir a los vivos, porque hace salir a las naturalezas de sus naturalezas y porque devuelve la vida a los muertos. Es el agua de vida: quien ha bebido de ella no puede morir. Cuando se ha extraído, consumado y mezclado por completo (con el principio que la ha conseguido), impide la acción del Fuego sobre las sustancias con las que ha sido mezclada, y el Fuego ya no puede descomponer (en sentido letal y negativo) semejantes mezclas".[454]

Arnaldo de Vilanova: "Nuestra agua mortifica, ilumina, monda y purifica. En un principio hace aparecer los colores oscuros durante la mortificación del cuerpo, pero luego aparecen otros colores, numerosos y dispares, y por último la blancura".[455] Y Ramón Llull: "Esta agua se llama *Agua de la Subiduría*..., y en

---

[453] CMA, II, 82. Oro Blanco, Azufre Blanco, Piedra Blanca, etc., son otros símbolos para el principio Yo en este estado. Otro símbolo es la magnesia a través de una antigua etimología que haría derivar esta palabra de "mezclar" las naturalezas unidas por medio de combinación (CAG, II, 202). El Azufre blanco, para TREVISANO (*Phil. nat. Mét.*, 432), es "el alma simple de la Piedra, recta y noble, separada de todo impedimento corporal". Luego pasa a dar instrucciones para que este azufre, liberado de toda humedad superflua, se convierta en un "polvo impalpable" y "sutilísimo". Esta última expresión sugiere quizás una experiencia interior real, asociada al sentido de la "pérdida de peso", de la levedad y airosidad frente a la modalidad común de la conciencia corporal.

[454] *Trattato del Mercurio Occidentale*, texto en CMA, III, 213.

[455] *Semita semitae*, cit. 12. Cf. Turba, 16-7; FILALETES, *Introitus*, XI.

LA TRADICIÓN HERMÉTICA

ella reside el espíritu de la Quintaesencia que lo hace todo allí donde sin ella nada podría hacerse".[456]

R. LLULL, *Vade Mecum. Cf.* BÖHME, *Morgenröte*, XXIV, 38.

14. La conjunción al Blanco

Una vez determinado de esta manera el lugar y el sentido de la experiencia, conviene volver a insistir sobre la importancia de conferir a esa experiencia un carácter activo. Hay que recuperar el significado heroico-mágico encerrado en el simbolismo, según el cual el Agua divina está representada por una virgen, que es la madre respecto al renacido [457] de ella por "inmaculada concepción" (autogeneración, endogénesis espiritual) y, al propio tiempo, la esposa de este hijo suyo convertido en el varón que la posee y la fecunda.

Según otra alegoría de los textos, en tanto que la madre engendra al hijo, éste engendra a la madre, o sea que su acto acompaña creativa y exactamente todo el proceso -siempre que éste se realice según "la regla del Arte". Este generar a la Madre es *purificarla* (purificarse y purificar al mismo tiempo), pero al propio tiempo es transformar en una virgen a la "Prostituta de Babilonia".[458] Se trata de la acción "fijadora" que, con su sola presencia casi, ejerce el oro renacido sobre la potencia evocada, la cual, cuando no ha sabido trastornarlo, queda eliminada de su modo de desear y de su "viscosidad", a causa de la cual quedaba

---

[457] De aquí el simbolismo alquímico de la "leche de Virgen" de la que se alimenta el "Niño hermético".

[458] PERNETY, *Dict.*, 408: "La prostituta de los Filósofos es su Luna... o Dragón babilónico: el Arte la purifica de todas las suciedades y la hace virgen de nuevo. Cuando se halla en este estado, los Filósofos la llaman *la Virgen*". En el helenismo a estas alegorías corresponde el mito del "hombre perfecto" que penetra en el Seno Impuro y alivia los dolores de sus tinieblas; tras haber conocido sus misterios, bebe de la copa de Agua viva que libera de la "túnica de esclavitud" (*apud.* HIPÓLITO, *Philos.*, V, 10).

prendida y era atraída por cualquier cosa (símbolo de la prostituta), y reducida a simple "Agua permanente".

Este es el resultado del *incesto filosofal*. "El verdadero Mercurio -nos dice un texto- no obra por sí mismo, sino que debe ser fijado con Arsénico", o sea con el Varón.[459] Por su parte, Ostano dice que el Mercurio "utilizado en la prueba de las almas", "convertido en espíritu etéreo (liberado o extraído), se eleva hacia el hemisferio superior: desciende y se eleva evitando la acción del fuego (equivalente al Varón o Arsénico), hasta que, al detener su movimiento de fugitivo, alcanza un *estado de sabiduría*. Antes, es difícil retenerlo y es mortal":[460] pero el arsénico, equivalente al fuego esquivado por la virgen, "demonio huidizo" que hay que encadenar, es la clave del enigma griego de "las cuatro sílabas y de las nueve letras", cuyo conocimiento proporciona la *sabiduría*.

En este punto interviene también la exégesis hermética del mito clásico: nos referimos al trabajo de Hércules en el que vence a Aquelao, hijo de la Tierra y del Océano, quien ha asumido la forma de una *corriente*. Della Riviera explica que, en alegoría, se trata de la resistencia que hay que oponer a las aguas que tienden a trastornar la Tierra (o sea, la individuación, en términos generales) mediante el elemento húmedo aún latente en la substancia, el cual hace que ésta tienda a disolverse. "Pero el héroe combatiendo (o sea, oponiendo el estado Fuego del espíritu) pironómicamente, vence al flujo natal de aquéllas, ligándolo a la tierra destinada (que aquí expresa la forma sobrenatural de la individuación)."[461]

Del mismo modo, en la "Puerta mágica" de Roma se lee "*Aqua torrentum convertes in petram*" (Convertirás en piedra el agua de los torrentes), inscripción relacionada sin duda con

---

[459] CMA, III, 84.

[460] CAG, II, 276.

[461] DELLA RIVIERA, *Mondo Magico*, 105.

aquella obra que anuncia que nuestro Hijo que estaba muerto, vive, y el Rey vuelve al Fuego (que se ha reafirmado sobre el agua) y goza de la secreta cópula (*Filius noster vivit; rex abigne redit et coniugo gaudet occulto.*[462] Y Della Riviera también: "Nuestro firmamento es Agua congelada a semejanza del cristal, por lo cual los Héroes suelen llamarla agua seca o agua enjuta". Finalmente, el mismo concepto de la congelación activa esta también ingeniosamente relacionado con el de los "*Ángeles mágicos*" interpretados entonces como las formas primordiales en que las aguas cósmicas se fijaron- mediante la fórmula: Antico GELO (hielo viejo).[463]

La expresión, ya utilizada por los textos griegos para el operador hermético, "Señor del espíritu", se encuentra también en Basilio Valentino, para quien el hombre habría sido "constituido en Señor de este espíritu (mineral, requerido en la Obra) para hacer de él algo distinto, o sea, un nuevo mundo, con la fuerza del fuego". [464] Tanto los significados como las expresiones, convergen una vez más en toda la tradición. Sería esta la hermética "conjunción al Blanco", Incesto y Dominio sobre la Vida.

---

[462] P. BORNIA, *La Porta Magica, cit.*, 32-33.

[463] *Op. cit.*, 80, 99-100.

[464] B. VALENTINO, *Aurelia Occult. Phil.*, Manger, II, 207. El simbolismo alquímico del *vidrio* procede de la idea de transparencia, asociada a la de dureza (equivalente a la congelación). LLULL dice por ello que "Filósofo es aquel que sabe fabricar el Vidrio".

15. La vigilia permanente

Pasar por esta experiencia supone superar el estado de sueño no sólo en sentido simbólico, sino real. El estado nocturno de sueño puede ser aquella sombra que en la materia se halla disuelta hasta tanto no sobrevenga la Luz interior, el "Sol brillante en medio de la noche" de Apuleyo. De modo que en la naturaleza cada noche se realiza la "separación" a que tienden los filósofos; como ya hemos dicho, se trata de obrar de modo que se la pueda acompañar activamente, casi de impulsar nosotros mismos su realización, en lugar de caer en estados reducidos y amortecidos de conciencia.

Ahora quizá podamos comprender en todo su alcance las palabras del *Corpus Hermeticum*:

"El sueño del cuerpo se hace lucidez del alma; mis ojos cerrados veían la Verdad"; y también:

"*Que de ti pueda salir sin dormir, como aquellos que, soñando, durmiendo no duermen*".[465] Esta explicita indicación del texto tiene un valor capital. Es una enseñanza esotérica tradicional la de la semejanza entre la iniciación mistérica, como catarsis parcial respecto a la muerte, y el sueño, que temporalmente libera al alma del cuerpo según una separación que provoca la muerte si se lleva más allá de cierta medida.[466] Lo "diáfano" hermético es la Luz que se enciende en la noche para quienes una vez cerrados los ojos, alcanzan en vida el estado de

---

[465] *Corp. Herm.*, I, 30: XIII, 4. *Cf.* ELIPHAS LEVI, *Dogma e ritual, cit.* 158: "Soñar despierto es ver en la Luz Astral".

[466] *Cf.* PROCLO, *In Plat. Crat.*, 82, 133. V. MACCHIORO, *Heráclito*, Bari, 1922, p. 128-129.

la muerte.[467] Esta Luz es una vez más la luz etérea e inteligible del Mercurio, y surge en el simbólico "corazón", según las correspondencias ya señaladas.

Hemos puesto de relieve anteriormente el carácter de *blanco* que un texto hindú atribuye al hábito del "Espíritu hecho de cocimiento" cuando, "una vez que la conciencia se ha investido de los espíritus vitales, aquél reside durante el estado de sueño en el espacio etéreo del corazón": [468] y la correspondencia es demasiado precisa para que dudemos en reconocer en este caso también una de las "constantes" de la simbología y de la ciencia iniciática primordial. Podríamos traer a colación igualmente la referencia paulina al corazón que vigila mientras el Yo duerme y, sobre todo, la siguiente cita de la cábala: "Cuando el hombre se acuesta, su conciencia lo abandona y se eleva. Pero si bien todas las almas dejan a aquellos que duermen, no todas consiguen llegar ante el rostro del rey... (El alma) recorre numerosas regiones saltando de escalón en escalón; en su recorrido, se pone en contacto con potencias impuras que rodean constantemente las regiones sagradas. Si el alma se ha contaminado de impurezas, se mezcla con ellas y con ellas permanece durante toda la noche. Las demás ascienden a las regiones superiores, y aún más allá contemplan la gloria del Rey y visitan sus moradas... Un hombre cuya alma alcance todas las noches esta región suprema es seguro que participará en la vida futura"; lo cual hay que entenderlo no como una supervivencia caduca, sino como una inmortalidad superior.[469]

---

[467] HERÁCLITO (Diels, fr. 26) dice: "El hombre obtiene para sí la Luz en la noche muriendo, y mientras vive le llega la muerte mientras duerme, con los ojos cerrados".

[468] *Brhadharanyaka*, II, 1, 15-17. Puede recordarse también el color blanco radiante adquirido por la túnica de Cristo en el momento de la transfiguración (LUCAS, IX, 29).

[469] *Zohar*, I, 83 *b*.

No otra cosa es la promesa de la iniciación. Llegar a la Luz tras el "negro" alquímico significa poseer la capacidad de realizar este "viaje" conscientemente, entrando así en la vigilia sobrenatural. "Lo que es noche para todos los seres, es tiempo de vigilia para el hombre que posee dominio sobre sí, y el tiempo de vigilia de todos los seres, es noche para el Sabio de mente penetrante"; en estos términos orientales[470] podría expresarse la conquista implícita en la realización de la Obra al Blanco. Y aún podríamos recordar el combate que Jacob, una vez solo, entabló victoriosamente con el Ángel, u "Hombre", durante la *noche*, venciéndolo y aun resistiéndolo hasta el *alba*, tras lo cual vio el rostro de Dios sin que por ello muriera:[471] el contenido hermético de esta cita es evidente, aún prescindiendo del hecho que el Ángel es, no sin razón, uno de los nombres elegidos por los maestros herméticos para significar la materia volátil de su Piedra".[472]

Ya hemos dicho, además, que en la Alquimia se repite el tema de las revelaciones acerca de la Gran Obra, obtenidas a través de visiones durante el sueño, el ensueño mágico, y por estados análogos; es decir, que se trata de alusiones a una iluminación parcial dramatizadas en la fantasía y propiciada por una cierta subsistencia de la conciencia despierta cuando, naturalmente, una vez cerrados los ojos del cuerpo, se realiza la "separación".

---

[470] *Bhagavad-gîtâ*, II, 69.

[471] *Génesis*, XXXII, 24-30.

[472] PERNETY, *Dict.*, 33.

16. El cuerpo de luz.
Producción de Plata

Hemos hablado del completo dominio de la experiencia, del éxtasis activo en el cual la "liberación" y la transfiguración se equilibran exactamente por una cantidad igual de afirmación, y en el cual toda cesión, transporte o "combustión" queda detenido y congelado. Se trata, sin embargo, de una "fijación", que puede corresponder a una experiencia sin forma. De ésta puede proceder sin embargo otra clase de experiencia, que hay que obtener con un primer descenso que califica, confirma e integra la realización obtenida.

Se trata de la inmersión en el nuevo estado del sentido del cuerpo, realizando la corporeidad en función del nuevo estado de "Luz", "día", "vida", etc., y viceversa este estado en función de esa corporeidad. El resultado es aquella que en sentido especial podría llamarse la "Piedra Blanca", primera corporificación del espíritu, resurrección, para el cual las heces oscuras dejadas se tornan blancas, y de ellas se destaca y se eleva una forma, abandonando el "sepulcro". Se trata, pues, de una trasposición de la consciencia de la corporeidad en la plena actualidad de aquellas energías gracias a las cuales el cuerpo vive. Los maestros herméticos llaman su *Diana* a este nuevo cuerpo extraído del antiguo, y dicen: "Bienaventurados los Acteones que alcanzan a ver a su Diana desnuda",[473] es decir, completamente en acto más

---

[473] *Cf.* FILALETES, *Epist. a Ripley*, § LI: "En esta obra, nuestra Diana es nuestro cuerpo cuando se mezcla con el Agua". Añade que la Diana tiene un bosque, porque "en blanco el cuerpo produce las vegetaciones" (simbolismo que ya hemos explicado, p. 116). El Acteón hermético, a diferencia del mito clásico, no sufre el castigo por haber visto a Diana desnuda. Diana, como elevadora de Apolo, quiere decir que en este estado propicia, a su vez, la siguiente realización, es decir,

allá de la terrestridad que la ocultaba; y por ello dicen también que su piedra "desposa una ninfa celestial, tras ser desnudada de su forma terrestre, para hacer con ella una sola cosa".[474] Esta es la primera trasmutación hermética: del plomo o cobre en *Plata*.

Citemos a este respecto algunas expresiones características de Gichtel: "Con la regeneración nosotros no recibimos una nueva Alma, pero sí un nuevo Cuerpo... Este Cuerpo procede del Verbo de Dios o de la Sophia celestial (símbolos equivalentes a las Aguas celestiales), que aparece saliendo del Fuego sagrado e interior del amor... Es espiritual, más *sutil* que el aire, semejante a los rayos del Sol que penetran en todos los cuerpos, y tan diferente del cuerpo viejo como lo es el brillante Sol de la oscura Tierra; [475] y aunque permanezca en el viejo cuerpo, es inconcebible y a veces sensible, sin embargo".[476] Y Artefio dice: "Nuestros Cuerpos se subliman en color blanco, por encima del Agua disolvente, y esta *blancura es Vida*"; con ella "el Alma se infunde en el Cuerpo, y esta Alma es más sutil que el Fuego, por ser la verdadera quintaesencia y la Vida, que sólo pide nacer y desnudarse de las heces terrestres y groseras".[477]

Al decir de los textos, se trata, al concentrarse sobre la piedra, *de corporeizar el espíritu y de espiritualizar el cuerpo en un único y mismo acto*. La plata, la hermética "Rosa blanca", primera eflorescencia de la semilla arrojada a nuestra tierra,[478]

---

la solar.

[474] *Trionfo Erm.*, 276. Podríamos traer a colación, entre otras, la posible interpretación esotérica de este pasaje del *Cantar de los Cantares* (II, 13-14): "Levántate paloma mía, amiga mía, *esposa mía*. Apresúrate a venir a las grietas de la *roca*, a la profundidad de la *Piedra*".

[475] *Cf.* DELLA RIVIERA, *Mondo Magico*, 95: "La muy pura y simple tierra mágica, que comparada con la otra (sucia e impura), es como el radiante y real cuerpo solar comparado con la sombra".

[476] GICHTEL, *Theos. Pr.* III, 13, 5.

[477] Libro de Artefio, 137.

[478] TREVISANO, *La Parole délaissée*, 434: con la sutilización "se consuma la Rosa

corresponde por lo demás al "cuerpo astral y radiante de Filopono, al aerosoma homérico, y, en cierto modo, al "cuerpo de resurrección" paulino y, principalmente gnóstico. La cualidad más "noble" propia de la plata; la enseñanza de Pelagio, según la cual la sutilización producida por el Agua divina confiere a los cuerpos la iosis, o sea, la virtud activa; la idea general, según la cual en el Mercurio los cuerpos pasan de la potencia al acto, deben referirse también a la concepción aristotélica y neoplatónica, según la cual toda cosa material, en cuanto tal, no es más que un proyecto, algo que tiende al ser, pero que no lo es, porque no hay "ser" en el mundo del devenir.

Lo mismo se aplica a la corporeidad humana, que en su materialidad expresa casi la coagulación y el síncope de un poder intelectual, cuya actualidad se realiza precisamente en el cuerpo de los regenerados (primero con el blanco y luego con el rojo), y que por ello se la designó también con el nombre de cuerpo perfecto. Por ello, en los textos herméticos se insiste en que la trasmutación no es una alteración, sino muy al contrario, una perfección, integración, realización y consumación de algo que es imperfecto, multiplicación y vivificación de la virtud de algo que estaba muerto.

La fase de simple fijación de las aguas y de la extracción de la Diana o Luna pueden confundirse prácticamente una con otra. Sobre todo en vía seca, dado que, según este método, desde el principio se actúa con algo que participa simultáneamente de lo corpóreo y de lo incorpóreo, de lo activo y de lo pasivo, o sea, de una y otra naturaleza. La fórmula: Disolver lo corpóreo y corporeizar lo incorpóreo, de cualquier modo, como ya hemos señalado, es un tema recurrente y central de toda la tradición. Los maestros herméticos reconocen la dificultad de mantenerse activos en un estado puramente incorpóreo; por ello dicen, concordes, que la fijación completa se obtiene en la simultaneidad de hacerse el cuerpo espíritu, y el espíritu

---

blanca, celeste, suave, tan amada por los Filósofos".

cuerpo;[479] admiten la necesidad del cuerpo como apoyo para la fijación propiamente dicha y como antídoto contra el peligro de una evasión y de una disolución negativa.[480] Asimismo, si la "reprecipitación" súbita no hubiera de tener la fuerza de trasmutar en pura plata, sería preferible un ciclo de sucesivas sublimaciones (separaciones) y precipitaciones (retorno al cuerpo) hasta su consecución, para no perder contacto con aquello que, aunque en el estado de la Tierra, posee en sí, sin embargo, la condición para la individuación y el germen para la Obra al rojo y la "corona del Rey".[481] Como precepto general, permanece siempre: *Solve et coagula*.

Y Potier especifica: "Si estas dos palabras te parecieran demasiado oscuras y no propias de filósofo, hablaré algo mas extensa y comprensiblemente. Disolver es convertir el cuerpo de nuestro imán en puro espíritu. Coagular es hacer de nuevo corporal este espíritu, según el precepto del filósofo, que dice: Convierte el cuerpo en espíritu y el espíritu en cuerpo. El que entienda estas cosas, lo poseerá todo; y quien no las comprenda, no tendrá nada".[482] Al *solve* le corresponde el símbolo del ascenso; al *coagula* le corresponde el del descenso. Según los textos herméticos, el descenso o la caída se refiere al Agua de Vida que restituye la vida a los muertos, y los saca de los sepulcros. Es la primera liberación del envoltorio titánico que

---

[479] *Cf. Libro de Artefio*, 168: "La solución del cuerpo y la, coagulación del espíritu se realizan en una sola y la misma operación". PERNETY, *Dict.*, 532.

[480] *Libro de Artefio* (122): "El agua tiene necesidad de los cuerpos perfectos, con el fin de que tras haberlos disuelto se congele, se fije y coagule con ellos, en una tierra blanca", CMA, II (textos siriacos), 84: "El Mercurio se fija por medio de aquello en que está contenido", o sea el cuerpo. FLAMEL, *Dés. dés.*, 318: "El espíritu no se congela más que por medio de la disolución del cuerpo y el cuerpo no se disuelve sino a través de la congelación del espíritu". *Turba Philos.*, 40.

[481] *Cf.* ZACARÍAS, *Philos. nat. Mét.* 532, 534: "Hay que estar atentos y vigilantes para no perder la ocasión propia en el instante del nacimiento de nuestra agua mercurial, con el fin de unirla con el cuerpo propio".

[482] POTTIER, *Philosophia pura*, Frankfurt, 1619, p. 64 (en la revista "Ignis", 1925).

desde la cima de la montaña simbólica gritaba ser el "blanco del negro".

Si quisiéramos ofrecer citas referidas a esta fase de la Obra no acabaríamos nunca. Todos los textos hablan de ella; aunque parezcan decir algo diferente, todos dicen lo mismo, bajo diversos y muy complicados símbolos. Aunque las expresiones propias de la Obra al blanco se mezclan con las propias de la Obra al rojo, por la analogía de ambos procedimientos. Nos limitaremos a ofrecer dos o tres citas, remitiendo al lector a los textos en los que, si ha prestado atención a cuanto llevamos dicho y ha comprendido cabalmente, podrá con paciencia orientarse suficientemente.

Con la sugestibilidad que es propia de sus alegorías habituales, Zósimo habla del Hombre de Cobre, "Jefe de los sacrificadores y objeto de sacrificio (al propio tiempo); aquel que vomita las propias carnes y a quien se ha dado el poder sobre esas aguas", quien sobre el altar dice: "Yo he realizado el acto de descender los quince escalones hacia la oscuridad, y de volverlos a subir hacia la luz. El sacrificador me renueva arrojando la naturaleza pesada de mi cuerpo. Y así consagrado sacerdote por medio del poder necesario (del Arte), me convierto en espíritu... Soy como aquel que es el sacerdote del Templo".[483] Y el Hombre de Cobre, en una visión, se convierte en Hombre de Plata en la forma esplendorosa del dios Agatodaimon. [484] En términos técnicos, se dice siempre en los textos alquímicos griegos que de

---

[483] CAG, III, 118-119.

[484] O sea: "buen demonio". El demonio clásico corresponde al doble, es decir, a la forma lunar y sutil que entonces se actualiza como primera transformación de la conciencia de corporeidad y se convierte en forma inmortal. Más adelante hablaremos de la "nube" o "humo". Se trata de nuevo del "doble" o ☿, y el alma-demonio de que habla Empédocles y que Homero designa con el nombre de "Phymos", palabra idéntica, por cierto, al latino *fumus* (*cf.* GOMPERZ, c. VI, § VIII).

la piedra surge un espíritu como una nube que se eleva,[485] y la fijación de este espíritu en nuestro Cobre produce la Plata.

Se concreta que se trata de una *proyección* de los espíritus sublimados, es decir, liberados, sobre los cuerpos que actúa, de modo que éstos se unan con la naturaleza interior o alma en cuerpos espiritualizados hasta el punto de apoderarse de la materia y dominarla, mientras se hacen corpóreos y fijos, aptos para producir Plata y Oro.[486]

Un texto árabe dice, más claramente aún, que lo que se fija al Cuerpo, hasta que el "Cuerpo y el Espíritu tengan una sola naturaleza", es el "elemento vital", y que éste es el "tinte" simbólico y el *"camino seguido por los profetas, por los santos y por todos los filósofos"*.[487] Flamel enseña que, al descender, las naturalezas "se trasmutan y se transforman en *Ángeles*, o sea, que se hacen espirituales y muy sutiles",[488] y el *De Pharmaco* habla como sigue de la transformación que se realiza en el compuesto orgánico del cuerpo: "Desembarazado de todas las contaminaciones y gravámenes terrenales, reducido y reconvertido en Sal clarificada y alma iluminada, este líquido (puesto que se halla disuelto en agua) Oro potable se disolverá en el cuerpo o ventrículo humano, y se irá difundiendo poco a poco -o quizá lo invada rápidamente- por él, hasta ocupar todos los miembros y toda la sangre; ejercitar -como se dice en

[485] Cf. *Libro della Misericordia*, CMA, III, 167: "La acción del alma sobre el cuerpo lo transforma y le da una naturaleza inmaterial como la suya... La naturaleza íntima de las materias es la contenida en la parte interior del cuerpo, y ésta se une a la naturaleza íntima del alma, si se la devuelve después que esta última haya sido separada de la naturaleza íntima del cuerpo".

[486] CAG, II, 107, 112, 114, 122-3, 129, 130, 146, 151, 172-3, 195.

[487] *Libro della Misericordia*, III, 183-184.

[488] FLAMEL, *Fig. gerogl.*, § VI (251). Cf. TREVISANO, *Par. délaissée*, 345.

farmacia universal- una operación general hasta la consecución del prodigio final".[489]

No queremos dejar de hacer referencia también a la interpretación hermética de pasajes del Antiguo Testamento, en función de las operaciones del Arte Regio.

Se habla, por ejemplo, de Moisés que asciende al monte Sinaí tras siete días (alusión posible a la purificación de los *siete*; véase pág. 77 y ss., conectado al simbolismo de la "ascensión" y del "monte"; véase pág. 171), entra en la nube animada por un Fuego que consume. Al salir de ella tiene un "rostro" que irradia luz.[490] Los símbolos, en realidad, concuerdan con los alquímicos: ya que "nube", como sabemos, en el lenguaje cifrado, es un nombre frecuente para el producto de la separación, y los textos dicen con frecuencia que en ella se halla oculto un Fuego; éste, además del conocido aspecto "veneno", puede significar igualmente la virtualidad del estadio siguiente al "rojo". La forma radiante, además, es el "cuerpo de vida" o Diana, ☿, regenerada y liberada. La exégesis hermética se aplica al mismo diluvio, que expresaría la fase de la "disolución", mientras que la retirada posterior de las aguas correspondería al "proceso de desecación" que da lugar a la fijación de lo volátil, al *coagula*. Tras esto, el *negro* cuervo ya no vuelve, mientras que una paloma *blanca* vuelve con una rama de olivo, el *semper virens* que simboliza la vida renovada y perenne de los regenerados,[491] como también la paz conseguida. Como sello de la alianza entre el cielo y la tierra, se manifiestan luego los *siete* colores, o sea los mismos del arco iris que se forma en la *nube*.[492]

---

[489] *De Pharmaco Cath.* XII, 5.

[490] *Éxodo*, XXXIV, 28-30; *cf.* XXIV, 12-18; *Deuter.*, IX, 18-25, X, 10.

[491] *Cf.* el símbolo equivalente a las palomas que le llevan a Zeus la ambrosía. (*Odis.*, XII, 62).

[492] *Génesis*, VII, 4; VIII, 1-12.

Podríamos igualmente utilizar el ascenso de Elías al monte Horeb, también llamado el monte del Señor, el cual sin embargo posee una posible relación con significados de desolación, de *desierto*, de cuervo y de soledad,[493] o sea, con los estados interiores que se manifiestan en el trabajo de mortificación y de purificación. Y sobre el Horeb tiene lugar una manifestación del *Ángel* del señor, en una llamarada de Fuego, y la revelación del "Yo soy el que soy".[494] Por otra parte, el símbolo del *desierto* vuelve a aparecer en el mito de Dioniso *sediento*, a quien se aparece Júpiter en forma de carnero (Aries ♈, signo que evoca el Azufre o Fuego, Fuego que en caldeo se expresa por medio del mismo nombre –Ur– con el que el Antiguo Testamento se refiere al compañero de Moisés en su retiro de también cuarenta días), que lo conduce a través del desierto hacia una fuente, en la cual sacia su sed.[495] El número cuarenta nos recuerda que en el calendario de las fiestas católicas, tras el miércoles de *ceniza*, sigue un período de *mortificación* de cuarenta días después del *Carnaval*, para acabar en la Pascua de *resurrección*. La Pascua va precedida inmediatamente por el domingo de *Ramos*, que deja entrever el conocido simbolismo de la vegetación y se asocia también con los símbolos del Huevo y del Cordero, o Aries.

Tenemos así, una vez más, en Aries, ♈, la alusión a la fuerza del Fuego y de la "virilidad trascendente" (ios, virtus, vis, vîrya, véase página 123 y ss.), y, al propio tiempo, la indicación

---

[493] *Cf.* "Ignis", n. 11-12 dc 1925, p. 379.

[494] Esta frase -recuérdese el "yo soy el que es" del texto alquímico de Zósimo citado anteriormente- podría relacionarse con la experiencia del puro Yo, que la purificación preparatoria (que en la propia alquimia se asocia con mucha frecuencia con el simbólico período de los cuarenta días") proporciona a través de todas las partes heterogéneas. En la regeneración espiritual -según CAGLIOSTRO (textos en "Ignis", 1925, pp. 148, 179)- el iniciado dice de sí: "*Yo soy el que soy*".

[495] En la serie zodiacal, después de Aries vienen Tauro y Géminis, cuyas correspondencias en términos de las fases del Arte podrían ser la Obra al Rojo y, luego, el Andrógino o Rebis.

astrológica de la propia fecha de la Pascua, que cae en el equinoccio de primavera, bajo Aries. Pero en este momento se nos aparece una nueva asociación de símbolos, ya que en primavera la Tierra y las "cortezas" muertas se *abren*, y surgen hierbas, vegetación y flores, o sea, se producen las emergencias de los poderes. Muchos alquimistas, por su parte -ya Olimpiodoro, luego Razi, Rudieno, el Cosmopolita, etc.-, dicen que el principio de la Obra (en el sentido de la primera realización positiva) se obtiene cuando el sol entra en Aries; y Pernety[496] nos informa de la correspondencia del Cordero inmaculado, consagrado en la Pascua, con la "Materia purificada de los filósofos".

Éste es uno de los muchos casos en que se entrecruzan, singular y precisamente, varios símbolos tradicionales, para producir una especie de cortocircuito iluminador y en el signo de la universalidad.

Volviendo a la práctica ya hemos indicado que el "descenso" y el nuevo contacto con lo corporal constituyen la condición más propicia para la realización eventual de las resurgencias de que ya hemos hablado, debidas a las purificaciones incompletas (véase pág. 170 y ss.). Hay que ser capaces, si eso ocurre, de repetir el trabajo de Hércules relativo al jabalí de Erimanto enviado por *Diana*, que sólo pudo ser atado cuando, tras caer la blanca nieve, el animal se vio obligado a refugiarse en un pequeño huerto.

Citaremos ahora a Stefanio: "Combate, Cobre; combate, Mercurio. Une el varón con la hembra. Aquí está el Cobre que recibe el color rojo y el *ios* del tinte áureo: es la descomposición de Isis... Combate, Cobre; combate, Mercurio. El Cobre es destruido, y privado de su corporeidad por el Mercurio, y el Mercurio queda fijado en virtud de su combinación con el cobre".[497] Se trata de la lucha de las "dos naturalezas", del

---

[496] PERNETY, *Dict.*, 10.

[497] Texto citado en BERTHELOT, *Intr. à l'étude de la Chim.*, *cit.* p. 292. El lector

"Equilibrio del Agua", que también requiere un arte sutil y sublime para que una de las dos materias no destruya, por un exceso, a la otra. Y para que la corporeidad y la forma humana del Yo no vuelvan a reafirmarse como prisión renovada (cuando no reforzada); o que lo espiritual no se transforme en un veneno, que la corporeidad no puede aún soportar y asumir por su transfiguración.[498]

---

eliminará las interferencias que se refieren a las fases siguientes. El Cobre aquí equivale al Cuerpo.

[498] Indicamos al lector de buena voluntad algunos textos en los que podrá encontrar de manera característica la trasmutación de las dos naturalezas al blanco: D'ESPAGNET, *Arc. Herm. Philos. Op.*, c. 68 ss. *Libro de El Habîr*, CMA, III, 112; Zósimo, texto en CAG, II, 223; GEBER, *Summa*, Manget, I, 557; *Libro de Artefio*, 153; BÖHME, *De Signatura*, V, 17; *Filum Ariadnae*, 100; *Turba Philos.*, 5-6. Nosotros sólo citaremos a ARTEFIO (*cit.*, 131, 133, 134) que tras decir que el Agua, o Mercurio, es "la Madre que hay que introducir y sellar en el vientre de su Hijo, o sea del Oro", y que "ella resucita el Cuerpo y le devuelve la Vida, después de estar muerto", añade: "En esta operación el Cuerpo se torna en Espíritu y el Espíritu se hace Cuerpo. Entonces se establece la amistad, *la paz*, el acuerdo y la unión entre los contrarios, o sea, entre el Cuerpo y el Espíritu que se intercambian sus naturalezas..., mezclándose y uniéndose en sus más pequeñas partes... Así se obtiene una sustancia media, un compuesto corporal y espiritual"; y queda claro que "no sería posible esto, si el Espíritu se hiciera cuerpo con los Cuerpos, y si mediante el Espíritu los Cuerpos no hubieran sido hechos antes volátiles y si luego el todo no se hiciera fijo y permanente". Recordaremos también un pasaje notable de DELLA RIVIERA (*Mondo Magico*, I5, 86-7): "Tras la unión celestial (de la Luna y del Sol, correspondiente a la primera fijación de la fuerza suscitada), la Luna es hecha igual al Sol en perfección y dignidad, de modo que ligada al Sol tan íntimamente, se eleva de la más baja a la más elevada de las posiciones: entre tanto, las aguas bajo el firmamento, o sea puestas debajo de él, se van concentrando poco a poco en un sólo lugar y se reducen hasta que aparece la tierra árida finalmente, la cual, más árida aún tras el veraniego y extrínseco calor, y más sedienta aún, atrae hacia sí de nuevo a parte de esa agua con su poder de atracción, a semejanza de una *rociada* celestial..., que regando suavemente y fecundando esta tierra, excita en ella y pone en movimiento la virtud vegetativa; de la que es indicio manifiesto el *color verde*, que de nuevo aparece sobre ella. *El color verde es el símbolo del alma vegetativa, y al propio tiempo de la naturaleza universal.* Nuevas naturalezas son engendradas "en un agua que *sustancialmente no es otra cosa que su Espíritu puro* (del Cielo y de la Tierra), *llevado de la potencia al acto, y hecho uno solo, de la misma manera que los cuernos se hacen uno de dos también.* Cuando la lluvia ha caído constantemente del cielo y ha sido

17. Nacimiento a la Vida
e inmortalidad

Llegados al blanco, se ha cumplido, como ya dijimos, la conjunción para la inmortalidad. "Cuando la materia se torna blanca, nuestro rey ha vencido a la muerte." Obtenida la "piedra blanca", el apoyarse en la conciencia deja de asociarse con el estado corpóreo común, y su continuidad puede mantenerse en estados y modos de existencia que ya no participan del mundo de la materialidad. Cuando sobreviene la muerte, "el alma no deja de vivir: vuelve a habitar con el cuerpo purificado y reiluminado por el fuego, de modo que alma, espíritu y cuerpo se iluminan uno al oto por medio de una claridad celestial, y se abrazan de manera que jamás puedan volver a separarse".[499] Entonces, en el hombre, la muerte no significa ya nada más que la última "clarificación".

Así, la Diana que los discípulos de Hermes consiguen ver completamente desnuda, equivale, desde este punto de vista, a aquella forma luminosa que, según la tradición hindú; se libera entre las llamas del fuego del cuerpo material y sirve de vehículo al liberado para realizar viajes celestiales, que simbolizan saltos a otras condiciones de existencia, sin relación alguna con la "Tierra".[500] Ésta equivale, además, a todo aquello que otras

---

acogida por la Tierra, desaparecen las Tinieblas de la Tierra, y ésta queda iluminada por entero en toda su circunferencia". Esta "Tierra iluminada" es la forma radiante o Diana, ☿, a la que este pasaje se refiere -hay que destacarlo- explícitamente cuando habla del Alma vegetativa aristotélica hecha acto.

[499] B. VALENTINO, *Dodici chiavi, cit.* 10.

[500] *Brhadharanyaka*, VI, II, 14-15. Nótese que en esta misma tradición se afirma al mismo tiempo (y el budismo será aún más claro en esta afirmación) que "no hay conciencia tras la muerte" (se refiere a la conciencia común) según la imagen de un grano de sal que, arrojado al agua, se disuelve y ya no puede ser recuperado

tradiciones denominaron de diversas formas para indicar siempre algo relacionado con el cuerpo o análogo a él, que sustituye lo caduco y expresa, metafísicamente, el grupo de posibilidades subordinadas a ella, debido a la conciencia victoriosa de la muerte en los nuevos modos de existencia.

En el taoísmo alquímico encontramos la concordancia más íntima con estas ideas: según esta doctrina la condición para la inmortalidad es así, la construcción de una forma sutil que sustituya al cuerpo grosero; ésta se obtiene por medio de una sublimación que devuelve el propio cuerpo al estado etéreo del que proceden todas las cosas, y por medio de una extracción y concentración de los elementos inmortales y no humanos que subyacen a la vida común.[501]

En este caso, como en el hermetismo occidental, con semejante oposición a la orientación mística, la inmortalidad se relaciona con el concepto de una condensación o coagulación, y no con la apertura o la disolución en la Luz, sino a una incorporación de la misma en la individualidad.

Nos parece inútil insistir en el aspecto *positivo* que, en tales tradiciones, presenta la idea de la regeneración física. Un alquimista hindú contemporáneo lo ha expresado en términos muy claros, y quien haya comenzado a entender recordará que, bajo símbolos, en los textos herméticos antiguos occidentales se habla frecuentemente de la misma enseñanza. Narayâna-Swami[502] habla de la fuerza de vida que, fase tras fase, ha desarrollado la organización física y psíquica del hombre a partir del germen masculino depositado en la matriz, como una planta se va desarrollando a partir de la semilla. Esta fuerza sigue en la

(*ibid.* II, 1v, 12; IV, v, 13). Hay que tener por ello siempre presentes los presupuestos expuestos en la introducción a esta parte de la presente obra.

[501] C. PUINI, *Taoísmo*, Lanciano, 1922, pp. 16-19 y ss.

[502] NARÂYANA-SWAMI, Trasmutación del hombre y de los metales en *Intr. alla Magia*, vol. III, p. 176 y ss.

base de toda función del organismo, así como de cualquiera de sus formaciones, una vez éste se ha desarrollado por completo. La finalidad de la alquimia hindú era la de introducir la conciencia en esta fuerza vital haciendo que se convirtiera en una parte de ella, pero también la de volver a despertar y recorrer todas las fases de la organización, alcanzando así una relación actual y creadora con la forma final del propio cuerpo, que entonces puede llamarse, literalmente, regenerado. "El hombre vivo", contrapuesto por la tradición al "durmiente" y al "muerto", sería esotéricamente aquel que ha realizado tal contacto directo con la fuerza profunda de su vida corporal, con la fuerza gracias a la cual el corazón late, los pulmones funcionan, y se realizan las diversas transformaciones físico-químicas, hasta llegar a muchas de las funciones consideradas superiores.

Cuando eso sucede, se ha cumplido la trasmutación no se trata pues de una trasmutación material, sino del cambio de una función en otra función. La relación que el hombre regenerado sostiene con su propio cuerpo no es la misma que la sostenida con el mismo cuerpo por el hombre anterior, lo cual indica una nueva condición existencial. Cuando el Yo se encuentra añadido o unido al propio cuerpo, ha dicho Böhme, es casi el propio cuerpo el que lo genera, el que lo forma y el que le da el sentido claro de sí, y por ello el Yo se rige y cae según, se rige y cae el propio organismo: de un particular, determinado e intransferible organismo. Pero el centro del cuerpo se sitúa en la fuerza de vida -la cual no es el cuerpo, sino que es la que produce, forma y sostiene el cuerpo-; entonces es diferente: esta fuerza de vida no se agota en aquello que anima, sino que de un cuerpo puede continuarse, como una llama que de un tronco salta a otro, en otros cuerpos: y aquel que ha llegado a dominar esta fuerza, a la cual la conciencia común es por completo exterior, es evidente que apenas será afectado por la disolución y la muerte de su cuerpo. No será afectado por la muerte, del mismo modo que la facultad de hablar no queda suprimida cuando se calla o cuando se interrumpe la palabra pronunciada, sino que permanece pleno y real el poder de pronunciarla, en el mismo punto o más allá.

Esto por lo que hace a la relación entre regeneración e inmortalidad. En Diana -o Piedra Blanca o Plata o Luna, etc.-, extraída del cuerpo material -Plomo o Saturno- o en la cual se ha disuelto el cuerpo material, ya no se posee un cuerpo, sino antes bien el poder general que puede manifestar un alma en un cuerpo en el sentido más amplio. Con razón dice René Guénon que el "cuerpo glorioso" de la literatura gnóstico-cristiana, al que corresponde la referida Plata, "no es un cuerpo en el sentido propio de esta palabra sino su transformación (o la transfiguración), o sea, a la transposición lejos de la forma y de las demás condiciones de la existencia individual (humana), o incluso, en otros términos, es la relación de la posibilidad permanente e inmutable de aquello de lo que el cuerpo no es más que una expresión transitoria de manera manifiesta".[503] De ahí, también, el sentido verdadero y profundo de la permanencia y de la fijeza atribuidas por los textos herméticos al nuevo cuerpo, y en el cual cuerpo y espíritu se han hecho una misma cosa.

Finalmente, todo esto que acabamos de exponer puede darnos la significación de la convergencia -cuando no francamente identidad y simultaneidad- de los dos actos, a saber, el de la corporalización del espíritu y el de la espiritualización del cuerpo que, como sabemos ya, es una enseñanza explícita de la alquimia. En realidad, la espiritualización del cuerpo no es - como supone el materialismo de un cierto ocultismo moderno- un devenir del mismo en materia menos densa, casi un salto al estado gaseoso, atómico o similar. Muy al contrario, se trata de que el cuerpo, permaneciendo como es exteriormente,[504] existe a partir de entonces únicamente como una función del espíritu,

---

[503] R. GUÉNON, *L'Homme et son devenir selon le Vêdânta*, París, 1927, p. 50. Disponible en castellano *El hombre y su devenir según el Vêdânta*, Omnia Veritas Ltd, 2018.

[504] Simbólicamente, esta idea se expresa en los textos en frases como ésta por ejemplo: "La tintura no aumenta en modo alguno el peso de un cuerpo, porque aquello que lo tiñe es un espíritu que no tiene peso" (*Libro di Cratès*, CMA, III, 67).

y no por sí mismo sobre la base de una determinada y contingente coyuntura cósmica y de oscuras energías que caen bajo el umbral de la conciencia de vigilia.

Según tal interpretación, el cuerpo no se "espiritualiza" sino en aquel punto en que el espíritu puede vivir como un acto propio la existencia del cuerpo mismo, o sea, en tanto el espíritu, con una proyección y coagulación, se corporaliza, y este acto de corporalización del espíritu hace "incorporal" -inexistente en sí mismo- al cuerpo.

En principio, el alma se ha disuelto, ha alcanzado aquello que no posee ni forma ni condiciones, o sea, el estado puro. Así convertida, pasa en un acto propio, a regenerar formas, condiciones, determinaciones -en suma, aquello de lo que se ha liberado-, que el "fijo" deje de ser tal para convertirse en una fijación activa de lo "volátil". "Esta disolución -dice un texto- se lleva a cabo para reducir el cuerpo, que es terrestre, a su Materia prima (o sea, al estado puro de la fuerza o éter, de la cual es una coagulación), a fin de que el cuerpo y el espíritu se hagan uno inseparablemente... Se lleva a cabo para reducir el cuerpo a la misma cualidad del espíritu, y entonces el cuerpo se mezcla con el espíritu (como la palabra exterior se mezcla y se hace una con el acto de la voz que la recupera y la vuelve a pronunciar) sin separarse jamás de él, del mismo modo que el agua vertida sobre agua. A tal fin el cuerpo al principio se eleva con el espíritu y finalmente el espíritu se fija con el cuerpo."[505]

Es evidente que los términos químicos "sublimar" y elevar hay que entenderlos metafóricamente, como se entiende, por ejemplo, cuando se habla de que alguien ha sido *elevado* a un cierto cargo o dignidad;[506] en el caso del cuerpo se trata de su asunción de una función superior, como es la de los principios espirituales superindividuales a que corresponden

---

[505] *Filum Ariadnae*, 51.

[506] ARNALDO DE VILANOVA, *Semita semitae*, cit. 12.

simbólicamente los metales más *nobles*: primero la Plata y luego el Oro.[507]

Igualmente, la expresión "andrógino" o Rebis, utilizada frecuentemente para designar la unión de las dos naturalezas en los diversos estadios, no debe hacer pensar por lo que toca a este punto en concreto, en dos sustancias o principios diferentes, casi como podrían serlo dos cosas. La "materia" no es más que un estado, un modo de ser del espíritu; el espíritu, al incorporársela, no se incorpora nada que le sea distinto, de modo que la verdadera conjunción no consiste sino en la realización práctica interior de esta no-diversidad. "La materia de la piedra bendita -dice Rouillac en el *Abregé du Grand'Oeuvre*- se llama Rebis, porque son dos cosas que *no son dos*." Y Pernety: "Se llama Rebis porque de dos hace uno, indisolublemente, por lo cual los dos no son más que una misma cosa y una misma materia".[508] Aún más claramente habla Artefio de la reducción de Cuerpo y Espíritu "a la misma simplicidad que los hará iguales y semejantes", lo cual se obtiene precisamente con la unión de una cosa con otra, pero en una actuosidad: "espiritualizando el uno y corporalizando al otro".[509]

La analogía ya apuntada por nosotros aquí, podríamos desarrollarla como sigue: imaginemos hallarnos ante un escrito en una lengua desconocida. Lo único que este escrito representa para nosotros es un grupo de signos encontrados y contemplados por mí simplemente. Muy semejante es el estado

---

[507] "Cambiar las naturalezas -dice PERNETY (*Dict.*, 45)- no es hacer que los mixtos pasen de un reino de la naturaleza a otro, sino por el contrario y precisamente, espiritualizar los cuerpos y corporalizar los espíritus, o sea, fijar lo volátil y volatilizar lo fijo. Y, en síntesis, realizar la conciencia como cuerpo y el cuerpo como conciencia a través del acto puro de la vida-luz."

[508] Op. *cit.* 427.

[509] *Libro de Artefio*, 164; y añade: "Esto sería imposible si antes no se separase". Petrus Bonus (en Manget, II, 29 y ss.) habla de una sutileza casi increíble (*subtilitas fere incredibilis*) y de una naturaleza "tan espiritual como corporal".

vulgar de los fijos: lo que yo soy, como tal ser viviente con unos órganos determinados, unas facultades, posibilidades, etc., en gran medida yo lo constato simplemente, lo "soy" simplemente: y "ser" es una cosa, pero querer, comprender, poder querer algo diferente, es otra muy distinta.

Asimismo, puede darse el caso de que yo conozca la lengua en que está escrita la inscripción, y entonces ya no me limito a mirar solamente, sino que *leo y comprendo*: los signos se convierten entonces en un simple apoyo, un rastro para un acto de mi espíritu. Pero ellos, en su materialidad, es como si ya no existieran: la inscripción puede ser destruida, pero yo podré siempre reproducirla partiendo de mi espíritu y *acabando* en aquellos signos en lugar de partir de ellos y acabar en ellos, como ocurría cuando ellos no eran para mí más que signos incomprensibles.

Ampliando la analogía [510] al ser corporal, se aclara el interrogante de cómo lo corporal pueda transformarse en lo que no es corporal, sin dejar de ser tal: porque no existe cambio en efecto en los signos, tanto si se encuentran o se escriben automáticamente como si, por el contrario, se producen creativamente como libre expresión de un significado espiritual. Así, un "cuerpo espiritual" sería por completo indiscernible -exteriormente- de un cuerpo cualquiera, siempre y cuando, naturalmente, se prescinda de las diversas posibilidades supranormales que el primero puede manifestar y, en segundo lugar, cuando no se preste atención al hecho de que en este caso "cuerpo" ya no tiene el sentido limitado a una expresión en la sola condición humana de existencia.

---

[510] En nuestro libro *Lo Yoga della Potenza* le hemos empleado para explicitar la doctrina tántrica acerca del mundo como "palabra" y acerca de los "nombres de potencia", o *mantras*. También la hemos utilizado en nuestra *Dottrina del Risveglio* para aclarar ideas semejantes.

18. Obra al Rojo.
Retorno a la Tierra

Nos hemos detenido en estas consideraciones porque en cierto modo vale tanto para la Obra al Blanco, como para la Obra al Rojo. En efecto, la distinción entre estas dos fases (a la que corresponden los términos "pequeña" y "gran medicina") podríamos llamarla *intensiva*: se trata de dos momentos sucesivos del mismo proceso de "fijación". Si la primera se simboliza con la Luna, no es menos cierto, como hemos visto, que también el varón Sol actúa. Para llegar al Rojo lo único que se debe hacer es acrecentar el Fuego, que en este caso ya no se unirá al Cuerpo a través del Agua, sino directamente, llegando, en virtud de su naturaleza, a una profundidad a la que la obra anterior no había llegado: allí donde descansa el "calcáreo", el "titán omnipotente".[511]

Deteniéndose en la Obra al Blanco, la reunión se realiza con la Vida, pero en ésta existe una cierta forma, dada inmediatamente, una especie de ley interna de la que se sigue y se obtiene el acto, sin ser propiamente su origen: como si quien poseyera en la mente una idea o un significado, supiera representarlo o escribirlo con una libre actividad, pero sin poder sentirse en estado creativo respecto a tal idea o significado.

Hablando de la cuatripartición del ser humano (pág. 69), hemos visto que no es en las propias energías vitales, sino más profundamente aún, donde reside el orden del cuerpo propiamente dicho, en su *mineralidad*, en su esencialidad

---

[511] *Cf. Trionfo Ermetico*, 296: "Así como hay tres reinos de la naturaleza, así también hay tres medicinas en nuestro Arte que son tres obras diferentes en la práctica (correspondencias: ⚏ , ▽, y △) y que sin embargo no son más que tres *grados* que conducen hasta su perfección última".

telúrica, determinada, unívoca, sobre la cual dominan las leyes del mundo físico (elemento Tierra), y las leyes orgánicas o psíquicas. Tal aspecto del cuerpo es la base primera de la forma, de la individuación; en él es donde se ocultan las potencias originarias de forma y de individuación. Pero cuando por el acrecentamiento del Fuego, la misma Agua limpia, clara y vivificadora queda reabsorbida, se puede conseguir un contacto con este orden, no ya con las energías ☿, sino con los actos ☿ individualizadores. Se obtendrá entonces un nuevo *solve*, y se impondrá el correspondiente *coagula*: y ésa será la Obra al Rojo.

El Yo se transforma en aquellos actos, y *es* aquellos actos – los "Fuegos Saturnales", los dioses de la "edad del Oro"-, hasta el punto de reducir por completo la propia individuación en función del valor de "naturaleza que se domina a sí misma", y la corporeidad a algo que nada expresa mejor que aquel mismo dominio que hace que pueda atribuírsele la púrpura, el cetro, la corona y todos los demás elementos simbólicos de la realeza y el imperio. Sólo entonces la regeneración es total. Por otro lado, en esta Obra -en el *coagula* a que nos referimos- la suprema energía del espíritu se ve obligada a manifestarse: idea expresada claramente en la fórmula de la *Tabla Esmeraldina*, que el Telesma "fuerza fuerte de toda fuerza", en su poder es íntegro únicamente cuando se ha "convertido en Tierra".[512]

Toda la enseñanza tradicional concuerda de modo característico en que *no se debe detener en la Obra al Blanco*. "El elixir al blanco no es la última perfección, porque aún le falta el elemento Fuego"[513] como resurrección del fuego primordial con sede en la teluricidad del Cuerpo. "En el Saturno filosofal reside la auténtica resurrección y la verdadera vida inseparable", se dice

---

[512] *Cf. Filum Ariadnae*, 107: "La obra comienza con el elemento Tierra, que se reduce a Agua; luego el Agua en Aire y el Aire en Fuego y el Fuego en fijación, o sea en Tierra, de modo que esta obra acaba donde y comenzó. Esta es la conversión filosofal de unos elementos en otros."

[513] Ibid., 145.

en otro lugar.[514] "La Tierra que se encuentra en el fondo del vaso (o sea, en el cuerpo, como la que queda al separar los principios sutiles) es la mina de Oro de los Filósofos, del Fuego de la naturaleza y del Fuego celestial",[515] de donde podemos volver a las diversas citas ya anotadas (véase pág. 95 y ss.) acerca de la riqueza de las escorias, cenizas, heces y demás residuos de terrestridad, que en realidad ocultan al "titán", "el acto consumado", la "Diadema del Rey" el verdadero Oro de los Filósofos, etc.

Entonces al operar de nuevo la simultaneidad del despertar y del despertarse (las fuerzas profundas producen una transfiguración del principio que las ha despertado, del cual todavía en último análisis forman parte), el cuerpo mineral, por así decir, devuelve el Yo a la conciencia de su acto primordial y absoluto, cuya petrificación expresa el cuerpo y, con la petrificación, el sueño, el estado de mudez y de oscura esclavitud.[516] La Plata entonces se trasmuta en Oro: no sólo como vida y "luz" ☿ espíritu y cuerpo forman ahora una sola cosa, sino también como puro Yo ☉.

Los textos griegos hablan de un Varón o Arsénico, preparado mediante nitro egipcio (nitro ⊕ indica de nuevo la cualificación específicamente viril de la energía espiritual, mientras que el "Egipto" en estas doctrinas equivale por lo

---

[514] *De Pharmaco*, IX, 2.

[515] D'ESPAGNET, *Arc. Herm. Philos.* Op. § 122, 123. Un grabado de la *Margarita pretiosa* representa un ataúd donde se halla encerrado el Rey, del que sale un Niño (el regenerado, primera fase) que el alquimista, sin embargo, deberá encerrar de nuevo junto al Padre o Rey: lo cual es una alegoría de la necesidad, para el regenerado, de encerrarse con las fuerzas durmientes aún y sepultadas de la individuación primordial.

[516] Con símbolos, que ahora deberían ser para el lector bastante transparentes, ZÓSIMO (CAG, II, 93, 95) dice que el Plomo negro en la "esfera del Fuego" se fija, con su gravedad atrae un alma nueva, y que "en eso consiste el Gran Misterio", llamado la "Gran Medicina", que induce en el sujeto nuevos colores y nuevas cualidades.

general a un símbolo del cuerpo, y se trata por lo tanto de la fuerza ⊕ tal y como el cuerpo la produce) y enseñan a extraer el agua divina de tal sustancia, en la cual los espíritus adquieren además forma corpórea: elevándose como misterios divinos o sulfúreos, como cuerpos celestes, y descendiendo "a la más oscura profundidad de los infiernos, al Hades" (técnicamente es la "sede inferior" ♈ de que se habla en pág. 70, correspondencia orgánica del principio voluntad), y allí se encuentran con las masas toscas de "nuestra Tierra, la tierra etíope", equivalente al Plomo y al Saturno de los textos posteriores; son los muertos, que son reanimados, y, por alteración y transformación, *rectificados*, de modo que la Tierra negra produce piedras preciosas, cuerpos divinos.[517] Sintéticamente se hablará de un "menstruo esencial que lava la Tierra y se exalta en una quintaesencia para componer el rayo sulfuroso que en un instante penetra los -cuerpos y destruye los excrementos".[518]

Prestemos atención a lo que dice Éliphas Levi: "El poder que procede del oro es comparable a un *rayo* que, en un principio, es una exhalación terrestre seca unida al vapor húmedo pero que, luego, al exaltarse, asume una naturaleza ígnea, y actúa sobre la humedad que le es inherente, atrayéndola y subsumiéndola a su propia naturaleza, hasta precipitarse vertiginosamente hacia tierra, donde una fuerza *semejante* a la suya (correspondencia de la proyección con el acto primordial que ha determinado la esencialidad de la forma física) lo atrae".[519]

---

[517] CAG, II, 292-294, 296 y ss., etc. En algunas tradiciones de pueblos primitivos, que hay que considerar como supervivencias degeneradas y materializadas de tradiciones más antiguas, se habla de "piedras", o "cristales" mágicos, puestas por los espíritus en el lugar de los órganos corporales, colocados en su interior durante el sueño de la iniciación regeneradora. *Cf.* HUBERT-MAUSS, *Mélanges d'Histoire de la Religion*, París, 1929.

[518] J. M. RAGON, *Initiation hermétique*, etc., *cit.* 45.

[519] E. LEVI, *Dogma e rituale*, cit. 395.

Sinesio había dicho ya que con el "descenso" la sustancia aérea comienza a coagularse y entonces se forma el *Fuego devorador*, del cual procede la destrucción de la humedad radical de las aguas, la última calcinación y fijación. [520] El basilisco filosofal –dice Crollio–[521] a manera de *rayo* penetra y destruye en un instante los "metales imperfectos". Ya nos hemos referido amplia y repetidamente a la correspondencia de tal rayo con aquel mediante el cual fueron abatidos los "titanes". Sólo nos resta añadir que la "imperfección de los metales" quiere decir, específicamente, debilidad, insuficiencia (la "enfermedad incurable de la privación") respecto al acto total: el de identificarse con el poder original, requerido para no ser "fulminado", y reintegrarse sobrenaturalmente.

Tal es la perfección de la Obra Magna.

Del mismo modo que antes existió una "prueba del Agua" y una "prueba del vacío", así habrá ahora una "prueba del Fuego", con el mismo significado aunque con mayor riesgo, ya que en la primera la separación del principio vital del conjunto más denso que lo mantenía inmovilizado no afectaba a este conjunto, que seguía existiendo y que conservaba los sellos de la individualidad. Pero ahora estos sellos quedan rotos y se pasa a través del punto absolutamente indiferenciado, a través del punto en que ha tenido su origen todo acto individualizador, pero que como tal puede servir todavía como el centro de la "gran disolución" y, a decir verdad, no sólo respecto a la condición humana o a otro estado particular condicionado por él o por otros mundos, sino en general. Por ello, todo despertar exige un acto de dominio (reproducción de un acto de dominio primordial) con el fin de que los Fuegos reavivados no actúen destructoramente.

---

[520] *Libro de Sinesio*, 185.

[521] CROLLIUS, *Basilica Chymica*, Frankfurt, 1609, p. 94.

Según algunos textos, ambas operaciones, al blanco y al rojo, se continúan, en cierto modo, una a la otra.[522] En cualquier caso, "sólo una vez que la conciencia haya sido sutilizada", de modo que el Yo haya asumido el modo de ser que no se apoya ya en la corporal y la acción que, asimismo, es percibida directamente y no mediante sensaciones o emociones ligadas al cuerpo, sólo entonces se concibe llegar al fondo de la tierra y no encontrar un límite en ella, sino el principio para la ola más alta, para una autoconjunción absoluta, para una resurrección sin residuo.[523] Las fases concretas son siempre: primero, la *tintura*, o sea, infusión de ☉ o △ en ☿; luego *penetración*, que se realiza por medio de ☿, que lo introduce en las formas animadas por él; y finalmente *fijación*, en la manifestación plena de las fuerzas primordiales contenidas en tales formas.[524]

---

[522] Cf., por ejemplo, *Colloquio de Morieno y Kalid*, 92.

[523] *Cf. Libro de El Habîr*, CMA, III, 107: "El alma no puede teñir el cuerpo a menos que no se extraiga el espíritu escondido en su interior; entonces queda un cuerpo sin alma (la escoria o heces), mientras que nosotros poseemos una naturaleza espiritual, cuyas partes groseras y terrestres han sido eliminadas. Cuando ésta se ha hecho sutil y espiritual, está en condiciones de recibir la tintura que se introduce en el Cuerpo y lo tiñe". GEBER, *Summa*, p. 537 (Manget): "La disolución se realiza por medio de las aguas sutiles, aéreas, pónticas, carentes de heces. Ha sido inventada para hacer más sutiles las cosas que no son fusibles ni penetrables -*fusionem nec ingressionem habent*- y que poseen esencias fijas muy útiles, las cuales sin esta operación se perderían". ARNALDO DE VILANOVA, *Thesaurus Thesaurorum* (Manget, I, 665): *Nisi corpora fiunt incorporea nihil operamini.*

[524] Los tres poderes del *xerion*, o "polvo de proyección", según los alquimistas griegos (CAG, II, 205). La idea alquímica expresada por el símbolo del "grano de Azufre incombustible" tiene su correspondencia en el otro símbolo del "hueso mínimo", llamado *luz*, del cual, según AGRIPPA (*De Occ. Phil.*, I, 20), como "planta de siembra", rebrotaría el cuerpo en la resurrección y que también posee la virtud de "no ser vencido por el fuego".

19. Los colores alquímicos. La multiplicación

En los textos, además de los tres colores fundamentales -negro, blanco y rojo- suelen encontrarse otros. Como máximo, su número se eleva a *siete*, lo que debería hacernos pensar inmediatamente en las correspondencias planetarias de las que ya hemos hablado (pág. 77 y ss.). Pero a este respecto es posible más de una interpretación.

Para Flamel, por ejemplo, la aparición de dichos colores expresaría la operación del Espíritu que se adapta al cuerpo por medio del alma:[525] entonces, los colores equivaldrían a los siete colores del arco iris aparecido tras el diluvio como signo de alianza entre la "Tierra" y el "Cielo", después de que el *negro* Cuervo no volviera, y la *blanca* paloma regresara con la rama de olive.[526] Se trataría, pues, de tantas fases de la regeneración física como siguen al renacimiento del Agua. La apertura de las siete puertas o de los siete sellos, el paso por los siete planetas, el conocimiento de los siete dioses o de los siete ángeles, la ascensión a los siete cielos y las diversas figuraciones septenarias, cuya posible relación con los siete centros de vida del cuerpo ya señalamos en su momento. Todo ello se correspondería entonces con los colores herméticos, que expresarían otras tantas soluciones sucesivas y recomposiciones de los "nudos" del ente telúrico operadas por el poder ígneo.

---

[525] FLAMEL., *Désir désiré*, 314, *Cf.* ARNALDO DE VILLANOVA, *Semita Sem.*, 12.

[526] Nótese que son también las palomas las que llevan a Eneas el tallo de Oro, para que pueda descender a los infiernos y volver a salir de ellos, mito que ya en la antigüedad se relacionó con el misterio iniciático.

Entre otras cosas, podemos descubrir aquí el simbolismo alquímico de las *multiplicaciones*: se aplica éste cuando, más que una transformación gradual del todo, se obtiene la conquista de un principio o estado espiritual, que luego "se multiplica" trasmutando otras naturalezas en la propia. La llama enciende la llama, y del mismo modo el despertar origina el despertar y la "multiplicación"; puede ser *cuantitativa*, cuando los elementos nuevos resueltos no hacen cambiar la naturaleza de la función en que se resuelven (no conducen, por ejemplo, del Blanco al Rojo, sino que infunden, a sucesivos órdenes de principios, la cualidad blanca); o bien *cualitativa*, cuando esos elementos nuevos incorporados son tales que, para dominarlos, la función que los inviste debe transformarse a sí misma y convertirse, por exaltación, en otra superior.[527]

En cualquier caso, se ha dicho que "si nos conformáramos, una vez llegados al blanco o al rojo perfecto, sin hacer las multiplicaciones nos habríamos contentado con muy poco, ya que las multiplicaciones realizan un tesoro y un poder que crecen hasta el Infinito",[528] frase que hay que relacionar con la enseñanza, que dice que los espíritus, aún siendo la potencia de los cuerpos, se multiplican, y alcanzan su máximo de intensidad cuando se combinan con los cuerpos vivos.[529]

Símbolos plásticos de la multiplicación, en los textos, son las alegorías de personajes (el Rey sobre todo) que dan la propia carne (la propia naturaleza) a otros personajes -con frecuencia son seis o siete-, que representan los principios que deben

---

[527] Más adelante diremos algo acerca de la "multiplicación" en el aspecto que se refiere a la transmisión de una cualidad o "tintura", no a los principios aún no transformados ("crudos") de un mismo ser, sino a seres diferentes, de modo que les transmite iniciáticamente una influencia espiritual.

[528] *Filum Ariadnae*, 124.

[529] *Libro della Misericordia*, CMA, III, 180. En este texto se especifica que las energías que, combinadas con el Cuerpo, alcanzan su máximo de intensidad y resisten al Fuego "*no son las que se pueden alcanzar con los sentidos ordinarios*".

experimentar la trasmutación; o bien los seis o los siete piden al Uno (a un Rey sobre el trono, en la tabla de la *Margarita Pretiosa*) un reino o una corona para cada uno, es decir, para cada uno la conquistada y reavivada cualidad espiritualmente real Oro o Sol.

Flamel, por otra parte,[530] asociando a la multiplicación el símbolo de la *llave*: abrir y cerrar, se refiere al significado ya conocido: abrir, o *solve*, es lo que ocurre en cada uno de los contactos en los cuales se contienen energías en estado libre; cerrar, fijar (*coagula*) -y también, más expresivamente, abatir, matar, decapitar- es volver a sellar, despertándose a la naturaleza que domina a la naturaleza y la contiene, y deteniendo la reviviscencia de la fuerza húmeda del caos, que tendería a transportar y sumergir a quien ha producido el fermento del despertar.[531]

En la jerarquía de los siete, todo "cerrar" establece además una cualidad, por medio de la cual se es atraído

---

[530] FLAMEL, *Figure gerogl.*, en la VII fig., p. 257. Otros símbolos de la multiplicación: el pelícano que da a sus hijos su propia carne; el fénix (además *Foenix* quiere decir *Rojo*) del que salen otros pájaros como en un grabado de LIBAVIO (*Alchimia recogn. emendata et aucta*, Frankfurt, 1606), acompañada de la leyenda: *Crescite et multiplicamini*.

[531] La obra de extinguir en cada contacto la siempre resucitada fuerza de las aguas, se compara herméticamente al trabajo de Hércules que mata a la Hidra -cuyo nombre ya revela su relación con aquel elemento- cortándole las cabezas siempre renacientes, que son las siempre renovadas raíces del deseo en las energías primordiales: por cierto que, a veces, son siete las cabezas atribuidas a la Hidra. A tal renacer -dice DELLA RIVIERA (*Mondo Magico*, 103)- "se opone el Héroe invicto, y extinguiendo su origen (del agua) con el fuego de la naturaleza, la vence; o sea, trasmuta el cuerpo fluido en Tierra, aunque imperfecta". Una empresa equivalente es la muerte de Gerión, que asume tres formas, en las que hay que vencerlo para poder arrebatarle el "armamento": formas que corresponderían, en la interpretación hermética, a los tres puntos críticos -separación, prueba del Agua y prueba del Fuego-, los cuales, por lo demás, tienen relación con las tres sedes (cabeza, pecho y base; véase p. 112 y ss.), y las encontraremos también en el esoterismo hindú, que habla de tres "nudos", localizados en los centros basal, cardíaco y frontal, donde la fuerza que tiende a detener la realización iniciática es particularmente difícil de vencer (*cf.* EVOLA, *Lo Yoga de la Potenza*, cit., p. 199).

espontáneamente por el principio siguiente. Estos acontecimientos interiores podrían compararse con un núcleo que deja actuar en sí las influencias de un Campo magnético en que ha entrado, se deja atraer y se convierte en el núcleo central que determina dicho campo, disolviéndose en él y dominándolo una vez que su identificación es perfecta, y pasando entonces a ser un superior campo de influencia, respecto del cual se repiten las mismas fases, hasta que se ha recorrido toda la jerarquía y se han fijado y vuelto a precintar todos los poderes -que por otra parte en sus "disoluciones" han introducido formas universales y no humanas de visión y de fuerza-en la plena posesión de la corporalidad recompuesta. En este punto vuelve el lenguaje cifrado de las *fases* -cantidad exacta de actividad y de pasividad, de atracción y de repulsión, de abandono y de dominio a las mezclas- y de la llamada "ciencia de los equilibrios", en orden a la cual se ha enseñado: "Si pudiésemos tomar un hombre, descomponerlo para *equilibrar* en él la naturaleza, y devolverlo a una nueva existencia, este hombre no podría ya morir"; y también:

"Una vez obtenido este equilibrio, los seres se hacen exentos de cambios, no se alteran, ni se modifican jamás".[532] Es la estabilidad suprema de la Piedra Filosofal, que responde a la fórmula de los alquimistas árabes: "Haced inmortales los cuerpos",[533] y que expresa el modo de ser de *otra* naturaleza: la de los ya-no-hombres.

Por la equivalencia entre "disolverse" y "elevarse", de "coagular" y "descender", la multiplicación puede expresarse también por la circulación de la sustancia que se realiza en el vaso herméticamente cerrado, bajo la fuerza del Fuego -por *siete* veces, según algunos autores-, la cual, al sutilizarse en vapor, se eleva, se condensa al tocar con la parte superior del vaso o *atanor*, y se reprecipita en un sublimado que trasmuta una parte

---

[532] *Libro delle Bilancie*, CMA, III, 148.

[533] *Libro di Cratès*, CMA, III, 52.

de la materia que ha permanecido abajo como *caput mortuum* y, cuando a causa de un calor mayor, vuelve a ascender, la transporta consigo, para luego condensarse y volver a descender con un "poder tingente" aún más enérgico, que actúa sobre otra parte de la sustancia, y así sucesivamente. Ya hemos hablado de este simbolismo específicamente químico.

Volviendo al simbolismo del paso por los planetas, el proceso nos lo muestra Basilio Valentino de este modo apocalíptico: "Entonces el mundo antiguo ya no será mundo; sino que en su lugar será hecho uno nuevo, y cada planeta consumirá espiritualmente al otro, de manera que los más fuertes, al sentirse nutridos por los restantes (ver más adelante: se trata de la reducción de los planetas subsolares por obra de los superiores simétricos), serán los únicos que queden, y dos y tres (el dos expresa el principio genérico de oposición, mientras que tres es el número de planetas de cada grupo: ♄ · ♃ · ♂ y ♀ · ☿ · ☾ serán vencidos por uno solo (es la unicidad final, correspondiente al estado más allá de los Siete)".[534] Citaremos también el siguiente pasaje de Böhme, relativo al momento en que "el Mercurio pronunciado en el Azufre de Saturno se trasmuta según el deseo de la libertad": "El cadáver se eleva con un cuerpo nuevo de un hermoso color blanco... La Materia tarda en disolverse y cuando se ha vuelto a hacer deseosa (referencia al impulso que conduce al contacto ulterior) el Sol surge de ella... en el centro de Saturno, con Júpiter, Venus y las siete formas. Y es una creación nueva, solar, blanca y roja, mayestática, luminosa e ígnea".[535]

[534] B. VALENTINO, *Dodici chiavi*, 59 (IX).

[535] BÖHME, *De Signatura*, XII, 23.

20. La jerarquía planetaria

Al comienzo del parágrafo precedente hemos mencionado una variedad de interpretaciones de la que forma parte también la discordancia en el orden de los planetas tal y como vienen citados en diversos textos. Esta discordancia, siempre y cuando no se trate de deformaciones, procede o bien de la designación con términos y símbolos diferentes las mismas cosas, o bien de una diversidad real de los métodos seguidos. Al referirnos a los siete "centros de vida" hay que recordar además que en cada uno de ellos hay presentes las fuerzas de los demás, aparte de la propia, que es la dominante;[536] así, mediante un método determinado, o por medio de un temperamento más afín a una de las energías secundarias que no es la dominante, puede producirse en un centro determinado el despertar de un principio que, por medios naturales; correspondería, por el contrario, a otro centro; por lo cual en los símbolos se hablará de un planeta en el lugar de otro. Así, aquella *luz* de que hablaremos, de la cual "repularía el cuerpo a la resurrección", según la tradición cabalística referida por Agrippa (y en plena concordancia con la enseñanza hindú análoga) se la sitúa en la región sagrada, e, incluso, en ciertas figuras de Terafim, se encuentra entre los dos ojos y también en el corazón. Se trata, pues, de una misma fuerza, o estado, que se manifiesta, sin embargo, en centros diversos.

Della Riviera da el orden siguiente: Saturno, Júpiter, Marte, Tierra, Venus, Luna y Sol.[537] La interpretación es doble: o bien se trata de la vía seca, es decir de una línea *continua* de purificación

---

[536] BÖHME, *Morgenröte*, X, 40: "Los siete no están separados como se ve por las estrellas del cielo, sino que están unos en otros, todos como un solo espíritu."

[537] *Mondo Magico*, 207.

y de transformación hasta la forma de Luz (Luna) y hasta el Sol más tarde; o bien se trata de fases que *siguen* a una realización del Sol ya acontecida en un primer tiempo, en el sentido de los grados de la resurrección que el propio Sol opera cuando actúa sobre Saturno, el Cuerpo, de modo que Saturno genera, como dice el mito, a los diversos dioses (correspondientes a los planetas) y lleva finalmente a la perfección total del propio Sol u Oro en el cual, por "dejación de todos los demás accidentes, impureza y heterogeneidad", se transforman los "metales mágicos".[538]

Pernety da el orden siguiente: Plomo (Saturno, negro), Estaño (Júpiter, gris), Plata (Luna, blanco), Cobre (Venus, rojo-amarillo), Hierro (Marte, herrumbre), Púrpura y Oro (Sol, rojo).[539] En este caso está claro que los planetas y los metales corresponden a las fases de desvanecimiento de la sombra (del negro al gris y luego al plateado) y progresiva ignificación (bronceado, herrumbroso y, finalmente, rojo).

En Filaletes se observa, en primer lugar, el régimen de Mercurio como el "trabajo de Hércules" de "separar", "desnudar al Oro de sus hábitos dorados", "quebrantar al león mediante dicha lucha, y reducirlo a la mayor debilidad". Sigue el régimen de Saturno, el color negro, en que "el león ya está muerto". Sigue Júpiter, el dios que destronó a Saturno y ahora conduce hasta las primeras huellas de la *blancura*. El blanco inmaculado es el régimen de la Luna. Le sigue Venus -del blanco al verde-, que expresa la primera vegetación simbólica del conjunto telúrico, que surge como ☿, libre del *ardor* impuro del ya muerto León. El verde, luego, se va haciendo celeste, se va tornando lívido y cambia en rojo oscuro y luego en púrpura pálido, colores que indican la *iosis* o ignificación que comienza a producirse en

---

[538] Op. *cit.*, 208. Este pasaje es bastante importante porque en él se dice que la *aureidad* es el "alma, y la vida de la propia cosa" que, una vez "mágicamente dispuesta y preparada", se transforma en ella.

[539] PERNETY, *Fables*, I, 73.

sentido de ☿. Interviene Marte, naturaleza íntegramente viril y férrea, para producir la desecación: "Ahora la materia queda cerrada y sellada en el vientre de su hijo y se purifica hasta haber arrojado del compuesto toda impureza y haber introducido en él la pureza permanente": es el color broncíneo (que corresponde, en Pernety, a la herrumbre). Finalmente se alcanza el régimen del Sol, en el cual "de tu materia irradiará una luz difícilmente imaginable" hasta llegar, tres días después, al rojo más intenso.[540]

En la antigua tradición helénica, transmitida por Estefano,[541] el orden es diferente. Las regiones siderales, asociadas a los dioses y a las metalidades sagradas de cada uno de ellos, aparecen con el siguiente orden: Saturno (Plomo, ♄), Júpiter (Bronce, ♃), Marte (Hierro, ♂), Sol (Oro, ☉), Venus (Cobre, ♀), Mercurio (☿), Luna (Plata, ☾). Esta disposición puede interpretarse, sin embargo, según una simetría que tiene el Sol en el centro, con Saturno, Marte y Júpiter sobre él, como

---

540 FILALETES, *Introitus*, del cap. XXIV al cap. XXX. Otro símbolo empleado para los diversos colores simbólicos es la cola de pavo real. En BÖHME (*De Signatura*, VII, 74-76), el orden es el siguiente: Saturno, Luna, Júpiter, Marte, Venus, Mercurio, Sol. El proceso se describe como sigue: "Cuando se inicia la corporeización del Niño, Saturno lo arrebata y lo sumerge en las tinieblas... Seguidamente se apodera de él la Luna, que mezcla las propiedades celestes con las terrenales, y entonces se manifiesta la vida vegetativa (o sea ☿). Pero aún queda un peligro que hay que superar (véase p. 171). Tras la Luna; Júpiter construye una morada a la vida en el Mercurio y le imprime el movimiento de la rueda que lo eleva a la mayor angustia, donde Marte proporciona al Mercurio el Alma ígnea. En Marte se inflama la vida más sublime, dividida en dos esencias: un cuerpo de amor y un espíritu de fuego. La vida de amor (se trata del poder simpático de atracción y de penetración del ☿) se eleva en la efervescencia ígnea interior y se manifiesta en toda su belleza; pero Mercurio engulle esta Venus. El Niño se convierte entonces en un cuervo negro, y Marte oprime a Mercurio hasta su aniquilación. Entonces se liberan de él los cuatro elementos y el Sol recoge al Niño y lo presenta en su cuerpo virgen al elemento puro. La luz ha brillado en la cualidad de Marte, en ella ha nacido la verdadera vida del Elemento Único, contra el cual nada podrán la cólera ni la Muerte". Estas expresiones pueden interpretarse de diversos modos: posiblemente también desde la perspectiva de los episodios de la Obra al blanco solamente.

541 Cf. BERTHELOT, *Intr. à la Chimie des Anc.*, cit. p. 48.

divinidades masculinas y, simétricamente, con Venus, Mercurio y la Luna, por debajo de él, como "Señora de los Filósofos": como en el dibujo reproducido más abajo. El itinerario espiritual sería entonces, por así decirlo, en espiral; a partir de un dios masculino superior descendería para reunirse con la divinidad femenina simétrica, para volver a elevarse, y llegar finalmente al centro donde se halla el Sol. El movimiento ascendente y descendente que une a las parejas simétricas correspondería así a las sucesivas sublimaciones y precipitaciones que, también de manera circular, se llevan a cabo en el cerrado *atanor*: descenso a los "Infiernos", donde cada arsénico encuentra un Agua con la cual y mediante disolución, recomposición y resurrección, queda dispuesto para convertirse en un metal cada vez más próximo al Oro.

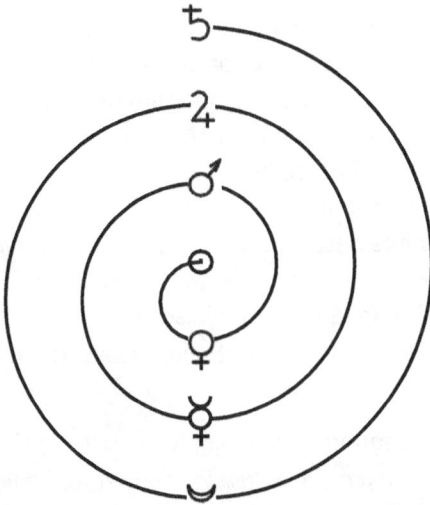

Resulta un tanto "extraño" que esta misma disposición de los planetas la encontremos en Gichtel, y precisamente con un recorrido espiral que comienza en Saturno ♄ y acaba en el Sol ☉; este itinerario lo hemos interpretado ya (véase pág. 83) en el otro sentido posible, o sea en el involutivo. Por otro lado, ya sabemos que Gichtel hace corresponder cada planeta o dios con una región determinada del cuerpo, y hemos indicado asimismo cómo estas regiones corresponderían, aproximadamente, si las referimos a puntos de la columna vertebral, a las sedes que el esoterismo hindú asigna a los siete "centros de vida".

El esquema en espiral, por otra parte, nos permite expresar, en síntesis, todo el proceso del Arte si consideramos un recorrido doble: uno centrípeto de ♄ a ☉, y otro centrífugo, de ☉ a ♄. En el primer caso, la triada superior expresaría los elementos cubiertos de "sombra" del estado vulgar, que encuentran en los elementos inferiores respectivos su "disolución" liberadora. Basándonos en la enseñanza de Macrobio al respecto (*Comm. in Somn. Scipion.*), Saturno ♄ corresponde a la *intelligentia* y a la *ratiocinatio*, que así, en el primer arco descendente, se disuelven en la Luna ☾ - referencia a la profundización de la conciencia lógica de vigilia en ciertas energías vitales, comprendidas en el término "to fysicon". El siguiente arco ascendente llega a Júpiter ♃ , a quien corresponde en la vida exterior la *vis agendi* (podríamos decir, también, la "voluntad", en el sentido restringido de los modernos); ésta se disuelve en Mercurio ☿ como en la energía, con frecuencia infraconsciente, del intelecto sutil que corre invisible entre la trama de los procesos psíquicos comunes. Vuelve a elevarse hasta Marte ♂, como *ardor animositatis*; que halla su disolvente en Venus ♀; tras lo cual el arco descendente conduce al renacimiento, o reminiscencia, de la conciencia solar ☉, la cual comienza a brillar entre las masas oscuras de la prisión corporal.

Sigue el segundo movimiento, a partir precisamente del centro ☉). El Sol, como *virtus*, *ios*, fermento, "tallo", fuerza viril de "rectificación", etc., al proyectarse sobre Venus la transforma en Marte: con este poder agita y fija el Mercurio y de él extrae a Júpiter; finalmente desciende a la fuerza radical de las Aguas, entendida como la última sede de la fuerza vital ☾ irradiada de "nuestra Tierra" y con ella, volviendo a elevarse, alcanza Saturno y lo conoce como dios de la "edad del Oro".

Por ello -y de acuerdo con el precepto gnóstico- lo que está arriba es como lo que está abajo, o dicho de otro modo, lo que está arriba ha sido llevado abajo, y lo que está abajo ha sido puesto arriba. Saturno, Júpiter y Marte, en esta fase, son "regeneraciones", metales nobles, y no ya "muertos", con los cuales se compone un elixir de triple poder, capaz de curar la "enfermedad incurable de la privación", o sea, del estado de materialidad necesaria (véase pág. 106), los tres reinos, mineral, vegetal y animal.

En este caso, la referencia fundamental ha de hacerse a los entes profundos del hombre, pero a causa de la correspondencia no sólo simbólica y analógica sino también mágica de estos entes con los reinos de la naturaleza en sentido real, esto podría significar una introducción de la conciencia en estos entes, de los cuales estos tres reinos son la sensibilización cósmica. "Marte" haría conocer, pues, aquello que se manifiesta sensiblemente bajo la forma de las energías colectivas de la animalidad; "Júpiter", aquello que se refleja en las estructuras y emergencias determinadas en la naturaleza de las fuerzas de la vegetalidad; y "Saturno", finalmente, los "Númenes" que en el interior de la tierra mineral producen el mundo de los metales, de las sales y de los cristales:[542] constituyendo en conjunto la Tríada de los grandes Dioses Uranios.

Por el contrario, los otros tres planetas o principios, los que están bajo el Sol o corazón, que hacen de disolventes de las tres formas vulgares suprasolares, representan lo que macrocósmicamente puede corresponder a la subconsciencia humana: son las fuerzas "inferiores" donde vive el principio caos. La "disolución" con que se enfrenta el iniciado al descender a estos *interiora terrae* es equivalente a la disolución que, en el momento de la muerte natural, devuelve los diversos principios del ser humano a los hechos originales macrocósmicos

---

[542] A este propósito, podríamos recordar las imágenes del poeta A. ONOFRI (*Terrestrità del Sole*, Florencia, 1926): "Seres todopoderosos se nos vienen encima. Son seres-cielo que piensan hierro y diamante dentro de las peñas enterradas... Potencias deslumbrantes, de vosotros brota la forma perfecta de los cristales". "En la cabeza y en los hombros está la fuerza -que en ángeles poderosos piensa tierra- como en el pecho es sangre y ritmo el Sol"

impersonales de donde proceden y donde se nutrieron. Su región puede llamarse propiamente la región del Hades, o sea, aquella *a la cual van a parar los muertos*, y que cuando se abre su puerta -no por un impulso que proceda de lo alto hacia abajo, sino, por el contrario, por una fuerza inferior hacia las esferas superiores- hacia las facultades de la conciencia superior o de vigilia, entonces se produce la fenomenología del estado mediúmnico, de la posesión diabólica, de una clarividencia confusa e instintiva, del misticismo visionario y nebuloso con sus ángeles, sus demonios y sus diversas apariciones: resultado híbrido, por regla general, de experiencias no corpóreas mezcladas con repercusiones de estados orgánicos y de restos subjetivos, que adquieren su forma en la imaginación incontrolada y esquizofrénica.

Este peligro es máximo en los métodos de la vía húmeda, porque éstos tienden a conseguir el objetivo con la apertura de una senda ascendente al poder de las Aguas disolventes liberadas. Hay que hacer aquí hincapié en cuanto ya hemos dicho acerca de todo aquello que procede de la eventual presencia de elementos no reducidos, debida a una insuficiente preparación de la materia, o bien a una insuficiente energía de las fuerzas despertadas, que en la vía húmeda deben neutralizar por entero ("decapitar") toda facultad de la conciencia exterior humana.

Por el contrario, cuando la corriente procede de las esferas superiores y trae consigo una "quintaesencia" -obtenida por medio de la ascesis y de la purificación- de las facultades de la esfera superior de vigilia independizadas de toda influencia infrasensible y afectiva, entonces tal "quintaesencia" actúa como uno de esos reactivos químicos, una gota de los cuales basta para aclarar y hacer transparentes algunas soluciones sumamente turbias. La luz se expande por el mundo inferior y sus formas tenebrosas e inciertas se trasmutan en las formas definidas y divinas del mundo superior, porque, como el propio septenario declara, unas y otras son, en definitiva, la misma realidad tal y como se presenta en dos diversos estadios o experiencias.[543]

Aún debemos decir algo acerca de las correspondencias entre los metales, los dioses y los centros de fuerza del hombre desde el punto de vista de la práctica. Del mismo modo que las energías de un "dios" se expresan en los procesos que en el seno de la tierra forman las mentalidades que tradicionalmente les fueron consagradas; del mismo modo que, por otra parte, se manifiestan también bajo forma de energías de vida que en el hombre actúan en determinados centros, así entre ciertas fuerzas encerradas en el cuerpo y ciertos metales existen relaciones analógicas de tipo "mágico" (simpático), además de simbólico, que sirven de base a tres posibilidades prácticas diferentes:

1. ª). La introducción en el organismo, en dosis determinadas y formas concretas, de sustancias metálicas, cuando la conciencia es ya suficientemente "sutil" para poder seguir y sorprender lo que de ellas procede en los rincones de la corporeidad más pesada, puede servir para introducir la conciencia misma en los "centros" correspondientes, que son anormalmente dinamizados por estas sustancias. Además, cuando la fantasía se hallase en una cierta independencia de los sentidos corpóreos, es posible que la experiencia resultante se dramatice bajo forma de imágenes y divinidades, por lo general utilizando imágenes que el operador conserva latentes en su subconsciente como restos de su fe o de la tradición.[544] Como

---

[543] Es muy interesante a este propósito lo que se lee en el ya citado *Bardo Tödol* (p. 89 y ss.) sobre las experiencias *post mortem* (que en la iniciación se producen ya en vida en un estado especial de la conciencia): se enseña que los dioses tenebrosos e infernales son los mismos que los luminosos: son los mismos dioses, pero imaginados por un entendimiento incapaz de identificarse con los primeros, incapaz de reconocerlos como parte de su propio ser trascendente y dominado por impulsos irracionales.

[544] Un cristiano o un brahmán tendrán visiones conformes con sus creencias, como vestidos diferentes para una misma experiencia. La enseñanza acerca de la correspondencia de "todos los miembros y partes del cuerpo humano" con "formas sagradas" es explícita en la Cábala (*cf. Zohar*, I, 272 *b*). En el esoterismo

puede verse, esto nos lleva de nuevo, en cierto sentido y a menos de realizar una más precisa dirección de eficacia, al método de las "bebidas sagradas" y de las "aguas corrosivas" (véase pág. 175-y ss.).

2. ᵃ) Por el contrario, una vez extraídas las conciencias durmientes en determinados centros u órganos del cuerpo humano, se podría, por ello, ser introducido en los "misterios" de las fuerzas que actúan ocultamente en las metalidades correspondientes, o, en términos más mitológicos, podría propiciarse el contacto con aquellos dioses bajo cuyas influencias se forman estas últimas. *Es éste uno de los presupuestos fundamentales para las operaciones de alquimia en sentida restringido, es decir, precisamente como transmutación de los metales reales por medio del poder hermético* (véase pág. 252 y ss,).

3.ᵃ) Finalmente, mediante ciertos ritos conocidos por la magia ceremonial y por la teúrgia, o por otros medios, sin excluir finalmente casos que presentan el aspecto de fenómenos espontáneos o de "revelaciones", es posible llegar al principio a una experiencia, bajo la forma de un dios, que, posteriormente, nos introduce en los "misterios", bien del cuerpo o bien de determinados metales, hasta el punto de hacer surgir la ilusión de que se da una transmisión de sabiduría por parte de un ser considerado como real y existente en sí mismo. Éste es, sin duda,

---

hindú se conoce una práctica llamada *nyasa*, con la cual se imponen ritualmente a las diversas partes del cuerpo las divinidades que les corresponden (*cf.* EVOLA, *Lo Yoga della Potenza*, pp. 142-144. AGRIPPA, *De Occ. Philos.*, III, 13): "Si el hombre capaz de recibir la influencia divina mantiene limpio y purificado un miembro u órgano del cuerpo, éste se convierte en receptáculo del miembro u órgano correspondiente de Dios (o sea, del Hombre primordial contenido en el cuerpo) que en él se oculta como bajo un velo". En los textos medievales encontramos a veces figuras humanas, en las que los signos astrológicos de los metales y planetas puestos en cada parte del cuerpo indican las respectivas correspondencias. Para explicar las variantes de tales correspondencias, deberíamos penetrar en el terreno de la astrología, cosa que cae fuera de los límites del presente libro.

el fundamento de las ya recordadas y antiguas tradiciones, según las cuales ciertas divinidades habrían enseñado a los hombres las ciencias o las artes aunque conservado en su poder los secretos de las mismas. Es uno de los aspectos de la concepción orgánica y unitaria del organismo en virtud de la cual en el mundo tradicional, todo arte y toda ciencia exigía unos grados de iniciación, lo cual le confería un cierto tono sagrado.

Por esa razón la fisiología era, antiguamente, una teología mística; y la teología era a su vez una "física", una introducción al conocimiento real interior de la naturaleza, y una "medicina",[545] tanto en el sentido aplicado contingente como en el trascendente. Y esta convergencia, inconcebible para la mentalidad moderna, revela el punto de vista *sintético* de la *Ciencia sagrada*, alcanzable sólo a través del espíritu.

---

[545] En la antigua Grecia, por ejemplo, la medicina se consideraba como ciencia sagrada y secreta. Ya hemos dicho bastante para hacer comprender el porqué de este secreto. GALENO (*De Usu Part.*, VII, 14) compara la medicina a los misterios de Eleusis y de Samotracia. Asclepio, inventor de la medicina, da su nombre a uno de los libros del *Corpus Hermeticum*, y los Asclepiadas que seguían su tradición formaban una especie de casta sacerdotal. En la *Vida* con que se abren las obras de Hipócrates, se dice que éstos sólo enseñaban sus artes a hombres consagrados y bajo el compromiso del secreto. Todo esto hace sospechar una medicina diferente a la que hoy se presenta como ciencia. Por lo demás, sería interesante poner de manifiesto cómo la medicina actual farmacológica quizá recurre de hecho a las correspondencias entre ciertas sustancias y determinados órganos o funciones, tal y como se indicaba en la enseñanza iniciática.

21. Conocimiento del "Rojo". La Triunidad

H ablemos ahora de algunas indicaciones a propósito del estadio final de la transmutación. En el *Corpus Hermeticum* se habla de una "túnica de Fuego" que el ente intelectual ☉ asume al liberarse del cuerpo, y que aquí abajo no se podría mantener, puesto que una sola partícula de este fuego bastaría para destruir la Tierra; por otro lado, sin embargo, se dice que la carencia de ese Fuego impide al alma realizar obras divinas.[546] El Arte -como hemos visto- se dirige precisamente a hacer al organismo apto para soportar ese elemento ígneo, de donde la máxima alquímica: *"El magisterio ha llegado a su fin cuando la materia ha alcanzado la unión perfecta con su veneno mortal".*

Concretando, podríamos decir que la causa verdadera de toda corrupción es con frecuencia la manifestación anormal de un poder más elevado que el que pueden soportar los quebradizos circuitos del cuerpo. Por ello también, una vez que la organización corporal ha llegado a su plenitud, se desintegra, consumiéndose poco a poco, lo que significa la *muerte* para quien no se haya asimilado a la llama misma y no haya traspuesto su forma en la de ella.[547]

---

[546] *Corp. Herm.* X, 17-18.

[547] Por su nacimiento del Fuego y por su poder de permanecer en él sin alteración, se emplean a este propósito los símbolos herméticos del fénix y de la Salamandra. *Cf.* PERNETY, *Dict.*, 434 y 446, donde para el término "residencia" se da esta explicación: "Magisterio al Rojo, que con el Mercurio compone un todo capaz de permanecer eternamente en el Fuego y de resistir a sus violentos ataques". Para el estado de unión con el "veneno", *cf.* también FLAMEL., *Désir désiré*, 315: "El Fuego nace y se alimenta del Fuego y es hijo del Fuego, por eso conviene que

El *Corpus Hermeticum* enseña que para que un cuerpo permanezca tiene que transformarse, pero a diferencia de los cuerpos mortales, en los *inmortales* la transformación no va acompañada de disolución:[548] precisamente porque el alma se ha identificado con el propio disolvente, y con él ha constituido y fundado la naturaleza de la nueva individuación,[549] de modo que la podrá manifestar o conservar en cualquier forma de existencia, a la manera de la realización, de la que se ha dicho que el adepto del Yoga no sufrirá la disolución ni siquiera en la disolución final –*mahâ-pralaya* considerada en la doctrina tradicional de los cielos.

Si el término final de un desarrollo indica el sentido que lo compenetra en su conjunto, nada mejor que la naturaleza y la dignidad de la Obra al Rojo puede hacernos penetrar en el espíritu de la acción hermética.

Sobre todo, por lo que se refiere al tema de la inmortalidad. La obra hermética llevada hasta el Rojo se relaciona con la

---

vuelva al Fuego y que no tema al Fuego".

[548] *Corp. Herm.*, XVI, 9; *cf.* con el pasaje de la *Kore Kosm.* (cit. 213): "Entre un cuerpo inmortal y un cuerpo mortal no hay más que una diferencia... uno es activo, y el otro pasivo... uno es libre y gobierna... el otro es esclavo y sufre el impulso".

[549] *Cf.* el upanishádico "triunfar de la *segunda* muerte", porque "la muerte no haga presa en él, la muerte se hace parte de su ser y él se convierte en una de estas divinidades". Para la misma idea, extendida a toda forma parcial de negatividad, *cf.*: *Metafísica del dolor y de la enfermedad*, en *Intr. alla Mugia*, vol. II, 182 y ss.; y *Vie de Milarépa*, *cit.*, p. 277: "El mundo y la liberación son visibles en plena luz. Mis manos se hallan ligadas en su gesto por el sello del gran sello... Mi audacia no conoce obstáculos. *Las enfermedades, los mulos espíritus, los pecados, las miserias, adornan al asceta que soy, son en mi arterias, semen y fluidos*". Sello y audacia en este caso están relacionados con las características espirituales de la obra al Rojo. BÖHME, *Morgenröte*, X, 50: "Si cada fuente conserva aún su jugo cuando os separéis el mundo (o sea, al trasponerse en lo incorporal de las diversas cadenas de la fuerza vital), entonces el fuego que se inflama en el juicio último no os dañará: no hará presa sobre los espíritus que sirven de órganos para vuestro jugo, y tras esta terrible tormenta seréis en vuestra resurrección un triunfador y un ángel".

concepción suprema, "supercósmica", de la inmortalidad. No es sencillo entender esta concepción en una civilización que la ha perdido hace tiempo, porque en ella Dios, concebido de modo teísta como el "ser", y la identificación con Él funcionan como límites mas allá de los cuales es absurdo concebir o querer otra cosa. Pero para la enseñanza iniciática el estado supremo se halla más allá del ser y del no-ser; según el mito cósmico de los ciclos en esa indiferenciación, idéntica a la trascendencia absoluta, el propio Dios teísta y todos los ciclos se reabsorben en el momento de la "gran disolución".[550]

La perfección última de la Obra, que se obtiene cuando la Tierra se ha disuelto por entero y cuando nos hemos unido al "Veneno", significa haber podido alcanzar ese limite último.

Entonces ya no hay "reabsorción" posible. El iniciado real, revestido de Rojo, es un viviente que subsiste y permanece (allí o en el mito cíclico) incluso cuando ya han pasado mundos, hombres y dioses.

Es legítimo hasta cierto punto conectar la Obra al Blanco y la Obra al Rojo, respectivamente, con la iniciación de los Pequeños y los Grandes misterios clásicos. Unos y otros prometían la inmortalidad, o sea, lo diremos una vez más, algo muy diferente, positivamente distinto de la vaga concepción "espiritualista" de la simple supervivencia. La primera inmortalidad, sin embargo, sólo era tal en términos de "vida", incluso de Vida cósmica, y, por ello, en última instancia, una inmortalidad condicionada, ligada a la manifestación. La segunda, sin embargo, la de los Misterios Mayores, era una inmortalidad "supercósmica", en el sentido señalado

---

[550] *Cf.* GUÉNON, *L'Homme et son dévenir selon le Vêdanta, cit.*; EVOLA, *La dottrina del Risveglio, cit.* El equivalente aproximado de la "gran disolución" en las antiguas tradiciones occidentales es el "incendio cósmico"; vuelta pues a la idea del Fuego, elemento que es la muerte y la vida en la Obra al Rojo.

anteriormente, y precisamente en estos misterios era donde predominaba la referencia al simbolismo real.

Otro punto. Es interesante que en el hermetismo el Blanco esté sometido al Rojo siempre, y que, en consecuencia, la Luz se halle subordinada al Fuego. No se trata de una variante del simbolismo, sino un *signo* elocuente para el ojo experto, porque las relaciones jerárquicas entre estos símbolos son opuestas en otras tradiciones; y no por casualidad. Puede observarse que allí donde el Blanco y la Luz conservan la primacía, se manifiesta una espiritualidad que, aunque eventualmente pueda tener un carácter iniciático, permanece bajo el signo de la contemplación, del "conocimiento" y de la sabiduría, y que por ello está más próxima a la tradición sacerdotal que a la real.[551] Pero cuando el Rojo y el Fuego tienen la primacía son signos del Misterio real y de la tradición mágica en este sentido superior. En el hermetismo es evidente tal primacía.

Hablemos ahora de la sensibilización humana. Oriente conoció pronto el ideal de aquel para quien no existe ya ni esta orilla ni la otra, ni ambas, que, sin temor de ninguna clase, ha abandonado el vínculo humano, ha superado el vínculo divino, se ha liberado de cualquier clase de vínculo: el *héroe*, cuyo camino no es conocido ni por los dioses ni por los hombres.[552] Pero tras el simbolismo hermético del *Andrógino* y del "Señor de las dos naturalezas" hay algo importante que podemos referir a significados de este género. Como hemos visto anteriormente, la "raza de los Filósofos herméticos", dice Zósimo, es autónoma, superior al destino, carente de nada (porque ella misma es regia).

La doble naturaleza, según el *Corpus Hermeticum*, lejos de ser una imperfección es, y así se considera, la expresión de un poder que está más allá de lo mortal y de lo inmortal. Más noble,

---

[551] Así también en el catolicismo el jefe supremo de la jerarquía viste de blanco, mientras que el rojo es llevado por los "príncipes de la Iglesia" subordinados a él.

[552] Expresiones del *Dhammapada*, § 385, 417, 420.

más grande y más poderoso que sus progenitores cósmicos, Cielo y Tierra, se dice una y otra vez en los textos del Hijo engendrado por el Arte Regia. *Magnipotens*, se lo llama. Porta en sus manos los cetros del reino espiritual y del reino temporal, y ha conquistado la gloria del mundo y ha hecho de sí su propio súbdito.[553] Ha sido coronado rey eterno, dice el *Chymica Vannus*.[554] Es *el que Vive*, porque en el acto de recibir el "tinte" del Fuego, se alejan de él la muerte, el mal y las tinieblas: su luz es viva y brillante.[555] Héroe de la paz que el mundo espera, conocido por quien lo purgue *siete* veces con el Fuego; no hay semejante a él y es el vencedor de todo Oro rojo.[556] Su poder es soberano sobre todos sus hermanos.[557] Se le ha llamado todas las cosas, todo en todo, como la misma "Materia prima";[558] y, según dicen "Hermes" y Quimes, el "csérion" tiene el "gran Pan", el Misterio "rodeado de eones y al final encontrado".

En el centro de los planetas, con el signo del imperio universal en las manos, en un texto se le atribuyen estas palabras: "Brillante con claridades enceguecedoras, he vencido a todos mis enemigos, y de uno que era me he convertido en muchos, y de muchos me hice uno, descendiente de ilustre linaje... Soy uno, y en mí son muchos -*unum ego sum, et multi in me-*",[559] donde es manifiesto el *nos* iniciático (al cual podría asociarse el plural mayestático regio y pontificio), que expresa el estado de una conciencia que ha dejado de ser la de un ser particular, sino que

---

[553] *De Pharmaco*, III, 13, 17.

[554] Chym. Vann., 278.

[555] *I sette capitoli d'Ermete*, § III.

[556] B. VALENTINO, *Aurelia Occ. Philos.*, Manget, II, 214.

[557] Trionfo Erm., 255.

[558] B. VALENTINO, *Dodici chiavi*, 21. Esto no se entiende naturalmente en un sentido panteísta, sino en el sentido de solución de la "fijeza" y de posesión de la posibilidad indeterminada de manifestarse.

[559] B. VALENTINO, *Aurelia Occ. Philos.*, 215.

contempla la posibilidad de múltiples manifestaciones individuales.

En particular, en el hermetismo esta explícita la asimilación al estado de corporeidad correspondiente a las "formas puras" aristotélicas, ya que para él "el hombre esclarecido no será menos que los espíritus celestes, sino que por todo y en todo será semejante a ellos", en un "cuerpo impasible e incorruptible".[560] "Un alma nueva glorificada se unirá al cuerpo inmortal e incorruptible, y así se constituirá un nuevo cielo."[561] Y con un simbolismo muy semejante al de las tradiciones gnóstico-mistéricas, se habla de la "túnica de púrpura tiria", "centelleante y flamígera", incapaz de cambio y de alteración:[562] sobre la cual ni el mismo cielo ni el zodíaco tienen ya poder; cuyo esplendor radiante y turbador parece comunicar al hombre un halo super Celestial,[563] que, cuando lo contempla y lo conoce, lo hace asombrarse, y tiritar y temblar al mismo tiempo.[564]

Acerca de la unión última de las naturalezas, o triunidad, sólo volveremos para transcribir un antiguo texto característico, el de Comario, puesto que ya hemos explicitado bastante su sentido. En este texto se habla, en primer lugar, de la "sombra" a causa de la cual "Cuerpo, Espíritu y Alma se hallan debilitados"

---

[560] B. VALENTINO, *Dodici chiavi*, p. 46 (en la clave VII).

[561] FILALETES, *Experimenta de preparatione Mercurii*, § XVII.

[562] No hay que olvidar que la inmutabilidad iniciática no se refiere a una forma concreta manifestada, sino a la función inmutable, que comprende la posibilidad de manifestar diversas formas, sin que en ningún momento resulte alterada por tales apariciones.

[563] En el *Corpus Herm.*, IV, 5, se dice que los iniciados herméticos "abarcan con el intelecto lo que existe en la tierra, en el cielo y *más allá del cielo*"; con lo que estamos de nuevo sobre aquella unidad y aquella unicidad que está más allá de lo corpóreo y de lo incorpóreo. Los doce signos del Zodíaco corresponden a doce arquetipos dominantes de las fuerzas de la vida: emanciparse de ellas, significa ser superior a la fuerza misma que actuaba en la Obra al blanco.

[564] FLAMEL, *Fig. gerogl.*, 259.

(compárese con la "penia" como estado de "privación"); del "espíritu tenebroso, hecho de vanidad y de morbidez", obstáculo para conseguir el Blanco, imagen del fantasma creado por el cuerpo; del carácter de lo que es divino o sulfúreo, consistente en el poder por medio del cual "el espíritu adquiere un Cuerpo y los seres mortales adquieren un Alma (inmortal), siendo dominados y dominando en el momento de recibir el espíritu (o Mercurio) que surge de las sustancias (cuando éste se libera de las condiciones de estas últimas)".

Tras lo cual, el texto continúa: "Cuando el espíritu tenebroso y fétido ha sido rechazado de modo que ni su olor ni su oscuro color se perciben ya, entonces el Cuerpo se hace luminoso, el Alma se vuelve a alegrar, y, con ella, el Espíritu. Una vez huida la sombra del Cuerpo, el Alma llama a este Cuerpo hecho luminoso, y le dice: "Despierta de lo profundo del Hades, y sal del las tinieblas; despierta, y prorrumpe de las tinieblas. En verdad, ni has asumido el estado espiritual y divino: la voz de la resurrección ha hablado; el Fármaco de Vida ha penetrado en ti". Por otra parte, el Espíritu (en el texto aparece aquí el signo del cinabrio, sulfuro rojo de Mercurio) se liga a su vez en el Cuerpo (signo del Plomo en el texto), así como el Alma (signo de la Plata) en el (signo del Oro) Cuerpo en el que reside. [565] Corre éste en alegre precipitación a abrazarlo, lo abraza y la sombra deja entonces de dominarlo, porque ha alcanzado la luz (signo L del Azufre en estado naciente, o sea, antes de su paso a las amalgamas). El Cuerpo no soporta (ya) su separación del Espíritu (como sucede en la muerte), y se complace en la permanencia (signo del Oro) del alma, [566] que tras haber visto al Cuerpo cubierto por la sombra, lo posee ahora lleno de luz (signo del Azufre en estado

---

[565] Es interesante seguir el simbolismo metalúrgico de los signos intercalados en el texto. El cinabrio, aquí, significa Mercurio unido a Azufre = ☿ en el compuesto orgánico. Nótese además que el cuerpo en función de Mercurio vulgar se relaciona con el Plomo, pero en función de Alma se relaciona con el Oro.

[566] El cuerpo, inmerso en la Luz, se manifiesta como Oro y forma propia del Alma. *Cf.*, p. 106.

naciente): y el Alma se le ha unido, después que él se ha hecho divino respecto a ella, y en ella se recrea. Una vez asumida la Luz divina; una vez que la Sombra ha huido de él, los tres se unen en la ternura (quizás en el sentido de "tenuidad", de primera disolución de lo denso; en el texto signo del Mercurio con una μ, interpretado por Berthelot como amalgama de Mercurio): Cuerpo (signo del Oro), Alma (Mercurio)[567] y Espíritu (Cinabrio). Se convierten en uno: y en tal (unidad) se oculta el Misterio. Con su unión, se realiza el misterio. Se ha sellado la morada, y se ha erigido una estatua, llena de luz y de divinidad. Puesto que el Fuego (signo de ♀, Azufre en estado naciente) los ha unido y trasmutado, y ellos han salido de su seno (signo del *ios* del Cobre)".[568] El lector puede comprobar lo que haya aprendido de cuanto ha sido expuesto hasta aquí, en su intento comprender correctamente este texto.

Por lo general, las realizaciones herméticas tienen grado diverso de permanencia. "Fijar", en tal sentido, puede tener el significado especial de apropiarse de manera estable los estadios alcanzados con las operaciones del Arte. Así Geber distingue entre una "medicina", de primero, segundo y tercer grado.[569] La primera es la que ejerce una acción momentánea, autora de una transformación fugaz, como sucede, por ejemplo, precisamente con todo aquello que puede obtenerse con métodos violentos, con un golpe de mano como quien dice. La segunda produce una transformación incompleta, como en el caso en que transformaciones espirituales no llegan a producir las transformaciones corporales correspondientes. La última es la

---

[567] Aquí se emplea el simbolismo según el cual el Cuerpo, en el rojo, tiene la función de macho y de Oro, por los poderes personalizantes o fuegos en que introduce, mientras que el Alma, en cuanto diferente de tales poderes, se asimila al Mercurio.

[568] COMARIO, texto en CAG, II, 296-297. El *ios* del Cobre es el poder profundo que se halla en el origen del metal común rojizo (Cobre) y que por la Obra se libera y se convierte en el origen de todas las resurrecciones.

[569] GEBER, *Summa*, I, IV, proem., § II.

"medicina total", que actúa íntegramente con una transformación permanente.

22. El conocimiento profético

Nos referiremos bajo este epígrafe a las posibilidades que se derivan de la Obra, en relación con diversos planos.

Por lo general, la *separación*, al disolver los vínculos del cuerpo, puede liberar virtualmente las facultades de acción y de conocimiento de las condiciones que pesan sobre el propio cuerpo; es decir, las condiciones de espacio, tiempo y causalidad.

El alma puede pasar entonces a estados y acciones, que, en diversas medidas, son libres de tales condicionamientos, siempre y cuando haya llegado a "fijar" la realización.

Así, Della Riviera, identificando la conquista del Árbol que se halla en el centro del Paraíso, con la *Magia*, dice que el primer resultado es la iluminación y la exaltación de todas las facultades humanas. Liberadas de la petrificación de los órganos animales, actualizadas en la unidad mental ☉, las energías "sin obstáculo de ninguna clase, pueden libremente percibir las cosas futuras, lo mismo que las presentes y las pasadas".[570] Diversos autores herméticos vuelven sobre este conocimiento profético; por ejemplo, el Cosmopolita y Filaletes; pero ésta no debe concebirse desligada de una facultad de *realización*, como dice Agrippa: "El alma, purificada, liberada de toda mutación, brilla exteriormente con movimiento libre... Imita a los ángeles en su propia naturaleza, y consigue entonces lo que desea, pero no en la sucesión, no en el tiempo, sino en un instante súbito".[571]

---

[570] DELLA RIVIERA, *Mondo Magico*, pp. 4, 5, 116, 118, 149.

[571] AGRIPPA, *De Occ. Philos.*, III, 53.

Esta ciencia profética -en tanto sea ciencia y no un fenómeno espontáneo esporádico, procede de una nueva experiencia del tiempo y, en general, del devenir, propia de la conciencia renovada herméticamente; No se explica por el *fatalismo* (el futuro se halla predeterminado, y en consecuencia es previsible), sino por el estado de un Yo unido a ciertas potencias que determinan los acontecimientos del mundo exterior del mismo modo que el hombre común esta unido a las potencias de acción de su cuerpo material.

Ello aparece claramente en este texto de Plotino: "Para un alma superior, los astros no son solamente pronósticos, sino que forma parte de ellos y evoluciona con el todo, del cual participa... El conocimiento que (el hombre superior) tiene del futuro, tal y como nosotros se lo atribuimos, no se parece en nada al de los adivinos, sino que es como el de los actores que tienen la certeza de lo que ha de ocurrir; y tal es el caso de quienes son verdaderamente dominadores. Para ellos nada es indeterminado, nada es incierto. Su decisión persiste tal cual era desde el primer momento. Su juicio respecto a las cosas futuras es tan firme como exacto es su conocimiento de las cosas presentes... Persiste en querer aquello que deba hacer, y, al persistir, no hará sino aquello que quiere, y no otra cosa que aquello cuya idea posee en sí... Cuando quien domina es único, ¿de quién dependería?, ¿de la voluntad de quién? A un tal agente, la acción no le viene de fuera del mismo modo que no le viene de otros la Sabiduría. No tiene necesidad de nada más: ni de razonamientos, ni de memoria, puesto que esto (respecto al estado superracional y absoluto de "vigilia" en que se halla de modo permanente) es algo inútil".[572]

---

[572] PLOTINO, *Enneadas*, II, II, 9; IV, 12. Son interesantes las investigaciones realizadas por LÉVY-BRUHUL (*La mentalidad primitiva*, París, 1925; *El alma primitiva*, París, 1927) para demostrar cómo bajo innumerables ritos para el conocimiento del futuro, se oculta por el contrario una verdadera operación mágica que tiende a *determinar* el futuro: así, la existencia de la presunta profecía y la eficacia de la operación o rito serían la misma cosa. Esto se adivina, por otra parte, en algunos aspectos concretos de la antigua ciencia augural romana.

En este sentido el conocimiento profético, más que basarse en el hado, se basa en su superación. Por otra parte, la enseñanza concordante del hermetismo, especialmente del helenístico, nos muestra como el poder del hado no va más allá de un límite, que no detiene al Adepto. Se ha citado repetidamente la declaración de Zósimo, según la cual la raza de los Filósofos es superior al destino y es "autónoma": "actúa sin experimentar la acción",[573] tras haber "separado el Alma sulfúrea de los elementos", se reintegra en el principio de la acción pura y no condicionada.

Por eso Agrippa habla de una fuerza mágica "agente sin límites y sin ayuda externa", que reside en el "alma permanente y no decadente".[574] Su relación con la separación se confirma en esta cita del Braccesco: "La sustancia sutil y formal, que se halla sumergida en la cantidad y en la materia, no puede ejercer sus virtualidades, pero cuanto más espiritual y formal es, y más *separada* se halla de la materia y de la cantidad, tanto más extiende sus virtualidades para producir muchos efectos. Y por eso nuestra medicina se compone de espíritus sutiles y está casi *separada* de toda materia elemental; pero sin impedimento alguno puede extenderse a todas las enfermedades incurables" (donde podemos interpretar "enfermedad" en el sentido más general de imperfección, de limitación y de carencia de ser).[575]

Para hablar específicamente de los poderes concretos, hay que considerar, sobre la base de los diversos "entes" ocultos en la corporeidad, las profundidades que puede alcanzar la obra de superación y de recomposición, de *solve et coagula*.

---

[573] Texto en CAG, II, 213. AGRIPPA (*Occ. Philos.*, I, 13) habla de una doble experiencia de la acción: como *orden* en las causas primeras, y como "necesidad" en el orden de aquellos "ministros" a cuyas pesquisas, según un texto hermético ya citado, escapa el alma inmortalizada.

[574] AGRIPPA, *De Occ. Philos.*, III, 44.

[575] BRACCESCO, *Espositione*, 82 *a*, cf. ron AGRIPPA, III, 50.

23. Los cuatro grados del poder

La "materia" con que nos encontramos en primer lugar es aquella con la cual el Yo común tiene una relación más inmediata: los dinamismos mentales. Éstos, una vez separados del condicionamiento corporal (y concretamente del cerebro), adquieren una facultad ubicua y "penetrante": pueden comunicarse directamente con otras mentes, salvando la barrera espacial que separa a los individuos. Se consigue, pues, no sólo la facultad conocida comúnmente como "lectura del pensamiento", sino también la de suscitar, en otros seres, determinados pensamientos, imágenes o esquemas de actuación (órdenes mentales). [576] La misma experiencia del propio pensamiento, por otra parte, varía y nos revela que nuestra consciencia común no sólo pensaba sino que recogía influjos de energías más, profundas. Tales energías se perciben ahora directamente, aisladas del efecto de "transformador" representado por el cerebro. En este estado se manifiestan las aludidas facultades psíquicas supranormales.

Y lo mismo puede decirse, además, respecto al estrato más profundo del ente humano que es la sede de las emociones, pasiones y sentimientos. Influencias no-humanas se revelan tras las formas subjetivas de la turbación del alma y de los sentidos. Las diversas formas de la afectividad humana remiten a energías primordiales distintas, de las cuales los tipos del mundo animal fueron considerados a veces su sensibilización. Ocurre entonces que lo que en el hombre aparece bajo la forma de una pasión determinada, o de una emoción, es lo mismo que en la naturaleza

---

[576] AGRIPPA, III, 43: "Él llegará a conseguir así gran poder para introducirse en los espíritus de otros hombres y cederles algunas de sus concepciones, de sus voliciones y de sus deseos incluso a grandes distancias".

exterior se manifiesta como una especie animal concreta. A ello hacen referencia los doce animales del Zodíaco; y las "nupcias con los animales sagrados" de que se nos habla en diversas tradiciones, hay que entenderlas como la unión con las energías actuantes tras el mundo de la afectividad humana, como causas invisibles, generales y no humanas de las formas de aquélla.[577]

Entonces es cuando, virtualmente, se consigue también la facultad de "proyectar", en otros seres, no sólo ideas e imágenes, sino emociones y estados afectivos en general, además de "cargar", en ocasiones, con determinados estados emotivos a objetos e incluso a lugares, [578] así como una autoridad sobrenatural sobre el reino animal.

Y todo esto, como efecto de la separación, purificación y desnudamiento de todo aquello que en el hombre común se manifiesta como pensamiento y sentimientos.

Pasemos ahora a la tercera "profundidad": al plano de las fuerzas vitales correspondientes al signo ☿ del "Mercurio lunar" (alma vegetativa). Una vez realizada la "separación" (lo que ocurre en el "Blanco" con la consiguiente transmutación del Plomo en blanca Plata) se consigue el dominio sobre una "forma" o "cuerpo sutil", que puede desligarse del cuerpo físico. Entonces se hace posible proyectar un doble propio que sigue a la mente regenerada, en el poder que posee, de situarse instantáneamente en cualquier punto del espacio, en el cual se producirá, en consecuencia, la aparición correspondiente. Estando como está

---

[577] Cuando la relación se establece pasivamente, de manera que se cambia la personalidad, se trata del llamado *totemismo*; el hombre se encuentra entonces siendo, en cierto modo, la encarnación bajo forma humana del espíritu de una especie animal concreta.

[578] Aquí podríamos también hacer alusión a los objetos e incluso a los lugares (por ejemplo, ciertos santuarios tradicionales) que por consagración e imposición, se convierten, por así decir, en acumuladores de "influencias espirituales", benéficas o maléficas. *Cf. Magia della Creazione*, en *Introduzione alla Magia, cit.*, vol. II, p. 283 y ss.; y A. DAVID-NEEL., *Mystiques et magiciens du Tibet*, París, 1930, *passim*.

sostenida únicamente por la mente, esta "forma" podrá adoptar cualquier figura que la mente imagine e imponga. Esto explica no sólo la ubicuidad, sino también la posibilidad que Oriente atribuye a los yoguis de aparecer simultáneamente en varias formas diferentes, más allá de las cuales (limitándonos a este estadio) permanece, sin embargo, la unidad de un solo cuerpo físico yacente.

Aunque en muchas tradiciones de pueblos primitivos acerca de brujas que tienen el poder de manifestarse y de actuar en formas de animales, se hace referencia a fenómenos materialmente semejantes, en la mayor parte de estos casos (siempre que fueren reales) no se trata, sin embargo, de un fenómeno activo determinado por el Alma superior. Estos fenómenos surgen más bien de una oscura promiscuidad de los brujos con una de las fuerzas ocultas de la animalidad, que irrumpiendo en él dominan el "doble" al que transmiten el aspecto del tipo que en el reino animal visible le corresponde ("hombres-lobo", "hombres-leopardo", etc.: proyecciones en las que, en un estado de disociación, se dramatizan las relaciones *totémicas* de las que se habla en la nota 2 de este capítulo).

El disociarse es lo que, en cualquier caso, en las fuerzas sutiles del hombre corresponde al reino vegetal. Y así como la afectividad, en sí misma, facilita el conocimiento suprasensible de los "animales sagrados", así la "extracción" de este grupo de fuerzas sutiles facilita el paso al conocimiento suprasensible de las esencias vegetales, conocimiento caracterizado por su poder correspondiente. Los fenómenos de desecación o de crecimiento y desarrollo anormales por su rapidez en plantas y hierbas, conocidos en Oriente, se mencionan también en los textos herméticos-alquímicos.[579] Por lo que respecta a la aplicación estrictamente humana de la "Medicina", la realización de la "Piedra blanca" confiere al alma la capacidad de actuar sobre trastornos o enfermedades del cuerpo de carácter no meramente

---

[579] *Cf.*, por ejemplo, DELLA RIVIERA, *Mondo Magico*, 178-179.

funcional, sino también orgánico.[580] Puede adquirirse además el conocimiento intuitivo de aquellos remedios naturales que, según los casos, pueden actuar sobre el cuerpo enfermo. Este es el método seguido, por ejemplo, por Paracelso, para quien una de las bases fundamentales de la verdadera medicina era precisamente la alquimia.

Finalmente, cuando disociación, purificación y reconstitución comprenden al propio conjunto telúrico del cuerpo, hay que considerar la facultad de actuar sobre las sustancias y sobre las leyes de la mineralidad exterior, sobre las fuerzas ocultas de hecho en ella, que entonces el iniciado conoce en su propio organismo redivivo. Aparte, claro, de la posibilidad de trasponer a lo invisible todo aquello que compone al hombre visible (invisibilidad, muerte sin dejar un cadáver, "ser llevado a los cielos con todo el cuerpo"; "llevar el cuerpo por el propio poder hasta la región de Brahmâ", etc.); y aparte de la posibilidad de disolver mágicamente en un lugar dado para recomponerlo y hacerlo aparecer en otro íntegramente, y no sólo en su doble (en ese caso ocurre en el cuerpo humano lo que hoy ya se ha admitido, bajo otras condiciones, *mediúmnicas*, que sucede en los fenómenos metapsíquicos y "parafísicos" de "transporte").[581]

---

[580] La verdadera medicina, al decir de los alquimistas, es "el cuerpo estelar", o sea el poder de vida, raíz del organismo, con el cual entonces se unen directamente hasta el punto de poseer el poder de concentrarla sobre un órgano determinado y vencer las fuerzas que actuaron en él de manera destructora. *Cf.* DELLA RIVIERA, *cit.*, 169: "Según la vida de las ramas se sitúa en las raíces del árbol, así se curan mágicamente los cuerpos enfermos, socorriendo al humor radical, al espíritu de vida, y en suma a la propia naturaleza, no con otros sino con ellos mismos".

[581] AGRIPPA, III, 43: "Los filósofos caldeos se extienden sobre el poder de la mente..., la cual puede hallarse tan llena de luz, que transmita sus rayos a través de intermediarios concretos ($\venus$ y $\mercury$) hasta el cuerpo graso, tenebroso, pesado y mortal: rodeándolo también de abundante luz, lo hace radiante como una estrella y, por su abundancia de rayos y por su ligereza puede elevarlo hacia lo alto como la estopa es elevada por el fuego, y así transportarlo de golpe con el espíritu a lejanas regiones".

24. La trasmutación metálica

A este último estadio se atribuye la posibilidad de la trasmutación alquímica tal y como comúnmente se la entiende, es decir, como *trasmutación de metales*.

Quien haya seguido nuestras explicaciones hasta este punto, no tendrá necesidad – esperamos- de argumentos específicos para convencerse de que no puede reducirse toda la Alquimia a una química en estado infantil, asistemático y supersticioso, superada por la química moderna. Cuando se considera a la alquimia como un todo en la historia occidental, ofrece diversos aspectos. En su esencia, sin embargo, sigue siendo una ciencia tradicional de carácter cosmológico e iniciático.

Dada la naturaleza *sintética* de este tipo de ciencias, la alquimia puede incluir sin duda un aspecto químico. Sobre todo como base de trasposiciones simbólicas. Del mismo modo que los elementos del arte de construir, o *arte muratoria*, pudieron ser utilizados para expresar aspectos de una acción espiritual, ritual e iniciática (un eco de esto se ha conservado en la masonería), del mismo modo el conocimiento físico de los elementos y algunas operaciones con los metales pudieron asumir una función similar.[582]

En segundo lugar, algunos hermetistas fueron también prácticamente químicos y pudieron realizar algunos descubrimientos precursores, como, por ejemplo, el de los diversos compuestos del mercurio, del sulfuro de plata, de varios éteres, de la potasa cáustica, del agua regia, y de diversos tintes. Pero estos conocimientos sólo tuvieron un carácter subordinado

---

[582] *Cf. Introd. alla Magia*, vol. II, donde PIETRO NERI ofrece un intento de interpretación que en un texto plúmbeo alquímico considera simultáneamente los dos posibles aspectos, el químico y el hermético-simbólico.

y secundario en un sistema cuyas premisas, cuyo espíritu y cuyos métodos no tenían absolutamente nada en común con el mundo de la química o de cualquier otra ciencia moderna.

Así, pues, si en este sector especial, alguna vez se persiguió, e incluso si alguna vez se realizó, el objetivo de la producción del oro metálico, no se trataba ni de un fenómeno sensacional ni de un descubrimiento científico. Se trataba, por el contrario, de la producción de un signo. O sea, de aquello que podríamos llamar un milagro, propiamente por oposición al simple fenómeno; o aún mejor, lo que el budismo llamaría un "milagro noble" – *arîya* – por oposición a los "vulgares" – *anarîya* –, los cuales, incluso cuando se trata de fenómenos extra normales, no llevan consigo ningún significado superior.[583] La producción del oro metálico era, por ello, *un testimonio transfigurador dado por un poder*: testimonio de haber realizado *en sí* el ⊙, el Oro.

Pero con la difusión de la alquimia por Occidente estos conocimientos se separaron del resto y perdieron su verdadero sentido. Luego, el deseo y la avidez por el oro puro y simple, por el oro contante, hicieron el resto. Y así nació esa clase de alquimia que puede considerarse como el estadio infantil de la química científica. Pero la alquimia hermética y tradicional no tiene nada que ver con el origen de la química moderna, dice justamente René Guénon;[584] y añade: "Sino que se trata de una deformación de la alquimia, en el sentido más riguroso de la palabra, a la que dio lugar, quizás a partir de la Edad Media, la incomprensión de algunas personas que, incapaces de penetrar en el verdadero sentido de los símbolos, tomaron todo al pie de la letra y creyendo que en aquello no había otra cosa que la descripción de las operaciones puramente materiales, se entregaron a una experimentación más o menos desordenada. Estas personas, sin duda, dominadas por la obsesión de la fabricación del oro,

---

[583] Cf. EVOLA, *Maschera e volto dello spiritualismo contemporaneo* y *La dottrina del risveglio*.

[584] R. GUENON, *La Crisis del mundo moderno*, cit.

hicieron, aquí y allá, algunos descubrimientos fortuitos, y éstos son con propiedad los verdaderos precursores de la química moderna. De ahí que podamos decir -continúa Guénon- que el hermetismo y la alquimia iniciática no se hallan relacionados con la química moderna en virtud de una evolución o de un progreso, sino muy al contrario, en virtud de una *degenerescencia*. En éste, como en otros campos, la ciencia moderna se asienta sobre los residuos de ciencias antiguas, con materiales arrancados de estas últimas y abandonados a los ignorantes y a los profanos".

Que luego la ciencia moderna se haya incorporado el conocimiento experimental exacto y el dominio técnico de una cantidad de fenómenos naturales y que en menos de un siglo haya cambiado la faz de la tierra en una proporción que no podemos encontrar en las civilizaciones antiguas; que, sobre todo, haya resuelto prácticamente el problema de la transformación de los metales viles en oro mediante la disgregación de los núcleos atómicos;[585] todo ello puede resultar muy interesante, y puede impresionar enormemente al profano, pero no le dice nada a quien tenga una idea de lo que es conocimiento y verdadero poder y de las condiciones necesarias para el uno y para el otro.

La ciencia moderna conoce adquisiciones generales al alcance de todos. En el mundo premoderno se obtuvieron únicamente conquistas esporádicas, excepcionales y enigmáticas, como relámpagos. Pero las adquisiciones de la ciencia moderna poseen sólo un valor material; y un aeroplano, la penicilina, la radio y otros logros semejantes hasta llegar a la bomba atómica, no dicen nada a nadie más allá de su valor material. Ocurre lo contrario cuando se trata de todo aquello que

---

[585] Se sabe, sin embargo, que hasta ahora esta conquista no ha sido aprovechable en la práctica, porque las inversiones para producir oro en el laboratorio son superiores al valor del oro obtenido. Casi podríamos aplicar –irónicamente- la verdad intuida por Bernardo Trevisano al final de una vida de luchas, de trabajos y de vanos intentos: "Para hacer oro es necesario poseerlo". Pero Trevisano hablaba del oro hermético, presupuesto para hacer eventualmente el oro físico.

pudo realizarse en el mundo antiguo, porque, repetimos, cada fenómeno, conquista o realización, era un signo o un símbolo. Testimoniaba un nivel espiritual o una tradición sagrada, y era una ilustración material de lo que era materialmente posible para aquel que, en una culminación, había seguido un camino de superación de la condición humana y de elevación hasta lo supersensible, al tiempo que abría portillos hacia significados trascendentes.

Y precisamente por el hecho de que considerar estos signos desde el punto de vista utilitario hubiera significado una profanación y una degradación, los maestros herméticos alimentaron una repugnancia natural a producirlos, y los alquimistas repitieron el dicho evangélico: "No echéis perlas a los cerdos", y finalmente, en un momento dado, la alquimia *se retiró*, sin más, del mundo occidental materializado y tecnificado.

Algunos misteriosos adeptos herméticos aparecieron aún, aquí y allá, quizá para confundir y conmover, con el milagro del oro fabricado bajo sus ojos, el edificio de los investigadores de mentalidad ya "positiva",[586] o quizá para iluminar a quien estaba a punto de ser vencido por la duda y la desesperación; quizá también para cambiar el rumbo de una existencia humana mediante dones en apariencia irracionales y caprichosos. Sin embargo, la "fabricación del oro" siguió siendo un misterio para aquellos que creían que dependía de una fórmula secreta, de la indicación de tal o cual procedimiento celosamente guardado y de sustancias especiales, en lugar de entender que hacía falta dirigir la atención y la acción hacia otra parte, que lo que hacía

---

[586] El conocido químico Van Helmont y Helvetius, médico del príncipe Guillermo de Orange, recibieron la visita de desconocidos, que consiguieron fabricar oro; tras lo cual, ambos dejaron de abrigar dudas acerca de la "ciencia de las trasmutaciones". Lo mismo ocurrió con el físico Poison quien, sin embargo, y aunque la operación fue controlada por Boyle, contrariamente al "Eppur si muove" de Galileo, mantuvo sus ideas antialquimistas. Podríamos citar otros casos de testimonios positivos.

falta era comprender, en primer lugar, el misterio de la trasmutación interior.

Así pues, por lo que respecta al tema específico de este parágrafo, podemos decir que, en efecto, el hermetismo puede contemplar *también* la trasmutación de los metales, pero no como una operación puramente material. Arteno y Morieno dicen, entre otros y en los términos más claros, que "la operación que realiza el magisterio es una operación que no se realiza con las manos" y que requiere por el contrario en el artífice "disposiciones y procedimientos *sutiles*";[587] y todos los demás repiten que las sustancias y los elementos de que hablan no son los mismos a los que podría referirse el hombre común.

Todavía cuando la química comenzó a adquirir forma de "ciencia" existieron alquimistas que siguieron hablando exactamente como hablaron sus predecesores árabes, sirios y alejandrinos.

Tal es, por ejemplo, el caso de Pernety, quien nos señala la diferencia entre la química hermética y la vulgar. "La primera – dice- toma como materia los Principios, y actúa sobre ellos siguiendo las vías de la propia naturaleza; la química vulgar, por el contrario, toma los "mixtos" ya llegados a su realización, y opera sobre ellos con descomposiciones extrínsecas, que destruyen las naturalezas, y cuyos resultados son monstruos."[588]

Con estas palabras se nos quiere indicar que, mientras la química profana actúa sobre aquello que ya ha alcanzado su forma corporal, sobre los "cadáveres" de procesos ya agotados, sin considerar estos mismos procesos en su aspecto suprasensible y presensible, la química hermética parte por el contrario del conocimiento espiritual de los principios, es decir, de los poderes primordiales de cualificación elemental, y actúa sobre los procesos formativos que preceden metafísicamente al

---

[587] *Libro de Artefio*, 162. *Colloquio di Marieno* col Re Kalid, 92.

[588] PERNETY, *Fables*, I, 16, 21.

estado en el cual las sustancias pertenecen a la naturaleza como este o aquel metal, y obedecen a las leyes que la química y la física consideran para el mundo fenoménico.

A diferencia de la química profana, la alquimia presupone pues una metafísica, es decir, un orden de conocimientos suprasensibles, que a su vez presuponen la trasmutación iniciática de la conciencia humana. Entre esta trasmutación (considerada en lo que precede) y la trasmutación de los metales en sentido no ya simbólico sino oral, existen relaciones de analogía. Así, ciertos principios y ciertas enseñanzas, que ante todo tienen un sentido cosmológico y metafísico, son susceptibles de aplicación no sólo a una sino también a la otra trasmutación: a la del hombre y a la de los metales: "porque uno sólo es el crisol, uno el camino, y también una es la Obra".

Para las obras de la alquimia física "se dan fuerzas diferentes, espirituales y corporales", se dice en un texto árabe.[589] "Estas fuerzas deben ser convergentes y no divergentes. Las fuerzas espirituales y corporales deben ser afines... de manera que puedan ayudarse mutuamente."

"Nuestra Obra es interior y exterior", confirma otro texto.[590] No se trata, pues, de procedimientos que se agotan en un conjunto de determinismos exteriores; en ellos la energía psíquica y la "dignidad" del operador son parte importante, ejercen una influencia eficaz sobre las fuerzas minerales, gracias a una relación interior con ellas que se halla absolutamente fuera del alcance de la conciencia normal.[591]

---

[589] *Libro della Misericordia*, CMA, III, 171.

[590] *Libro della Clemenza*, CMA, III, 135. En este mismo texto (p. 136) se dice que el "quitar a la cosa su forma corporal y material" es el fundamento de "todas las operaciones, *internas y externas*"; o sea, las que se ejercen bajo los principios del hombre, o sobre sustancias. *Cf.* más adelante, página 253.

[591] Los alquimistas griegos declaraban que lo que obra como "polvo de proyección" que cambia los metales viles en plata y oro, es el *espíritu* (CAG, II, 258). Y añadían que sólo la Piedra (o sea, sólo el organismo humano) puede

Por lo que se refiere a la técnica, no hay más recomendación que hacer que repetir y aplicar algunos principios ya conocidos por nosotros e interpretados con referencia a la palingenesia humana.

La primera enseñanza es: *Cambia la naturaleza del cuerpo sobre el cual quieres actuar.*

Máximas equivalentes: "Extrae la naturaleza oculta en el interior"; "Haz que lo oculto se manifieste y que lo manifiesto se oculte"; "Quita la sombra"; "Desnuda"; "Haz con lo visible lo invisible y con lo invisible lo visible". Citemos una de las más antiguas redacciones de esta idea:

"Si no haces incorpóreas las sustancias corporales y si no haces corporales las sustancias incorpóreas, ninguno de los resultados esperados se producirá".[592]

Es evidente que esta mutación en las sustancias sobre las que hay que actuar no se refiere a hacerlas pasar de un estado físico a otro, sino que se trata de hacerlas pasar de un estado físico a otro no físico. Lo cual equivale a decir que la verdadera operación preliminar concierne al operador más que a las propias sustancias; un dicho alquímico reza: *trasmutatemi in vivos lapides philosophicos,* y consiste en alcanzar aquella condición de la conciencia en virtud de la cual se realiza precisamente el aspecto psíquico de las cosas físicas, el "alma sutil" oculta por su exterioridad. Esto es lo oculto que se hace manifiesto, mientras que lo manifiesto -o sea el aspecto sensible y corporal- se hace oculto: ésta es la aparición de la "naturaleza oculta en el interior", el "abajo" que se hace "arriba", etcétera. Sólo una vez realizada esta condición es posible actuar herméticamente sobre las

---

producir el misterio Mitraico, o sea el Sol y el Oro, ahora en sentido real (*ibid.,* II, 14).

[592] OLIMPIODORO, texto en CAG, III, 101. *Cf.* el mismo tema en ZÓSIMO (CAG, II, 223); FLAMEL (*Désir désiré,* § I, VI); ARNALDO DE VILANOVA (Manget, I, 665); ROSIMO (*Artis Aur.,* I, 300); B. VALENTINO (*Dodici chiavi,* 20); etc.

sustancias. "La vida -dice Basilio Valentino- no es más que un Espíritu; por eso, todo aquello que el ignorante considera como muerto debe vivir (para ti) con una vida incomprensible, visible sin embargo, y espiritual, y en ella debe conservarse".[593]

Ahora podemos entender la relación del "Transforma las naturalezas y obtendrás lo que buscas", con la recomendación de "mezclar" las sustancias con *nuestro* Mercurio, o Agua divina: se trata de referir la percepción de las sustancias a la conciencia traspuesta al estado, cuya correspondencia con los símbolos del Agua y del Mercurio (obra al Blanco), hemos visto ya en la obra iniciática.

En los vapores del Agua divina -enseña Comario- los espíritus (de las sustancias) se revelan como misterios divinos y cuerpos celestes. Y así también *la aparición de las "raíces"*, de cuya equivalencia a la resolución en Mercurio se nos habla en los *Siete Capítulos de Hermes* (Cap. I). "El agua cambia los cuerpos en espíritus, despojándolos de su grosera corporalidad -dice Artefio-.[594] Sólo tienes necesidad de la naturaleza desligada y sutil de los cuerpos disueltos, que obtendrás por medio de nuestra Agua."

Claramente, Zósimo nos dice que el "tinte" en Oro (la trasmutación metálica) no puede obtenerse en el *estado sólido* (es decir, material) de los cuerpos: "éstos deben antes ser sutilizados y espiritualizados", hasta haber hecho eficaces "las fuerzas espirituales, que no pueden percibirse con los sentidos (físicos)".[595] Hay que "disolver las sustancias y lo que entonces se

---

[593] B. VALENTINO, *Dodici chiavi*, 37 (II, § V). Cf. AGRIPPA, III, 10: "Hay que saber *intelectualizar* exactamente las propiedades sensibles por medio de una analogía secreta".

[594] *Libro de Artefio*, 128, 135.

[595] CAG, II, 285. Cf. BRACCESCO, *Espositione*, 80 a: "Ni los metales ni las piedras reciben virtudes celestes cuando están en forma de metales o de piedras, sino cuando están en forma de vapores".

trasmuta para poder trasmutar físicamente son las *naturalezas celestes*".[596]

Además, por lo que hace a la conversión de lo incorporal en corporal, así como de lo corpóreo en incorpóreo, prescrita en la fórmula, hay que entender, por analogía con todo aquello que pertenece a la experiencia puramente iniciática, que la conciencia no debe abstraerse en el puro aspecto "espíritu" de las materias, sino que, llegada a él, debe ponerse de nuevo en relación con la sustancia misma como cuerpo, de modo que "los dos se hagan uno". De lo contrario los resultados serían sólo un paso a otras formas de conciencia, sin relación directa con el plano físico, para obtener determinados efectos sobre éste. Hay que constituir pues "sustancias intermedias" o "andróginas", "espirituales y corporales" (percepción de la sustancia y percepción de su "psiquicidad", una en función de la otra):[597] y entonces se ha realizado la primera condición para las operaciones de alquimia física.[598]

A este respecto es también de suma importancia, la referencia a una "imaginación verdadera y no fantástica" y a una "visión intelectual", la primera de las cuales se realiza en la "Luz de la Naturaleza".[599]

---

[596] *Libro della Misericordia*, CMA, III, 180. *Cf.* Libro de *El Habîr*, CMA, III, 107.

[597] *Textos sirios*, en CMA, II, 1.

[598] Puede interpretarse en relación con esto, en uno de sus aspectos, el simbolismo de la "destilación circular", cuyo resultado es que "lo externo se hace interno y lo interno externo", y todo "esté en un círculo, y desconoce ya lo interior y lo exterior, lo superior y lo inferior" (en *Tractatus aureus*, Leipzig, 1610, p. 43).

[599] *Rosarium Philosophorum*, p. 214; *Novum Lumen* (en Mus. Herm., p. 534).

25. Las correspondencias. Los Tiempos. Los ritos

Para la trasmutación, el presupuesto fundamental es la idea de que en el origen de todo lo que tiene forma, cualidad e individuación reside un principio indiferenciado, sin forma ni individuación, superior y al propio tiempo anterior a la propia oposición existente entre Yo y no- Yo, materialidad y espiritualidad. Y devolver, o como se dice también, disolver sus sustancias en tal "Materia prima" es para los alquimistas, el fundamento de todo su Arte.[600] De ahí que, para trasmutar, además de pasar de las especies sensibles de las sustancias al estado de los "cuerpos espiritualizados" o "andróginos", es necesario trascender la propia especificidad inherente a estos últimos, llegar a lo indiferenciado y desde ahí realizar, mediante un acto del espíritu, una "proyección" que renueva el nudo de los poderes invisibles que se manifiestan en una mineralidad determinada hasta obtener una "precipitación" que condicione en el plano material y sensible el paso de esa materialidad de una especie a otra: por ejemplo, de cobre, o de plomo, a oro.

Es así evidente que el alquimista físico, para conseguirlo, debe saber pasar justamente por los estadios sucesivos que caracterizan la trasmutación en sentido espiritual. El poder de cambiar la individuación de un metal determinado es

---

[600] Cf. ARNALDO DE VILANOVA (*Sem. Semitae, cit.*, 10): "Tendríais razón aquellos que sostenéis que la trasmutación no es posible cuando no fuera posible devolver los metales a su materia prima"; R. LLULL, (*Claviculae*, cit., 21): "Los metales no pueden ser transformados si no se reducen a materia prima"; ZACARÍAS (*Philos. Nat. Mét.*, § III, p. 501): "Si ignoráis la verdadera condición de nuestro cuerpo, no comencéis a operar porque mientras ésta sea desconocida, todo lo demás será inútil".

rigurosamente equivalente al de suspender la propia individuación humana hasta realizar, en un éxtasis activo, el Mercurio *puro* que contiene las semillas de todas las cosas, lejos de la oposición entre la corporeidad de un hombre y la de las cosas naturales, determinada por el espacio.[601] Concretamente hay tres puntos de correspondencia: el poder de "extraer las naturalezas", haciendo que lo manifiesto se oculte, con referencia a las sustancias físicas metálicas, se relaciona con el poder de actualizar en sí la "mortificación" y de producir la "Materia al negro" y luego, poco a poco, al blanco del negro; el poder de devolver el alma metálica a la Materia prima, se relaciona con el poder de mantenerse en el "Gran Mar" y de dominar la Madre, es decir, de fijar la Materia al blanco; finalmente, el poder de proyectar desde la materia prima indiferenciada una nueva cualificación, para obtener la trasmutación del metal, se relaciona con la Obra al rojo y con el régimen del Fuego, en el cual se conforma a las energías primordiales de toda individuación.

Esto por lo que toca al sentido y al esquema general de la trasmutación metálica. No hace al caso entrar en detalles técnicos en primer lugar porque es bastante difícil localizarlos en el laberinto de los textos, y luego porque ello requeriría una competencia específica. Además de lo que ya hemos dicho acerca de las cualidades interiores requeridas, como preparación ascética, por la palingenesia; acerca de las dos vidas; y de las dificultades, los peligros y las incertidumbres, deberíamos tratar ahora también de la astrología y de la magia propiamente dicha, pero estos temas caen fuera de los límites del presente trabajo.

En realidad, aunque en una realización superior toda la virtud operativa procede -según la enseñanza de Agrippa- del "Alma estable y no cayente" del regenerado, sin ayuda alguna

---

[601] Aquí se manifiesta el error de quienes piensan que la física alquímica nació por el presentimiento de la verdad científica de la unidad de la materia o de la energía. Esta "verdad" se limita a la realidad exterior, es decir, a un sector de la realidad que la ciencia moderna ha aislado metódicamente del resto.

externa, en otros casos se presenta sin embargo la oportunidad de un concurso de elementos, que aunque no condicionan el acto, sirven para propiciarlo y para orientar su eficacia en la dirección deseada. Así pues, en algunos textos alquímicos, además de la pureza y de la integridad física y mental y de la dignidad espiritual, se habla también de *ritos*, de plegarias y conjuros, de hierbas mágicas, de sustancias especiales, en esta ocasión no simbólicas sino reales, y hasta del "tiempo apropiado y del momento feliz" condicionado por determinadas posiciones y conjunciones de las estrellas. Entra aquí en juego una verdadera ciencia, orientada a crear las condiciones favorables y a propiciar momentos de *simpatía* y de *sintonía* entre diversas clases de fuerzas, exteriores e interiores, individuales y cósmicas hasta puntos de "coincidencia" en los cuales pueda realizarse sin obstáculo y con eficacia el acto del espíritu.

Podemos ahora volver sobre todo aquello que ya dijimos acerca de las correspondencias de los "Siete"; algunos grupos de energías sutiles del organismo humano (que pueden dinamizarse mediante los adecuados rituales mágicos) se hallan en relación con poderes que se manifiestan también el reino mineral bajo la forma de mentalidades típicas y, en el cielo, en los diversos planetas y en las influencias invisibles procedentes del curso de estos últimos. Por lo que hace concretamente al aspecto astrológico, el principio es que cuando una realización dirigida a un determinado significado sucede en un momento concreto en el cual la realidad exterior (estelar) se presenta como un símbolo que espontáneamente le corresponde, entonces, por sintonía, se cierra, por así decir, un circuito oculto, que hace que la eficacia de aquella realización sobre la propia realidad natural resulte multiplicada.

Los planetas, en fechas fijas, con sus conjunciones –sobre todo en relación con el Sol y la Luna–, se presentan justamente como grandes símbolos de determinadas operaciones herméticas o alquímicas: y cuando éstas se realizan en tales fechas se observa una mayor probabilidad de éxito. [602] Naturalmente que para esto no es suficiente con el frío cálculo, sino que se necesita la sensación viva de la Naturaleza, el Fuego vivo de las "comunicaciones". Y por lo que toca al momento de la "coincidencia" y de la trasmutación, éste será siempre una culminación, un ápice.

Para comenzar la Obra, Razi y Rudieno recomiendan el período en el que el Sol se encuentra en Aries, siguiendo en esto la tradición de los alquimistas griegos. El Cosmopolita y el *Triunfo Hermético* amplían el tiempo a todo el período que cae bajo los signos primaverales de Aries, Tauro y Géminis. Ashmole, en su *Theatrum Chem. Britannicum*, de una tabla de los aspectos celestes favorables, respectivamente a división, separación, rectificación y conjunción de los elementos. Las primeras purificaciones acaecen cuando el Sol se halla en Sagitario y la Luna está en Aries, mientras que la obra se realiza en la conjunción de Sol y Luna bajo el signo de Leo. [603]

Todo esto puede -más bien debe- tener un valor de símbolo hermético y al propio tiempo estrictamente astrológico, por la razón ya expuesta, de que el factor astrológico es eficaz solo, mientras que entre realidad y símbolo, pensamiento y cosas, se establece una rigurosa y recíproca correspondencia. [604] Además debe tenerse presente el consejo de Agrippa, que para invocar los astros conviene hacerse semejante a ellos, hasta el punto de

---

[602] *Cf. Intr. alla Magia*, vol. II, p. 89 y ss.

[603] Entre las diversas razones de las notables diferencias de las prescripciones astrológicas, están las precedentes por el hecho de que la fecha propicia para un individuo determinado puede no serla para otro: el diferente "Ascendente" de cada individuo constituye, en rigor, un factor de primera importancia.

[604] Otro elemento genérico para la determinación del "tiempo justo" puede ser proporcionado por el simbolismo de las estaciones: al invierno, a la primavera, al verano y al otoño, como ya se ha dicho (p. 116), corresponden respectivamente la Obra al negro, al blanco, al rojo y al Oro (como fijación del rojo). En la antigüedad los misterios menores (Obra al blanco) se celebraban en primavera, y los Misterios mayores (Obra al rojo), en otoño.

participar interiormente en su luz, ahuyentando del alma las tinieblas que tienden a adelantarse a causa del cuerpo.[605]

Por lo que toca a los rituales mágicos, en la idea de los alquimistas griegos, se dirigen por un lado a obtener la cooperación de las naturalezas, y por otro a rechazar la influencia de los "demonios".[606] En un caso, se trata de métodos indirectos para actualizar las correspondencias existentes entre las manifestaciones macrocósmicas y microcósmicas de una misma fuerza que, por lo demás, pueden también ser realizadas directamente con la "extracción" de la conciencia oculta en determinado "centro" del hombre invisible. Y en cuanto a los *demonios*, éstos hay que considerarlos como dramatizaciones visionarias de los obstáculos y de las resistencias en los estratos profundos del ente humano,[607] de modo que el propio conjunto ritual, en último análisis, tiene un valor sólo simbólico y la eficacia de un método indirecto.

Por lo que hace a la *plegaria*, de la que a veces se habla en los textos, recordamos lo que ya hemos dicho: a saber, que en esta tradición la oración es esencialmente un acto mental vinculante y no una efusión sentimental de devoción. Es un elemento de técnica y se realiza en el momento oportuno, con la actitud justa y con una clara "determinación de eficacia". Finalmente, respecto al uso de las hierbas mágicas, puede tratarse de pociones que, según la función ya explicada para las "aguas corrosivas", faciliten el estado de exaltación espiritual conveniente al alquimista para su operación. Otras sustancias, tales como perfumes y demás se utilizan también en los ambientes consagrados a la obra (el "laboratorio"); se trata de

---

[605] AGRIPPA, *De Occ. Philos.*, II, 60.

[606] *Cf.* CAG, II, 72, 74, 79, 86, 87, 95.

[607] Así corresponden a aquellas nubes, "impurezas del aire" vientos o eclipses que en la obra hermética se desarrollan cuando el Agua se dispone a anegar de nuevo una tierra no purificada por entero (véase página 171 y ss.).

sustancias que, en determinadas circunstancias, tienen la función de condensadores de ciertas influencias ocultas.

Por otra parte, ya hemos hecho mención de la facultad que pueden manifestar soluciones de metales, introducidas en el organismo en determinadas condiciones físicas y, sobre todo, psíquicas: cada metal ejerce entonces una acción sobre el centro que le corresponde en el cuerpo. La metalidad del Oro, del Estaño o del Hierro, afectan, por ejemplo, a energías vitales que actúan respectivamente en la región del corazón, de la frente y de la laringe. Si cuando esto ocurre la conciencia permanece concentrada en el estado sutil, puede ser introducida y transformada en el "misterio" del centro correspondiente a la sustancia metálica que se ha introducido en el cuerpo,[608] por medio de las reacciones específicas que se le manifiestan. Así se llega a algo equivalente a lo que en la antigüedad era la iniciación según los diversos Númenes planetarios; iniciación que entre otras cosas confería virtualmente la posibilidad de la relación con la naturaleza anterior de dichos metales, y por consiguiente de la acción sobre ellos.[609]

Por otra parte podemos considerar igualmente especiales condiciones *físicas* o *químicas* a las que es conveniente someter a las sustancias metálicas, con el fin de que su propia condición física ofrezca menor resistencia a la operación de trasmutación, como, por ejemplo, cuando se someten a un estado vibratorio y de inestabilidad molecular. La enseñanza alquímica, según la cual la "proyección" se efectuará sobre metales *calientes*, puede ser interpretada también desde este ángulo.

---

[608] *Cf.* R. STEINER, *Initiaten Bewusstsein, cit.*, pp. 56-82, 116-126.

[609] Podemos recordar otra vez a este propósito las palabras de AGRIPPA (III, 36) quien, con Geber, enseña "que no se puede llegar a sobresalir en el arte alquímico *sin conocer sus principios en sí mismos*"; *cf.* con este texto taoísta: "Los cinco elementos que operan en la naturaleza, produciendo y destruyendo, operan en la mente, exteriorizándose en ella la propia naturaleza. Así el mundo se halla (potencialmente) en nuestra mano" (*Yin-fu-king*, I 2).

Habría que decir algo más acerca del tiempo conveniente para la realización de la Obra, pero sobre este particular las opiniones de los Filósofos están divididas, y es natural que así sea. Por otra parte, las indicaciones se reducen a símbolos, como cuando en lugar de días, meses o años, utilizan los números tres, siete o doce. Roger Bacon[610] dice que la trasmutación "es cosa de un día, de una hora, de un momento". Otros, por el contrario, hablan de larguísimos años de trabajo que les han costado la salud y la hacienda. Además hay que tener en cuenta que no es seguro que lo que se ha obtenido una vez, pueda conseguirse más veces a voluntad, en la mayor parte de los casos, precisamente por la necesidad de reunir en un momento, *fatídico*, un conjunto bastante complejo de factores y del carácter de *culminación* de la propia realización. Es verdad que todos los Filósofos están de acuerdo en desaconsejar la precipitación, aconsejar la paciencia, la perseverancia y la tenacidad, sin descartar, sin embargo, una "inteligencia sutil". El Pseudo-Demócrito, Zósimo, Pelagio, y la *Turba* declaran: "Si no lo consigues, no eches la culpa al Cobre, sino a ti mismo; porque ello quiere decir que no has operado bien". En cualquier caso es inútil esperar un resultado antes de llegar a la iluminación.

En definitiva, es sobre la iluminación donde debe converger todo el esfuerzo del verdadero alquimista, ya que -según dicen los textos- sólo ella permite penetrar en el "misterio de los sacerdotes egipcios" que es incomunicable, que siempre estuvo oculto y que, una vez comprendido, hace la Obra tan fácil como un juego de niños y un trabajo de mujer.

---

[610] R. BACON, *Speculum Alchemiae*, § VII.

26. El silencio y la tradición

Aeste propósito, los Filósofos han mantenido siempre la ley del silencio. En los escritos de los antiguos maestros egipcios se encuentran descripciones y exposiciones de la doctrina, pero la práctica siempre la mantuvieron en secreto. [611] En sus propios escritos los hermetistas no se dirigían más que a los iniciados: "Ellos no han escrito sino para aquellos que han sido iniciados en sus misterios, y por ello llenaron intencionadamente sus libros de enigmas y de contradicciones".[612] "Allí donde parece que hablo más clara y abiertamente de nuestra ciencia - dice Geber -, allí es donde hablo más oscuramente y donde está oculta... Declaro que ni los Filósofos que me han precedido, ni yo mismo, hemos escrito para los demás, sino para nosotros mismos y para nuestros sucesores."[613]

Aunque es verdad que los Sabios "han mezclado entre el modo de investigación las causas para llegar al conocimiento perfecto de la ciencia"; aunque "indicado un cierto Camino, y han prescrito reglas mediante las cuales un Sabio puede entender lo que ellos escribieron veladamente, y alcanzar el objetivo que se proponen aun después de incurrir en muchos errores",[614] sin

---

[611] CAG, II, 79.

[612] SALMON, *Intr. alla BPC*, pp. IV, V.

[613] GEBER, *Summa*, IV, § X (383). Cf. D´ESPAGNET, *Arc. Her. Philos. Op.*, IX, XV; FLAMEL., *Fig. Ger.*, § II; *Libro de Artefio*, 144 y ss.

[614] ZACARÍAS, *Phil. Nat. Mét.*, 495; *Libro de Sinesio*, 177; *cf* CAG, II 315: "Habiendo escrito por medio de enigmas, os dejan a vosotros, que tenéis este libro en las manos, para que trabajéis constantemente y *creéis* el sujeto del misterio".

embargo en el lector se presupone siempre al iniciado o la persona de mente adiestrada.[615]

La *trasmisión* -en su origen restringida a personalidades de alcurnia, como reyes, príncipes y sacerdotes-[616] sólo se realiza oralmente, de modo directo: la clave, dice Agrippa, "no se transmite mediante escritos, sino que se infunde en el espíritu por medio del espíritu -*sed spiritui per spiritum infunditur*".[617] Quien la recibe jura no revelarla jamás a quien no sea de los suyos.[618] La *Turba Philosophorum* dice, tajante: "Quien tenga oídos que los abra y escuche; quien tenga boca que la mantenga cerrada". Y Trevisano añade: "No podría hablar más claramente de lo que ya te he hablado si te lo mostrara: no hay razón. Y tú mismo, cuando lo sepas (en verdad te lo digo) lo esconderás todavía mucho más que yo".[619]

A propósito de esto, conviene tener en cuenta que el "secreto" no estaba relacionado con un exclusivismo de secta y a un no querer decir, sino que se trataba de un no *poder* decir, además del deber de impedir que la inevitable incomprensión del profano deformara o profanara la enseñanza. Puesto que la técnica alquímica, en su verdad, consiste en un Arte que se hace

---

[615] CAG, III, 62, 63.

[616] CAG, III, 97.

[617] AGRIPPA, *Epist.*, III, 56.

[618] *Libro di Cratès*, CMA, III, 57.

[619] B. TREVISANO, *Phil. Nat. Mét.*, 385. Véase AGRIPPA (*De Occ. Phil.*, III, 2) acerca de la ocultación de la doctrina y el secreto que "debe ser custodiado en el corazón": "Es pecado divulgar al público la doctrina de aquellos secretos que sólo han de transmitirse oralmente, a través de una cadena exigua de Sabios... Los propios númenes detestan las cosas expuestas al público y profanadas, y aman las mantenidas secretas: así cada experiencia de magia huye del público, quiere permanecer desconocida, *se fortifica con el silencio, se destruye al declararla* y no se produce el efecto completo... Conviene que el operador sea discreto y no revele a nadie ni su obra, ni el lugar, ni el tiempo, ni la meta perseguida excepto a su maestro o a su coadjutor, que también le deberá ser fiel, creyente, taciturno, y digno de tanta ciencia por naturaleza o por cultura".

posible mediante fuerzas celestiales atraídas por estados de conciencia superiores y no-humanas, es natural que se insistiera en que el secreto de la Obra Magna no podía transmitirse, aunque es natural que se reservara un privilegio para los iniciados, los cuales, en virtud de sus propias experiencias, podían comprender por sí mismos, lo que se oculta tras la jerga y el simbolismo de los textos técnicos. Para los profanos el único consejo era el de prepararse y de rogar en la esperanza de que por medio de un fenómeno espontáneo de iluminación[620] sus ojos se abrieran al fin.

Por lo que respecta, además, a la posibilidad, admitida por los propios Filósofos herméticos, de la transmisión directa del secreto por parte de un maestro, se trata de uno de los poderes procedentes de la reintegración hermética, a los que ya nos hemos referido: el de *proyectar* en el espíritu de otro un estado psíquico determinado, que en este caso es un estado de iluminación.

Esto corresponde, por otra parte, a uno de los significados del propio simbolismo de las multiplicaciones: la trasmutación que multiplica la cantidad de la sustancia preciosa, porque induce en otras sustancias la cualidad de ésta, puede interpretarse también precisamente desde el punto de vista de la "iniciación por transmisión" por parte de un Maestro. Transformar los metales viles en Plata y Oro, equivale, desde este punto de vista, a transmitir a otros el estado interior relativo a la Obra al Blanco o al Rojo: es decir, a iniciar en los Misterios menores (los de la Madre o lunares) o a los Misterios mayores (los ammónicos o solares).

La enseñanza, además, según la cual la "transmisión del secreto" se realiza sólo a quien es digno, no hay que interpretarla

---

[620] Cuando algunos textos hablan de "elección", "gracia", "inspiración divina" y semejantes, casi siempre hay que entenderlo como una interpretación religiosa del carácter violento y falto de intencionalidad que algunas experiencias pueden presentar.

de manera moralista, sino que se refiere al hecho de que la conciencia de quien debe ser transformado debe hallarse en disposición de asumir el nuevo estado y de transformarse en él: sin lo cual, o fracasaría la operación, o bien podría provocar disociaciones violentas y peligrosas para la unidad natural de los diversos principios del hombre. Haciendo abstracción de la condición de la dicha "dignidad natural", que hay que atribuir especialmente a cualidades privilegiadas conservadas en las castas superiores de la antigüedad, permanece el hecho ya señalado de que ciertas cualidades *morales*, aparte de su valor ético, determinan algunas condiciones sutiles objetivas, propicias a la "transformación": por el sentido de las "dignidades adquiridas".

En este orden de cosas hay que recordar también otra interpretación de que es susceptible la prescripción hermética de realizar la proyección sobre "metales calientes": aquí los metales son los iniciandos y se alude a una intensa vibración emotiva, que de por sí constituye una inclinación a la trascendencia: por así decir, un ambiente propicio a que el acto del iniciador sea recibido en un acto del iniciando y plenamente realizado en la transformación que éste produce.[621]

---

[621] En este caso, la multiplicación hermética equivale a la "generación unívoca" de que habla AGRIPPA en III, 36: "En esta generación unívoca el hijo es semejante al padre en todos los aspectos y, engendrado según la especie, en el mismo que el generante; y esta generación es la potencia del verbo formado por la *mens*, verbo bien recibido en un sujeto *dispuesto mediante el rito*, como una semilla por una matriz, para la generación y el parto. Digo bien dispuesto y recibido ritualmente, porque todas las cosas no participan del verbo del mismo modo... Y éstos son secretos muy recónditos por naturaleza, para tratarlos más claramente en público". La designación "hijos de Hermes" nos lleva a esta misma idea, con la advertencia de que, en este caso, "Hermes" no debe considerarse una personalidad concreta, sino la influencia especial que define la cadena y la organización iniciática. En la importante obra de A. DAVID-NEEL, *Initiations Lamaïques*, París, 1930, se encontrarán importantes noticias acerca de estos procedimientos tal y como se han practicado en el esoterismo tibetano.

Finalmente, hacemos referencia a algo que dejara perplejos a muchos: al elixir de larga vida y al polvo de proyección, no como símbolos de poderes espirituales, sino como sustancias reales. Aquí entra en juego la ya aludida (véase pág. 244) posibilidad supranormal de atraer o de liberar del propio ser determinadas fuerzas sutiles y de ligarlas a determinadas materias físicas que se cargan de ellas objetivamente a modo de condensadores espirituales. Esta posibilidad viene confirmada por las tradiciones mágicas (en los pueblos primitivos encontramos la idea de las saturaciones de *mana* que pueden experimentar cosas o personas) y se transparenta tras las propias religiones positivas, como presupuesto necesario de la eficacia real afirmada por ellas, de muchos ritos, como los ritos de consagración y semejantes.

Esto quiere decir que estas sustancias convertidas en "elixir de larga vida" o en "polvo de proyección" ya no son meras sustancias físicas; a pesar de que un análisis químico no revelara en ellas cualidad alguna suplementaria, se trata de sustancias que han recibido una "vitalización" oculta en relación a una "dirección de eficacia" determinada por medio de cierto rito (recuérdese el rito de epiclesis en la Iglesia antigua), el cual a su vez presupone la existencia de una persona capaz de elevarse a estados trascendentes. La acción supranormal de tales sustancias no se considera como completamente automática, *ex opere operato*. Es necesario siempre un cierto grado de exaltación y de disposición en aquel para el cual o sobre el cual deben actuar, del cual obtener la vigilia y la transferencia a su ser de la fuerza que, quizá, luego será la que actuará sobre todo, objetivamente.[622]

De esto pueden deducirse algunas interesantes consecuencias acerca del hecho de que el "polvo de proyección"

---

[622] En la alquimia se hace referencia también a la posibilidad opuesta, es decir, descargar las sustancias extrayéndoles sus principios vitales; como en la idea de una alimentación, basada no tanto en los alimentos físicos cuando -y sobre todo- en las propiedades nutritivas supuestas disociables de las partes físicas y consumibles psíquicamente o casi (cf. DELLA RIVIERA, *Mondo Magico*, 150).

entendido como sustancia real, utilizado de cierta manera produce la transformación química de los metales en oro, mientras que utilizado sobre el hombre puede sin embargo servir como uno de los medios -medio peligroso si el sujeto no se halla "preparado según el rito", como dice Agrippa, o no hay nadie que le ayude- para producir en él la "separación". [623] Generalizando esta idea llegamos a la concepción hermética del *Fármaco universal* adecuado para actuar de manera análoga sobre los tres reinos de la naturaleza, en el sentido de superación de la imperfección, de la enfermedad y de la "privación".

La renovación y prolongación de la vida física (una "inmortalidad física" es, naturalmente, un absurdo) adquieren así el carácter de uno de los posibles símbolos de una reintegración espiritual, Por eso varias tradiciones enseñan que la vida terrestre se hace más breve cuanto más se aleja el hombre del estado primordial. Y por eso también, entre diversos pueblos primitivos subsiste la idea de que la muerte en general es siempre un acontecimiento violento, un acto contra natura.

---

[623] Cf. esta idea expuesta de manera novelada, y en conexión con la vida del alquimista John Dee, en G. MEYRING, *El ángel de la ventana de occidente*.

27. Los Maestros Invisibles

Después de asociar a los Filósofos herméticos con los Rosacruces, Salmon habla así de estos últimos: "Se nos ha dicho que éstos espiritualizan sus cuerpos, que se transportan en un instante a los lugares más lejanos, que pueden hacerse invisibles cuando quieren y que hacen otras muchas cosas que parecen imposibles".[624]

El abate Langlet du Fresnoy, en la *Historia de la Filosofía hermética* cuenta que según ellos "las meditaciones de sus primitivos fundadores sobrepasaron en mucho todo cuanto se haya podido conocer desde la creación del mundo: que estén destinados a realizar el restablecimiento general del universo. No son esclavos ni del hambre, ni de la sed, ni de la vejez ni de ningún otro trastorno de la naturaleza. Conocen por revelación a aquellos que son dignos de ser admitidos en su sociedad. Pueden vivir en todo tiempo como si hubieran existido desde el principio del mundo, o como si tuvieran que permanecer en él hasta el final de los tiempos. Pueden forzar a mantener a su servicio a los espíritus y demonios más poderosos".[625]

Y Cagliostro dice: "No pertenezco a siglo ni a lugar alguno; fuera del tiempo y del espacio, mi ser espiritual vive su eterna existencia; y si al sumergirme en mi pensamiento remonto el curso de las edades, si extiendo mi espíritu hacia un mundo de existencia lejos de aquel que percibís, me convierto en aquel que yo quiera. Participando conscientemente del ser absoluto, regulo mi acción según el ambiente que me rodea; mi país es aquel en que fijo momentáneamente mis pasos... Yo soy el que es..., libre

---

[624] SALMON, *Intr. alla* BPC, p. XIX.

[625] LANGLET DU FRESNOY, *Hist. de la Philos. Hermét.*, La Haya, 1742, t. I, pp. 371-372.

y dueño de la vida. Existen seres que no tienen ángeles custodios: yo soy uno de ellos".[626]

La asimilación a los Rosacruces, personajes enigmáticos cuya regla era aparecer en el mundo como seres comunes, ocultando su verdadero ser y su misión real, debe servir nuevamente de advertencia a aquellos que, sobre la base de las extraordinarias posibilidades atribuidas al arte hermético, buscaran en épocas pasadas u hoy mismo, una manifestación tangible y convincente, suficiente para salir de dudas, de que no todo se reduce a fantasías de mentes exaltadas.

Quienes adopten esta actitud, encontrarán muy pocas confirmaciones y casi ninguna prueba. Parten de un concepto dramático, teatral del mago y del iniciado: como si en el adepto dominara, por encima de cualquier otra, la preocupación por "exhibir", por manifestar -de manera que asombren, maravillen o aterroricen- todo lo que se halla bajo su poder en cielos y tierra, de manera que todas las miradas converjan sobre él.

Por el contrario, si hay algo radicalmente opuesto al estilo de un verdadero iniciado, es precisamente un comportamiento semejante. Por definición, el iniciado es un ser oculto, y su vida no es ni visible ni penetrable. Huye, no se deja encasillar. Llega de la dirección contraria de aquella hacia la cual se dirigen todas las miradas, y puede tomar como vehículo de su acción sobrenatural lo que más natural parezca. Se puede ser su amigo íntimo, su compañero o su amante; se puede estar seguro de poseer todo su corazón y toda su confianza. Pero él seguirá siendo alguien distinto, alguien diferente del que se deja conocer. Se nos informará acerca de ese "otro" únicamente cuando hayamos penetrado en su reino. Y entonces quizá

---

[626] Texto de M. HAVEN (Cagliostro, le Maître inconnu, p. 282-284), reproducido en "Ignis", n.º 8-9 de 1925. Aquí permanece naturalmente sin prejuzgar el derecho, o no, de Cagliostro, para atribuirse tal dignidad, que en sí se halla en conformidad con la idea iniciática.

tengamos la sensación de que habíamos estado caminando al borde de un abismo.

Los hombres desean que se sepa lo que son; que cuando actúan se sepa y nos complazcamos en su calidad de autores. Con las palabras de Agrippa, hemos aprendido cuán diferente es la norma que debe seguir el mago y el hermetista. Estos juzgan pueril todo exhibicionismo y todo personalismo. El adepto no existe. No habla. Busquen y crean coger el aire, quienes se diviertan con ello. En él ha sobrevenido un estado que destruye categóricamente toda reacción ante los juicios humanos. Ha dejado de interesarle lo que se piense de él, o lo que se diga de él, y con él se sea justo o injusto, bueno o malo. Piensa solamente que hay algo que *sucede*: pone exactamente los medios y las condiciones y eso es todo. La acción no le afecta como cosa *propia*, sino que es pura instrumentalidad. La "autoafirmación" es una manía que desconoce. Y cuanto más avanza él, más profundamente se hunde su centro, en un orden superindividual y superpersonal como el de las grandes fuerzas de la naturaleza, y aquellos sobre los cuales actúa tendrán la impresión de ser libres.

La cualidad hermética según la cual, al decir de los alquimistas, sus textos son como si hubieran sido escritos sólo para ellos, tenemos que referirla en mayor grado a su propia persona u obra. Y como una vez asumida una cierta actitud se podrá encontrar siempre una manera de convencerse de que los textos herméticos carecen de todo significado interno y se reducen a una jerga incomprensible al servicio de supersticiones, quimeras y embrollos; igualmente, con análoga actitud, se nos podrá convencer siempre de que nada de cuanto la historia nos muestre "positivamente" podría probarnos cumplidamente que hayan existido alguna vez personas de tan extraordinarias posibilidades. Así, en el hecho de la miserable vida humana de no pocos alquimistas podríamos encontrar un argumento irónico para la demostración opuesta. Un hermetista se guardaría de desmentir a quien tal creyera: es precisamente lo que conviene para hacer aún más impenetrable la máscara tras la cual se oculta la tradición.

Acerca de los otros, por el contrario, más que aducir como prueba los casos suficientemente documentados, de trasmutaciones metálicas reales acontecidas hasta un pasado no tan lejano,[627] que indicar algún "fenómeno" producido contra el precepto hermético de despreciar la magia vulgar orientada a tal o cual resultado particular, de dejar que las cosas marchen exteriormente según "naturaleza y autoridad" para dirigirse por el contrario a "conocerse a sí mismo y a dominar las triadas innombrables";[628] más que hacer eso, habría que considerar cuanto "caso", cuánto elemento indeducible, pero origen de cambios quizá grandes, han existido en la vida y en la historia. Cuánto existe en el orden de los fenómenos naturales, más allá de las leyes que explican el *cómo*, pero nunca el *porqué* de su acontecer. Todo ello constituye un espacio vacío, *que, sin embargo, podría no hallarse vacío*. Tras las barreras de la conciencia de los hombres y de su historia, allí donde la mirada física no alcanza y no osamos llevar la duda, *puede haber alguien*.[629] Homero dijo que a veces los números viajan por el mundo bajo la apariencia de extranjeros y peregrinos y trastornan las ciudades de los hombres. Y esto podría no ser

---

[627] Trasmutaciones metálicas se atribuyeron a Ramón Llull, a N. Flamel, a Filaletes (que es al parecer el pseudónimo de Tomás de Wagham), a John Dee, que habría operado también con el emperador Rodolfo II Habsburgo en Praga, al Cosmopolita (Alejandro Sethon), a los desconocidos que realizaron la operación en sus visitas a Van Helmont, a Helvetius y a Poisson, al enigmático Lascaris, a Richthausen, quien mantuvo relaciones con el emperador Fernando III, también muy versado en el Arte, al sueco Paykull (sobre quien dio noticia el químico Hierse), al enigmático Aymar, también conocido como marqués de Betunar, a Borri (que parece haber sido el personaje cuyas trasmutaciones dieron origen a la Puerta Hermética de la Plaza Vittorio, en Roma), al conde Manuel Gaetano. Puede verse al respecto (aunque las referencias contenidas en ella necesiten una revisión) la obra de N. POCE, *Alchimia e Alchimisti* (Roma, 1928).

[628] Texto de ZÓSIMO en CAG, II, 230.

[629] *Cf. Intr. alla Magia*, vol. II, p. 315 y ss.

simple mitología. Nosotros estamos convencidos de que ningún acontecimiento histórico o social de la importancia que fuere, ningún fenómeno del que se haya seguido un curso determinado de los acontecimientos terrestres, comprendidos ciertos "descubrimientos" y el nacimiento de nuevas ideas, ha tenido un origen casual y espontáneo, sino que por el contrario corresponde a una intención, a veces a un verdadero plan predeterminado tras las bambalinas y realizado a través de vías que hoy no podemos imaginar. Y ello, en el signo de la Luz, y -según los casos- también el opuesto.

Ahora bien, a quien, por ventura, llegara a aceptar ideas tan poco "positivas", se le podría decir que "el Hombre trascendente" creado por el Arte Regio hermético más que aplicarse a la producción de un fenómeno tal como maravillar al profano -así como en los teatros de variedades se exhiben juegos de manos- o a las llamadas "investigaciones metapsíquicas", podría muy bien preferir concentrar sus posibilidades en el mundo invisible: hasta el punto de no prestar atención alguna si un choque de retroceso, al ascender desde acá abajo, llega a alterar el más o menos feliz transcurso de su existencia terrestre, hasta el punto de determinar quizás el espectáculo de una vida, que quizá pocos envidiarían. "Vosotros no estáis aquí para combatir con cosas, sino con dioses", dijo ya Böhme.[630]

Dada la índole de esta obra, basta lo que hemos dicho. Para algunos no hay más que transcribir la sentencia de un maestro de Extremo Oriente; "Así como el pez no podría vivir fuera de los abismos tenebrosos, que el hombre vulgar tampoco conozca el arma de esta Sabiduría del Señor".[631] Para otros, para aquellos que a pesar de todo quisieran saber más, sólo hay un medio de orientarlos: crear en sí la capacidad de una visión en la cual lo que hay *detrás* de su conciencia y de su pensamiento se haga tan

---

[630] BÖHME, *Morgenröte*, XXI, 121.

[631] LAO-TSÉ, *Tao-te-king*.

claro y distinto como las cosas exteriores son para el ojo y para la mente ligadas al cuerpo.

Pero significa ya empeñarse en la aventura y convertirse en uno de los anillos de la cadena real, áurea y oculta de la tradición de los hijos de Hermes: para la cual, sólo nos resta -y así acabamos- repetir estas palabras del segundo manifiesto de los Rosacruces: "Si a alguien le viene el deseo de vernos sólo por curiosidad, jamás entrará en contacto con nosotros. Pero si su voluntad lo lleva realmente y de hecho a inscribirse en el registro de nuestra cofradía, nosotros, que juzgamos por los pensamientos, le mostraremos la verdad de nuestras promesas; de modo que no daremos el lugar de nuestra residencia, porque los pensamientos, unidos a la voluntad real del lector, son capaces de darnos a conocer a él, y él a nosotros".[632]

---

[632] *Apud* LANGLET DU FRESNOY, *Hist. Phil. Herm., cit.,* t. I, p. 377.

Otros títulos

OMNIA VERITAS

«Lo que se va a leer afecta al hombre que no pertenece interiormente a este mundo, y se siente de una raza diferente a la de la mayor parte de los hombres.»

OMNIA VERITAS LTD PRESENTA:

JULIUS EVOLA
CABALGAR EL TIGRE

El lugar natural de un hombre así, es el mundo de la Tradición

OMNIA VERITAS

«El racismo se empeña en individualizar al tipo humano predominante en una determinada comunidad nacional...»

OMNIA VERITAS LTD PRESENTA:

JULIUS EVOLA

SÍNTESIS DE LA DOCTRINA DE LA RAZA Y ORIENTACIONES PARA UNA EDUCACIÓN RACIAL

El muy neto sentido de las diferencias, de su dignidad y de su fuerza

OMNIA VERITAS

«Las leyendas, los mitos, los cantos de gesta y las epopeyas del mundo tradicional...»

OMNIA VERITAS LTD PRESENTA:

JULIUS EVOLA
EL MISTERIO DEL GRIAL

Comprender lo esencial del conjunto de las leyendas caballerescas

OMNIA VERITAS

OMNIA VERITAS LTD PRESENTA:

JULIUS EVOLA

ESCRITOS SOBRE EL JUDAÍSMO

«El antisemitismo es una temática que ha acompañado a casi todas las fases de la historia occidental...»

El problema judío tiene orígenes antiquísimos

OMNIA VERITAS

OMNIA VERITAS LTD PRESENTA:

JULIUS EVOLA

METAFÍSICA DE LA GUERRA
Y
LA DOCTRINA ARIA
DE LA LUCHA Y DE VICTORIA

«La guerra, estableciendo y realizando la relatividad de la vida humana...»

Un conocimiento transfigurante de la vida en función de la muerte

OMNIA VERITAS

OMNIA VERITAS LTD PRESENTA:

JULIUS EVOLA

METAFÍSICA DEL SEXO

«Todo lo que en la experiencia del sexo y del amor comporta un cambio de nivel de la conciencia ordinaria...»

La investigación de los principios y de las significaciones últimas...

OMNIA VERITAS LTD PRESENTA:

JULIUS EVOLA

REVUELTA CONTRA EL MUNDO MODERNO

«Por todas partes, en el mundo de la Tradición, este conocimiento ha estado siempre presente como un eje inquebrantable en torno al cual todo lo demás estaba jerárquicamente organizado.»

Hay un orden físico y un orden metafísico

OMNIA VERITAS LTD PRESENTA:

JULIUS EVOLA

MEDITACIONES DE LAS CUMBRES

«La constatación de que vivimos en una época casi totalmente privada de puntos de vista y de principios auténticamente trascendentes...»

Hablar de la espiritualidad de la montaña...

OMNIA VERITAS LTD PRESENTA:

JULIUS EVOLA

IMPERIALISMO PAGANO

«La primera condición del imperio es una síntesis inescindible de espiritualidad y de politicidad, es la presencia efectiva de una jerarquía de valores...»

La cualidad de un alma que es señora se distancia de la materia del cuerpo...

«Cuando se habla hoy de lo "natural" se entiende en general el mundo físico, conocido a través de los sentidos físicos...»

ℴMNIA VERITAS

OMNIA VERITAS LTD PRESENTA:

JULIUS EVOLA

ROSTRO Y MASCARA DEL ESPIRITUALISMO CONTEMPORANEO

Aquí comienzan los primeros dominios de un mundo "invisible"

«No compartimos los puntos de vista de Guenon a propósito de las relaciones que existen entre la iniciación real y la sacerdotal...»

ℴMNIA VERITAS

OMNIA VERITAS LTD PRESENTA:

JULIUS EVOLA
POLÉMICA SOBRE LA METAFÍSICA HINDÚ
RENÉ GUÉNON

El conocimiento metafísico es esencialmente "supra-racional"

«Lo que se llama corrientemente Derecha en las luchas políticas actuales se define por una oposición general a las formas más avanzadas de la subversión...»

ℴMNIA VERITAS

OMNIA VERITAS LTD PRESENTA:

JULIUS EVOLA

EL FASCISMO VISTO DESDE LA DERECHA Y NOTAS SOBRE EL TERCER REICH

Hoy no existe en Italia una Derecha digna de este nombre

OMNIA VERITAS

LÉON DEGRELLE

OMNIA VERITAS LTD PRESENTA:

ALMAS ARDIENDO
Notas de paz, de guerra y de exilio

El honor ha perdido su sentido, el honor del juramento, el honor de servir, el honor de morir...

ALMAS ARDIENDO
Notas de paz, de guerra y de exilio

Se asfixian las almas. El denso aire está cargado de todas las abdicaciones del espíritu

OMNIA VERITAS

JÜRI LINA

OMNIA VERITAS LTD PRESENTA:

ARQUITECTOS DEL ENGAÑO
LA HISTORIA SECRETA DE LA MASONERÍA

Una visión de la red oculta detrás de los acontecimientos pasados y presentes que revela las verdaderas razones de varias guerras y revoluciones importantes.

Este sistema político ha sido construido por fuerzas que actúan entre bastidores

OMNIA VERITAS

OMNIA VERITAS LTD PRESENTA:

LA TRILOGÍA WALL$TREET

POR ANTONY SUTTON

"El profesor Sutton será recordado por su trilogía: Wall St. y la revolución bolchevique, Wall St. y FDR, y Wall St. y el ascenso de Hitler."

Esta trilogía describe la influencia del poder financiero en tres acontecimientos clave de la historia reciente